本书是云南省第三批省级一流本

U0516187

金融学
理论与实务
训练习题集

麦强盛 杨健梅 —————————— 主 编

边 瑞 闫翠珍 王玉兴 王俊超 查贵良 —— 副主编

EXERCISE BOOK OF FINANCIAL THEORY AND PRACTICE

经济管理出版社
ECONOMY & MANAGEMENT PUBLISHING HOUSE

图书在版编目（CIP）数据

金融学理论与实务训练习题集 / 麦强盛，杨健梅主
编；边瑞等副主编. -- 北京：经济管理出版社，2024.
ISBN 978-7-5243-0122-6

Ⅰ. F830-44

中国国家版本馆 CIP 数据核字第 20241JL436 号

组稿编辑：郭　飞
责任编辑：郭　飞
责任印制：许　艳
责任校对：蔡晓臻

出版发行：经济管理出版社
　　　　　（北京市海淀区北蜂窝 8 号中雅大厦 A 座 11 层　100038）
网　　址：www.E-mp.com.cn
电　　话：（010）51915602
印　　刷：唐山玺诚印务有限公司
经　　销：新华书店
开　　本：787mm×1092mm/16
印　　张：18.75
字　　数：378 千字
版　　次：2025 年 3 月第 1 版　　2025 年 3 月第 1 次印刷
书　　号：ISBN 978-7-5243-0122-6
定　　价：59.00 元

·版权所有　翻印必究·
凡购本社图书，如有印装错误，由本社发行部负责调换。
联系地址：北京市海淀区北蜂窝 8 号中雅大厦 11 层
电话：（010）68022974　　邮编：100038

前　言

金融是国民经济的"血脉"，关系中国式现代化建设全局。党的二十大报告指出，深化金融体制改革，建设现代中央银行制度，加强和完善现代金融监管，强化金融稳定保障体系，依法将各类金融活动全部纳入监管，守住不发生系统性风险底线。党的二十届三中全会对进一步深化金融体制改革作出重大部署，必将为加快建设金融强国注入强大动力，不断开辟金融工作新局面。

我国已经是金融大国，但仍然存在大而不强的问题。为加快补齐补强我国金融体系的短板弱项，迫切需要继续用好改革开放关键一招，进一步深化金融体制改革，破除金融高质量发展面临的体制机制障碍和卡点堵点，加快构建科学稳健的金融调控体系、结构合理的金融市场体系、分工协作的金融机构体系、完备有效的金融监管体系、多样化专业性的金融产品和服务体系，以及自主可控、安全高效的金融基础设施体系，有力推动我国金融由大变强。

本书积极落实党的二十大精神进教材工作，在核心理念上强调"金融是实体经济的血脉，为实体经济服务是金融的天职，是金融的宗旨，也是防范金融风险的根本举措"。作为云南省一流本科课程《金融学》的配套教辅资料，本书聚焦银行业、证券业、保险业和基金业，体现最新金融理论与实践，融汇金融从业资格考试内容，让学生既能系统掌握金融理论知识，又能清晰把握金融从业资格考试前瞻。

全书根据《金融学》对应章节设置了选择题、填空题和论述题等题型，并对大部分习题提供了详细的分析和解答，便于学生通过大量习题的练习，使金融学方面的理论变得容易学习和掌握。本书基于金融行业最新发展趋势，按照监管和行业最新发展情况，更新、补充了新法规、自律规则和新的统计数据，同时融汇了银行、证券、保险、基金行业资格考试的最新要求，以期激发学生学习、研究和运用金融学的兴趣，全面巩固知识，实现教材内容与学习资源的深度融合。本套辅导教材以及相关用书，不是金融业从业资格全国统一考试的指定用书，其中难免存在疏漏和错误之处，欢迎读者指正。

麦强盛　杨健梅

2025 年 1 月

目　录

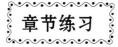

参考答案

• 证券篇 •

• 银行篇 •

• 保险篇 •

● 基金篇 ●

章节练习

证券篇

第1章　证券市场基本法律法规

🔖 理论要点

1. **法的概念与特征**：法是由国家制定或认可并由国家强制力保证实施的，反映特定物质生活条件所决定的统治阶级意志，以权利和义务为内容，以确认、保护和发展对统治阶级有利的社会关系和社会秩序为目的的规范系统。法具有规范性、国家意志性、国家强制性等特征。

2. **证券市场法律法规体系的主要层级**：（1）法律。（2）行政法规。（3）部门规章。（4）规范性文件。（5）自律性规则。

3. **《中华人民共和国证券法》的适用范围**：在中华人民共和国境内，股票、公司债券、存托凭证和国务院依法认定的其他证券的发行和交易，适用本法；本法未规定的，适用《中华人民共和国公司法》和其他法律、行政法规的规定。政府债券、证券投资基金份额的上市交易，适用本法；其他法律、行政法规有规定的，适用其规定。资产支持证券、资产管理产品发行、交易的管理办法，由国务院依照本法的原则规定。

4. **证券发行和交易的"三公"原则**：证券法的基本原则是证券法的立法精神的体现，是证券发行、证券交易和证券管理活动必须遵循的最基本的准则，它贯穿证券立法、执法和司法活动的始终。证券的发行、交易活动，必须遵循公开、公平、公正的原则。

5. **发行交易当事人的行为准则**：证券发行、交易活动的当事人具有平等的法律地位，应当遵守自愿、有偿、诚实信用的原则。

🔖 实务要点

1. **证券发行、交易活动禁止行为的规定**：（1）禁止内幕交易。（2）禁止操纵证券交易价格。（3）禁止传播虚假信息。（4）禁止证券欺诈。（5）其他禁止行为：任何单位和个人不得违反规定，出借自己的证券账户或者借用他人的证券账户从事证券交易；依法拓宽资金入市渠道，禁止资金违规流入股市；禁止投资者违规利用财政资金、银行信贷资金买卖证券。

2. 禁止虚假陈述、信息误导的相关规定：禁止行为人对证券发行、交易及其相关活动的事实、性质、前景、法律等事项做出不实、严重误导或者有重大遗漏的陈述或者诱导，致使投资者在不了解事实真相的情况下作出证券投资决定的欺诈行为。

3. 禁止损害客户利益行为的规定：（1）违背客户的委托为其买卖证券。（2）不在规定时间内向客户提供交易的确认文件。（3）未经客户的委托，擅自为客户买卖证券，或者假借客户的名义买卖证券。（4）为牟取佣金收入，诱使客户进行不必要的证券买卖。（5）其他违背客户真实意思表示，损害客户利益的行为。违反上述规定给客户造成损失的，应当依法承担赔偿责任。

一、名词解释题

1. 法
2. 法律
3. 自律性规则
4. 证券发行
5. 证券包销
6. 销售证券
7. 期货交易者适当性管理制度
8. 账户实名制

二、填空题

1. 法具有（   ）、（   ）、（   ）、（   ）的特征。
2. 证券市场的规范性文件主要包括（   ）、（   ）、（   ）等。
3. 证券市场的行政法规主要包括（   ）、（   ）、（   ）、（   ）等。
4. 证券的发行、交易活动，必须遵循（   ）、（   ）、（   ）的原则。
5. 虚假陈述行为包括：（   ）。
6. 在期货市场交易中编造、传播虚假信息或者误导性信息的，责令改正，没收违法所得，并处以违法所得（   ）的罚款。
7. 非法设立期货公司，或者未经核准从事相关期货业务的，予以取缔，没收违法所得，并处以违法所得（　　　　　　）的罚款；没有违法所得或者违法所得不足 100 万元的，处以（　　　　　　）的罚款。对直接负责的主管人员和其他直接责任人员给予警告，并处以（　　　　　　）的罚款。

8. 提交虚假申请文件或者采取其他欺诈手段骗取期货公司设立许可、重大事项变更核准或者期货经营机构期货业务许可的，撤销相关许可，没收违法所得，并处以违法所得（　　　　　　）的罚款；没有违法所得或者违法所得不足 20 万元的，处以（　　　　　　）的罚款。对直接负责的主管人员和其他直接责任人员给予警告，并处以（　　　　　　）的罚款。

三、单项选择题

1. 法是调整人们的行为或社会关系的规范，具有规范性。下列关于法的规范性体现的描述，错误的是（　　　　　　）。

   A. 规定了人们可以为--定行为或不为一定行为或者人们可以请求他人为一定行为或不为一定行为，体现了人们依法享有的权利

   B. 规定了人们在应当为而为或不应当为而不为的情况下所产生的结果，体现了人们在遵守法定义务后依法享有的收益

   C. 规定了人们应当为一定行为或不得为一定行为，体现了人们依法应履行的义务

   D. 规定了人们在应当为而不为或不应当为而为的情况下所产生的后果，体现了人们在违反法定义务后应承担的责任

2. 下列对法和法律规范关系的描述，正确的是（　　　　　　）。

   A. 法律规范是静态的，一经制定生效范围内不变

   B. 法律规范是动态的，随社会生活的变化而变化

   C. 法律规定的权利和义务，仅指个人的权利和义务

   D. 法律规定的权利和义务，不包括国家机关及其公职人员在执行公务过程中的职权及相应职责

3. 下列关于法的特征的描述，错误的是（　　　　　　）。

   A. 法是调整人们的行为或社会关系的规范，具有规范性

   B. 法是由国家制定或认可的社会规范，具有国家意志性

   C. 法是以权利和义务为内容的社会规范

   D. 法是依靠国家强制力来保障实施的规范，具有国家保障性

4. 下列选项中，属于法律法规体系中部门规范性文件的是（　　　　　　）。

   A. 《证券基金经营机构合规管理办法》

   B. 《私募投资基金监督管理暂行办法》

C.《内地与香港股票市场交易互联互通机制若干规定》

D.《证券账户非现场开户实施暂行办法》

5. 下列选项中，不属于法律法规体系中行政法规的是（   ）。

　　A.《证券公司监督管理条例》

　　B.《证券、期货投资咨询管理暂行办法》

　　C.《证券公司风险控制指标管理办法》

　　D.《企业债券管理条例》

6. 国务院证券监督管理机构应当自受理上述规定事项申请之日起（   ）个月内，依照法定条件和程序进行审查，做出核准或者不予核准的决定，并通知申请人。

　　A. 2　　　　　　B. 3　　　　　　C. 6　　　　　　D. 12

7. 操纵证券市场行为给投资者造成损失的，应当（   ）。

　　A. 依法承担赔偿责任　　　　　　B. 继续操纵

　　C. 置之不理　　　　　　　　　　D. 拒不赔偿

8. 向特定对象发行证券累计超过（   ）人，但依法实施员工持股计划的员工人数不计算在内被视为公开发行。

　　A. 100　　　　　B. 150　　　　　C. 200　　　　　D. 300

9. 证券发行申请经注册后，发行人应当依照法律、行政法规的规定，在（   ）公告公开发行募集文件，并将该文件置备于指定场所供公众查阅。

　　A. 证券公开发行后　　　　　　B. 文件制备后

　　C. 申请注册前　　　　　　　　D. 证券公开发行前

10. 公开发行证券需要满足最近（   ）个会计年度加权平均净资产收益率平均不低于（   ）%。扣除非经常性损益后的净利润与扣除前的净利润相比，以低者作为加权平均净资产收益率的计算依据。

　　A. 6，6　　　　B. 3，6　　　　C. 6，10　　　　D. 3，10

11. 公开发行证券发行价格应不低于公告招股意向书前（   ）个交易日公司股票均价或前1个交易日的均价。

　　A. 10　　　　　B. 60　　　　　C. 20　　　　　D. 30

12. 标的证券为股票的，应当融资买入标的股票的流通股本不少于1亿股或流通市值不低于5亿元。融券卖出标的股票的流通股本不少于（   ）亿股或流通市值不低于（   ）亿元。

　　A. 2，6　　　　B. 3，5　　　　C. 2，8　　　　D. 3，6

13. 境内期货经营机构转委托境外期货经营机构从事境外期货交易的，除另有规定外，该境外期货经营机构应当向（   ）申请注册。

　　A. 国务院期货监督管理机构　　　　B. 期货交易所

　　C. 期货业协会　　　　D. 外汇管理局

14. 以下不属于期货交易所职责的是（　　　　）。

　　A. 制定期货交易价格

　　B. 设计期货合约、标准化期权合约品种，安排期货合约、标准化期权合约品
　　　 种上市

　　C. 对期货交易进行实时监控和风险监测

　　D. 开展交易者教育和市场培育工作

15. 以下不能作为期货交易保证金的是（　　　　）。

　　A. 国债　　　　　B. 股票　　　　C. 标准仓单　　　　D. 房产

16. （　　　　）是指期货合约以外的，约定在将来某一特定的时间和地点交割
　　一定数量标的物的金融合约。

　　A. 期权合约　　　　B. 期货合约　　　　C. 远期合约　　　　D. 互换合约

17. 期货合约品种和标准化期权合约品种的上市应当符合国务院期货监督管理机构
　　的规定，由期货交易场所依法报经（　　　　）注册。

　　A. 国务院期货监督管理机构　　　　B. 国务院期货监督管理机构

　　C. 期货业协会　　　　D. 外汇管理局

四、多项选择题

1. 下列对法的概念的描述，正确的是（　　　　）。

　　A. 法是由国家制定或认可并由国家强制力保证实施的

　　B. 法是反映特定物质生活条件所决定的统治阶级意志

　　C. 法是以确认、保护和发展对统治阶级有利的社会关系和秩序为目的的规范系统

　　D. 法以保障和约束为内容

2. 证券市场的部门规章主要包括（　　　　）等。

　　A. 《证券公司和证券投资基金管理公司合规管理办法》

　　B. 《证券期货投资者适当性管理办法》《证券基金经营机构董事、监事、高级
　　　 管理人员及从业人员监督管理办法》

　　C. 《公开募集证券投资基金管理人监督管理办法》

　　D. 《证券公司风险控制指标管理办法》《私募投资基金监督管理暂行办法》

3. 符合下列（　　　　）情形的，为公开发行。

　　A. 向不特定对象发行证券的

　　B. 向特定对象发行证券累计超过 150 人，但依法实施员工持股计划的员工人数
　　　 不计算在内

C. 法律、行政法规规定的其他发行行为

D. 向特定对象发行证券累计超过 200 人，但依法实施员工持股计划的员工人数不计算在内

4. 下列有关公开发行公司债券应当符合的条件的描述，正确的是（   ）。

A. 具备健全且运行良好的组织机构

B. 最近三年平均可分配利润足以支付公司债券一年的利息

C. 最近五年平均可分配利润足以支付公司债券一年的利息

D. 最近五年平均可分配利润足以支付公司债券三年的利息

5. 有下列（   ）情形时，不得再次公开发行公司债券。

A. 对已公开发行的公司债券有违约的事实，但不处于继续状态

B. 对其他债务有延迟支付本息的事实，但不处于继续状态

C. 对其他债务有延迟支付本息的事实，且仍处于继续状态

D. 违反《中华人民共和国证券法》的规定，改变公开发行公司债券所募资金的用途

6. 包销与代销的区别包括（   ）。

A. 代销承销期结束时，未售出的股票承销商自己购买

B. 包销承销期结束时，未售出的股票承销商自己购买

C. 采用代销方式时，证券发行风险由发行人自行承担

D. 全额包销的承销商承担全部发行风险

7. 证券的承销方式包括（   ）。

A. 统销　　　　　B. 包销　　　　　C. 代销　　　　　D. 直销

8. 公司公开发行新股，应当报送募股申请和（   ）。

A. 公司营业执照

B. 公司章程

C. 招股说明书或者其他公开发行募集文件

D. 股东大会决议

9. 投资者申请开立证券账户，应当持有证明中华人民共和国（   ）的合法证件。国家另有规定的除外。

A. 公民身份　　　　　　　　　　　B. 法人身份

C. 合伙企业身份　　　　　　　　　D. 非从业人员身份

10. 期货交易所应当及时公布上市品种合约的（   ）和其他应当公布的即时行情，并保证即时行情的真实、准确。

A. 成交量、成交价　　　　　　　　B. 持仓明细

C. 最高价与最低价　　　　　　　　D. 开盘价与收盘价

11. 期货交易所应当按照国家有关规定建立、健全（   ）等风险管理制度。

    A. 涨跌停板制度   B. 保证金制度

    C. 当日无负债结算制度   D. 风险准备金制度

12. 期货交易所履行（   ）职责。

    A. 提供期货交易的场所、设施和服务

    B. 设计期货合约、安排期货合约上市

    C. 组织并监督期货交易、结算和交割

    D. 为期货交易提供集中履约担保

13. 下列属于金融期货合约标的物的有（   ）。

    A. 有价证券   B. 工业品   C. 汇率   D. 利率

14. 实行会员分级结算制度的期货交易所会员由（   ）和（   ）组成。

    A. 机构投资者   B. 结算会员   C. 非结算会员   D. 个人投资者

五、判断题

1. 规范性文件通常由证券监管部门制定，如交易所的相关规则。（   ）

2. 法是依靠国家强制力来保障实施的规范，具有国家保障性。（   ）

3. 证券市场的部门规章主要包括《证券公司和证券投资基金管理公司合规管理办法》《证券期货投资者适当性管理办法》《公开募集证券投资基金管理人监督管理办法》《私募投资基金监督管理暂行办法》《证券公司风险控制指标管理办法》《证券基金经营机构董事、监事、高级管理人员及从业人员监督管理办法》等。（   ）

4. 标的证券为债券的，应当符合下列条件：债券托管面值在 3 亿元以上。（   ）

5. 交易所按照从严到宽、从少到多、逐步扩大的原则，从满足上述规定的证券范围内选取和确定标的证券的名单，并向市场公布。（   ）

6. 证券交易所可以对单一证券的市场融资买入量、融券卖出量和担保物持有量占其市场流通量的比例、融券卖出的价格做出限制性规定。（   ）

7. 期货公司应当在存管银行开立保证金账户，专用于保证金的存放，与自有资金分开，禁止违规挪用。（   ）

8. 操纵期货市场或者衍生品市场的，将被责令改正，没收违法所得，并处以违法所得 1 倍以上 20 倍以下的罚款。（   ）

9. 未报告有关重大事项的，责令改正，给予警告，可以处 100 万元以下的罚款。（   ）

案例分析

数字农业服务商托普云农上市首日大幅高开 800%

2024 年 10 月 17 日,托普云农(301556.SZ)在深圳证券交易所创业板上市,公司股票上市首日大幅高开 800%,开盘价为 130.5 元/股。公开资料显示,托普云农是一家智慧农业综合服务商,公司产品及服务主要分为智慧农业项目和智能硬件设备两大类。其中,智慧农业项目包括农业物联网项目,即利用传感设备等采集农业生产过程中的相关数据,通过互联网传输并融合处理,以达到用户通过远程操作终端实现农业产前、产中、产后的过程监控及科学决策等目的;还包括信息化软件平台项目,即运用大数据、云计算、深度学习等信息技术,根据农业领域客户的信息化需求,定制开发具有数据监测、过程管理、智能决策、综合服务等功能的软件平台。智能硬件设备包括可直接联网的智能装备、具备监测或检测功能的仪器设备、搭载在物联网或其他装置的传感器等前端硬件,帮助用户达到自动监测、检测、控制等目的。

托普云农成立于 2008 年,总部位于杭州,旗下拥有浙江森特信息技术有限公司、杭州托普仪器有限公司等多家子公司,主导或参与制定国家标准 1 项、行业标准 5 项、团体标准 5 项、地方标准 2 项,服务地图覆盖 31 个省份、1000 多个市县级农业主管单位、30000 多个农业生产经营主体。公司目前是全国农业技术推广服务中心、农业农村部耕地质量监测保护中心、浙江省农业农村厅战略合作单位,先后获得全国专精特新"小巨人"企业、全国农业农村信息化示范基地、全国信息技术标准化技术委员会数字乡村标准研究组副组长单位、国家农作物种子标准化技术委员会副主任委员单位、国家高新技术企业、浙江省重点企业研究院、浙江省农业企业科技研发中心等资质荣誉。托普云农本次拟募集资金 2.86 亿元,主要用于智慧农业平台升级建设项目、智慧农业智能设备制造基地项目和研发中心升级建设项目。目前,智慧农业已成为世界现代化农业发展趋势,全球各国都在加快智慧农业布局,加深人工智能、大数据、云计算等技术在农业领域的应用。BIS Research 发布的统计数据显示,2021 年全球智慧农业的市场规模达 145.88 亿美元,其中,硬件系统市场规模 105.39 亿美元,软件系统市场规模 16.89 亿美元,服务市场规模 23.60 亿美元。预计到 2026 年,全球智慧农业市场规模将达到 341.02 亿美元,2021~2026 年年均复合增长率为 18.50%。

讨论:

1. 农业上市公司和其他公司的区别有哪些?

2. 影响农业公司股票的内部因素、外部因素分别有哪些?

3. 托普云农公司的上市对农业发展的影响有哪些?

资料来源：经济参考网．数字农业服务商托普云农上市首日大幅高开800％〔EB/OL〕．http：//www.jjckb.cn/20241017/3b298fa2a90a4ce6828b50d67057592c/c.html.

第2章 证券经营机构管理规范

理论要点

1. 证券公司风险控制基本规定：（1）证券公司应当依据中国证监会的有关规定，构建契合自身发展战略需求的全面风险管理体系。（2）证券公司应当依据自身的资产负债状况和业务发展情形，构建动态的风险控制指标监测和资本补足机制，保证净资本等各项风险控制指标在任何时点均符合规定标准。（3）证券公司应当选聘符合《中华人民共和国证券法》规定的会计师事务所，对其年度风险控制指标监管报表实施审计。

2. 证券公司风险控制指标标准：（1）风险覆盖率不得低于100%。（2）资本杠杆率不得低于8%。（3）流动性覆盖率不得低于100%。（4）净稳定资金率不得低于100%。

3. 证券公司全面风险管理：（1）全面风险管理是指证券公司董事会、经理层以及全体员工共同参与，对公司经营中的流动性风险、市场风险、信用风险、操作风险、声誉风险等各类风险，进行准确识别、审慎评估、动态监控、及时应对及全程管理。（2）证券公司应当建立健全与公司自身发展战略相适应的全面风险管理体系。（3）证券公司应将所有子公司以及比照子公司管理的各类分公司纳入全面风险管理体系，强化分支机构风险管理，实现风险管理全覆盖。

4. 信用风险管理应遵循的原则：（1）全面性原则。（2）内部制衡原则。（3）全流程风控原则。

实务要点

1. 全面风险管理的责任主体的职责：（1）董事会职责：①推进风险文化建设；②审议批准公司全面风险管理的基本制度；③审议批准公司的风险偏好、风险容忍度以及重大风险限额；④审议公司定期风险评估报告；⑤任免、考核首席风险官，确定其薪酬待遇；⑥建立与首席风险官的直接沟通机制；⑦公司章程规定的其他风险管理职责。（2）监事会职责：证券公司监事会承担全面风险管理的监督责任，负责监督检查董事会和经理层在风险管理方面的履职尽责情况并督促整改。（3）经理层职责：①制定风险管理制度，并适时调整；②建立健全公司全面风险管理的经营管理架构，明确全面风险管理职能部门、业务部门以及其他部门在风险管理中的职责分工，建立部门之间有效制衡、相互协调的运行机制；③制订风险偏好、风险容忍度以及重大风险限额等的具体执行方案，确保其有效落实，对其进行监督，及时分析原因，并根据董事会的授权进行处理；④定期评估公司整体风险和各类重要风险管理状况，解决风险管理中存在的问题并向董事会报告；⑤建立涵盖风险管理有效性的全员绩效考核体系；⑥建立完备的信息技术系统和数据质量控制机制；⑦风险管理的其他职责。

2. 普通投资者享有特别保护的规定：根据《证券期货投资者适当性管理办法》的规定，投资者分为普通投资者与专业投资者。普通投资者在信息告知、风险警示、适当性匹配等方面享有特别保护。经营机构向普通投资者销售产品或者提供服务前，应当告知下列信息：（1）可能直接导致本金亏损的事项。（2）可能直接导致超过原始本金损失的事项。（3）因经营机构的业务或者财产状况变化，可能导致本金或者原始本金亏损的事项。（4）因经营机构的业务或者财产状况变化，影响客户判断的重要事由。（5）限制销售对象权利行使期限或者可解除合同期限等全部限制内容。（6）适当性匹配意见。

一、名词解释题

1. 净资本计算标准
2. 董事会职责
3. 信息告知

二、填空题

1. 证券公司的净资本等风险控制指标达到预警标准或者不符合规定标准的，应当分别在该情形发生之日起（　　　　）个、（　　　　）个工作日内，向中国证监会及其派出机构报告，说明基本情况、问题成因以及解决问题的具体措施和期限。

2. 证券公司净资本或者其他风险控制指标不符合规定标准的，派出机构应当责令公司限期改正，在（　　　　）个工作日制定并报送整改计划，整改期限最长不超过（　　　　）个工作日；证券公司未按时报送整改计划的，派出机构应当立即限制其业务活动。

3. 根据《证券期货投资者适当性管理办法》的规定，投资者分为普通投资者与专业投资者。普通投资者在（   ）、（   ）、（   ）等方面享有特别保护。

三、单项选择题

1. 证券公司风险控制指标无法达标，严重危害证券市场秩序、损害投资者利益的，中国证监会可以区别情形，对其采取下列措施（   ）。

   ①责令停业整顿

   ②指定其他机构托管、接管

   ③撤销经营证券业务许可

   ④撤销

   ⑤限制业务活动

   ⑥认定董事、监事、高级管理人员为不适当人选

   A. ①②③④   B. ②③④⑤   C. ③④⑤⑥   D. ①②③⑥

2. 证券公司净资本或者其他风险控制指标不符合规定标准的，派出机构应当责令公司限期改正；证券公司未按期完成整改的，自整改期限到期的次日起，派出机构应当区别情形，对其采取下列措施（   ）。

   ①限制业务活动

   ②责令暂停部分业务

   ③限制向董事、监事、高级管理人员支付报酬、提供福利

   ④责令更换董事、监事、高级管理人员或者限制其权利

   ⑤责令控股股东转让股权或者限制有关股东行使股东权利

   ⑥认定董事、监事、高级管理人员为不适当人选

   A. ①②③④   B. ②③④⑤⑥   C. ①③④⑤⑥   D. ①②③④⑤⑥

3. 全面风险管理，是指证券公司董事会、经理层以及全体员工共同参与，对公司经营中的流动性风险、市场风险、信用风险、操作风险、声誉风险等各类风险，进行准确识别、审慎评估、动态监控、及时应对及全程管理。下列对全面风险管理的理解错误的是（   ）。

   A. 要求全员参与风险管理   B. 对全部风险进行管理

   C. 开展风险管理的全部活动   D. 对风险节点进行重点管理

4. 按照《证券公司全面风险管理规范》的要求，（   ）承担全面风险管理的最终责任。

   A. 监事会   B. 经理层

   C. 董事会   D. 各业务部门、分支机构和子公司

5. 按照《证券公司全面风险管理规范》的要求，（   ）的职责包括：建立

涵盖风险管理有效性的全员绩效考核体系；建立完备的信息技术系统和数据质量控制机制。

 A. 监事会   B. 经理层   C. 董事会   D. 风险管理部门

6. 《公司债券发行与交易管理办法》所称合格投资者，应该符合（   ）。

 ①具备相应的风险识别和承担能力，知悉并自行承担公司债券的投资风险

 ②经有关金融监管部门批准设立的金融机构

 ③经中国基金业协会登记的私募基金管理人

 ④社会保障基金、企业年金等养老基金，慈善基金等社会公益基金

 A.①②④   B.①②③   C.①③④   D.①②③④

7. 以下不属于普通投资者必须享有的特别保护的是（   ）。

 A. 信息告知   B. 损失补偿   C. 风险警示   D. 适当性匹配

8. 同时符合下列条件的自然人属于第二类专业投资者：具有（   ）年以上证券、基金、期货、黄金、外汇等投资经历，或者具有（   ）年以上金融产品设计、投资、风险管理及相关工作经历，或者属于前项规定的专业投资者的高级管理人员、获得职业资格认证的从事金融相关业务的注册会计师和律师。

 A.1，1   B.1，2   C.2，1   D.2，2

9. 最近 1 年末净资产不低于 1000 万元，最近 1 年末金融资产不低于 500 万元，且具有（   ）年以上证券、基金、期货、黄金、外汇等投资经历的除专业投资者外的法人或其他组织的普通投资者可以申请转化成为专业投资者。

 A.1   B.2   C.3   D.5

四、多项选择题

1. 根据《证券公司流动性风险管理指引》，下列关于流动性风险管理职责的说法，正确的是（   ）。

 A. 证券公司应建立有效的流动性风险管理组织架构，明确董事会、经理层及其首席风险官、相关部门在流动性风险管理中的职责和报告路线，建立健全有效的考核及问责机制

 B. 证券公司董事会应承担流动性风险管理的最终责任，负责审核批准公司的流动性风险偏好、政策、信息披露等风险管理重大事项

 C. 证券公司经理层应确定流动性风险管理组织架构，明确各部门职责分工

 D. 证券公司财务部门负责人应充分了解证券公司流动性风险水平及其管理状况，并及时向董事会及经理层报告

2. 按照《证券公司全面风险管理规范》的要求，董事会的职责包括（　　　　　）。

    A. 任免　　　　　　　　　　B. 考核首席风险官

    C. 确定其薪酬待遇　　　　　D. 建立与首席风险官的直接沟通机制

3. 根据《证券期货投资者适当性管理办法》，关于普通投资者享有的特别保护体现在（　　　　　）。

    A. 信息告知　　　B. 本金保障　　　C. 风险警示　　　D. 适当性匹配

4. 证券公司评估普通投资者的风险承受能力时应考虑的主要因素有（　　　　）。

    A. 财务状况　　　B. 投资经验　　　C. 投资知识　　　D. 风险偏好

5. 普通投资者的特别保护应当至少体现在以下方面（　　　　）。

    A. 信息告知　　　　　　　　B. 风险警示

    C. 推荐风险等级低的产品　　D. 适当性匹配

五、判断题

1. 证券公司应当在全公司推行稳健的风险文化，形成与本公司相适应的风险管理理念和价值准则、职业操守，建立培训、传达和监督机制。（　　　　）

2. 证券公司承担管理职能的业务部门应当配备专职风险管理人员，风险管理人员不得兼任与风险管理职责相冲突的职务。（　　　　）

3. 经营机构及其从业人员应当针对普通投资者及其选择的产品或服务的信息变化情况，提供明确具体适当性匹配意见，并通过书面或是电子的方式进行留痕。当经营机构与普通投资者发生纠纷时，经营机构应当提供相关资料，证明其已向投资者履行相应义务。（　　　　）

4. 同时符合下列条件的法人或者其他组织是第二类专业投资者：最近 1 年末净资产不低于 2000 万元；最近 1 年末金融资产不低于 1000 万元；具有 3 年以上证券、基金、期货、黄金、外汇等投资经历。（　　　　）

5. "了解你的客户"是投资者适当性管理工作的核心内容之一。按照《证券期货投资者适当性管理办法》的要求，经营机构向投资者销售产品或者提供服务时，自然人的家庭成员情况不是应当了解的投资者的必要信息。（　　　　）

案例分析

贵州省"万山区国家储备林"专项债券项目

近年来，万山区认真践行绿水青山就是金山银山理念，坚决守好生态和发展两条底线，以推深做实林长制为抓手，持续在增绿护绿用绿上下功夫，探索将森林资源转化为产业优势的有效路径，让森林资源更好造福人民群众，不断增厚"绿色家底"。根据《贵州省国家储备林项目建设方案》落实国家储备林建设任务的具体举措，国家储备林建设面积 5.51 万亩，经济林建设 0.40 万亩，林下经济建设面积 0.03 万亩，本项目总建设规模 5.94 万亩。项目总投资 40352.24 万元，其中资本金 11337.24 万元，由业主单位自筹，申请银行贷款 23000.00 万元，申请专项债资金 6015.00 万元。项目收入主要为乔木林采伐收入、经济林油茶收入和林苗结合收入，共计 101198.75 万元。通过收益与融资自求平衡分析，根据项目预期收益预测及其所能依据的各种假设，并假设项目预测收益在债务存续期内可以全部实现，可用于资金平衡的项目预期收益为 68814.99 万元，项目预期收益对本期债券本息的覆盖倍数为 1.50 倍，能够合理保证偿还本期债券本金和利息，可以实现项目收益与融资自求平衡。

讨论：

1. 林业经济受到债券融资的好处有哪些？

2. 农林经济融资风险的多种表现形式和管理措施有哪些？

　　资料来源：万山区人民政府 . 贵州省"万山区国家储备林"专项债券项目 [EB/OL]. https：//www. trws. gov. cn/xwzx/qnyw/202406/t20240628_84926281. html.

第3章 证券公司业务规范

理论要点

1. **证券公司发行与承销业务的主要法律法规**：证券公司发行与承销业务的主要法律、行政法规包括《中华人民共和国公司法》《中华人民共和国证券法》《证券公司监督管理条例》《企业债券管理条例》等。

2. **证券发行上市保荐业务的一般规定**：（1）《证券发行上市保荐业务管理办法》。（2）《证券发行与承销管理办法》。（3）《首次公开发行股票承销业务规范》。

3. **证券公司融资融券业务基本原则**：（1）合法合规原则。（2）集中管理原则。（3）独立运行原则。（4）岗位分离原则。

4. **监管部门对融资融券业务的监管措施**：（1）证券交易所的监管。（2）证券登记结算机构的监管。（3）客户信用资金存管指定商业银行的监管。（4）自律监管机构的监管。（5）客户查询。（6）信息公告。

实务要点

1. **信息披露时点要求**：（1）首次公开发行股票申请文件受理后至发行人发行申请经中国证监会核准、依法刊登招股意向书前，发行人及与本次发行有关的当事人不得采取任何公开方式或变相公开方式进行与股票发行相关的推介活动，也不得通过其他利益关联方或委托他人等方式进行相关活动。（2）首次公开发行股票招股意向书刊登后，发行人和主承销商可以向网下投资者进行推介和询价，并通过互联网等方式向公众投资者进行推介。发行人和主承销商向公众投资者进行推介时，向公众投资者提供的发行人信息的内容及完整性应与向网下投资者提供的信息保持一致。

2. **证券发行与承销信息披露要求**：（1）发行人和主承销商在推介过程中不得夸大宣传，或以虚假广告等不正当手段诱导、误导投资者，不得披露除招股意向书等公开信以外的发行人其他信息。（2）发行人和主承销商在发行过程中公告的信息只需选择一家中国证监会指定的报刊披露，同时将其刊登在中国证监会指定的互联网网站，并置备于中国证监会指定的场所，供公众查阅。（3）发行人披露的招股意向书除含发行价格、筹资金额以外，其内容与格式应当与招股说明书一致，并与招股说明书具有同等法律效力。

一、名词解释题

1. 信息披露时点要求

2. 合法合规原则

3. 证券自营业务决策与授权的要求

二、填空题

1. 保荐机构、保荐业务负责人、内核负责人或者保荐业务部门负责人在一个自然年度内被采取上述监管措施累计 5 次以上，中国证监会可以暂停保荐机构的保荐业务（　　　　）个月，依法责令保荐机构更换保荐业务负责人、内核负责人或者保荐业务部门负责人。

2. 证券公司应当对融资融券业务实行（　　　　）。融资融券业务的决策和主要管理职责应当由证券公司总部承担。

3. 证券自营业务的禁止性行为中，其他禁止的行为包括：（　　　　）。

三、单项选择题

1. 未经（　　　　）的允许，任何机构和个人不得从事保荐业务。
A. 中国人民银行　　B. 财政部　　　　C. 中国证监会　　D. 国务院

2. （　　　　）依法对保荐机构及其保荐代表人进行监督管理。
A. 中国证券业协会　　　　　　　　B. 财政部
C. 中国证监会　　　　　　　　　　D. 国务院

3. 下列各项中，不属于债券存续期间重大事项的是（　　　　）。
A. 发行人经营方针、经营范围或生产经营外部条件等发生重大变化
B. 发行人主要资产被查封、扣押、冻结
C. 发行人当年累计新增借款或对外提供担保超过上年末净资产的 20%
D. 发行人放弃债权或财产，超过上年末净资产的 5%

4. 发行人将相关信息披露文件送中央国债登记结算有限责任公司的，中央国债登记结算有限责任公司通过（　　　　）披露。
A. 全国银行间同业拆借中心　　　　B. 中央国债登记结算有限责任公司
C. 中国货币网　　　　　　　　　　D. 中国债券信息网

5. 中国证监会对证券发行承销过程实施（　　　），发现涉嫌违法违规或者存在异常情形的，可责令发行人和承销商暂停或中止发行，对相关事项进行调查处理。

A．事前监管　　　　　　　　　　B．事前事中监管

C．事中事后监管　　　　　　　　D．事后监管

6. 超过《企业债券管理条例》第十八条规定的最高利率发行企业债券的，责令改正，处以相当于所筹资金金额（　　　）%以下的罚款。

A．5　　　　　B．10　　　　　C．15　　　　　D．20

7. 在企业债券发行过程中，各承销商面向社会公开零售企业债券的所有营业网点及每个营业网点的承销份额，均须在各网点所在地（　　　）备案。

A．中国人民银行　　　　　　　　B．省级人民政府

C．省级发展改革委　　　　　　　D．省级财政厅

8. 证券公司从事发行上市保荐业务，应向（　　　）申请保荐机构资格。

A．中国人民银行　　B．财政部　　C．中国证监会　　D．国务院

9. 下列说法中错误的是（　　　）。

A．公司债券是指公司依照法定程序发行、约定在一定期限内还本付息的有价证券

B．保荐机构对其保荐代表人履行保荐职责，可以减轻或免除发行人及其董事、监事、高级管理人员、证券服务机构及其签字人员的责任

C．公司债券可以公开发行，也可以非公开发行

D．债券募集说明书及其他信息披露文件所引用的审计报告、资产评估报告、评级报告应当由具有从事证券服务业务资格的机构出具

10. 经中国人民银行核准发行的金融债券的，发行人应于每期金融债券发行前（　　　）个工作日披露募集说明书和发行公告。

A．3　　　　　B．5　　　　　C．7　　　　　D．10

11. 融资融券业务的决策与授权体系原则上按照（　　　）的架构设立和运行。

A．业务执行部门—董事会—业务决策机构—分支机构

B．董事会—业务执行部门—业务决策机构—分支机构

C．董事会—业务决策机构—业务执行部门—分支机构

D．业务决策机构—业务执行部门—分支机构—董事会

12. 证券公司（　　　）负责确定融资融券的总规模。

A．分支机构　　B．业务决策机构　　C．董事会　　　D．业务执行机构

13. 投资者融券卖出证券时，融券保证金比例不得低于（　　　）%。

A．120　　　　B．100　　　　C．80　　　　D．50

14. 下列关于证券公司向客户融资融券时产生的保证金的说法，错误的是（　　）。

A. 证券公司向客户融资融券时，应当向客户交存一定比例的保证金

B. 保证金可以用证券充抵

C. 融资融券标的证券为股票的条件之一是融券卖出标的股票的流通股本不少于 2 亿股或流通市值不低于 8 亿元

D. 保证金应当存入证券公司客户证券担保账户或者客户资金担保账户并计入该客户授信账户

15. 证券公司委托其他证券公司或者基金管理公司进行证券投资管理，且投资规模合计不超过其净资本的（　　）%，无须取得证券自营业务资格。

A. 90　　　　　　 B. 80　　　　　　 C. 70　　　　　　 D. 60

16. 下列不属于操纵市场行为的是（　　）。

A. 通过合谋或者集中资金操纵证券市场价格

B. 以自己的不同账户在相同的时间内进行价格和数量相近、方向相反的交易

C. 以散布谣言、传播虚假信息等手段影响证券发行、交易

D. 根据内幕消息买卖证券或者暗示他人买卖证券

17. 证券公司将自有资金投资于（　　），且投资规模合计不超净资本80%的，无须取得证券自营业务资格。

A. 权证　　　　　　　　　　 B. 上市股票

C. 依法公开发行的国债　　　 D. 债券基金

18. 证券公司应建立健全相对集中、权责统一的投资决策与授权机制，（　　）是证券公司自营业务的最高决策机构。

A. 投资决策机构　 B. 自营业务部门　 C. 董事会　　　 D. 分支机构

19. 按照《证券公司风险控制指标计算标准规定》，自营非权益类证券及其衍生品的合计额不得超过净资本的（　　）%。

A. 50　　　　　　 B. 100　　　　　　 C. 200　　　　　　 D. 500

四、多项选择题

1. 发行人（　　）应当在债券募集说明书上签字，承诺不存在虚假记载、误导性陈述或者重大遗漏，并承担相应的法律责任，但是能够证明自己没有过错的除外。

A. 董事　　　　 B. 监事　　　　 C. 高级管理人员　 D. 财务会计

2. 中国证券业协会应当建立对承销商（　　）的日常监管制度，加强相关行为的监督检查，发现违规情形的，应当及时采取自律监管措施。中国证券业

协会还应当建立对网下投资者和承销商的跟踪分析和评价体系，并根据评价结果采取奖惩措施。

A. 询价   B. 定价

C. 配售行为   D. 网下投资者报价行为

3. （   ）及其直接负责的主管人员和其他直接责任人员有失诚信、违反法律、行政法规或者《证券发行与承销管理办法》规定的，中国证监会可以视情节轻重采取责令改正、监管谈话、出具警示函、责令公开说明、认定为不适当人选等监管措施，或者采取市场禁入措施，并记入诚信档案；依法应予行政处罚的，依照有关规定进行处罚；涉嫌犯罪的，依法移送司法机关，追究其刑事责任。

A. 发行人   B. 证券公司   C. 证券服务机构   D. 投资者

4. 下列说法中，正确的是（   ）。

A. 非金融企业债务融资工具，是指具有法人资格的非金融企业在银行间债券市场发行的，约定在一定期限内还本付息的有价证券

B. 企业发行债务融资工具应在中国银行间市场交易商协会注册

C. 债务融资工具在全国银行间同业拆借中心登记、托管、结算

D. 中央国债登记结算有限责任公司为债务融资工具在银行间债券市场的交易提供服务

5. 网上申购前披露每位网下投资者的详细报价情况，包括（   ）。

A. 投资者名称、申购价格及对应的拟申购数量

B. 有效报价和发行价格的确定过程

C. 发行价格及对应的市盈率

D. 网上网下的发行方式和发行数量

6. 下列行为中违反《中国人民银行法》的有（   ）。

A. 发行人未经中国人民银行核准擅自发行金融债券

B. 发行人超规模发行金融债券

C. 承销人以不正当竞争手段招揽承销业务

D. 托管机构挪用客户金融债券

7. 下列说法正确的是（   ）。

A. 发行人和主承销商在披露发行市盈率时，不用同时披露发行市盈率的计算方式

B. 在进行行业市盈率比较分析时，应当按照中国证监会有关上市公司行业分类指引中制定的行业分类标准确定发行人行业归属，并分析说明行业归属的依据

  C. 存在多个市盈率口径时，应当充分列示可供选择的比较基准，并应当按照审慎、充分提示风险的原则选取和披露行业平均市盈率

  D. 发行人还可以同时披露市净率等反映发行人所在行业特点的估值指标

8. 下列行为中违反《中国人民银行法》的有（　　　　　）。

  A. 发行人以不正当手段操纵市场价格、误导投资者

  B. 承销人发布虚假信息或泄露非公开信息

  C. 托管机构债券遗失

  D. 注册会计师所出具的文件含有虚假记载、误导性陈述或重大遗漏的

9. 下列说法正确的是（　　　　　）。

  A. 金融债券的发行应遵循公平、公正、诚信、自律的原则，金融债券发行人及相关中介机构应充分披露有关信息，并提示投资风险

  B. 发行人应在金融债券发行前和存续期间履行信息披露义务。信息披露义务应通过中国货币网、中国债券信息网进行

  C. 发行人及相关知情人在信息披露前不得泄露其内容

  D. 对影响发行人履行债务的重大事件，发行人应在第一时间向中国证监会报告，并按照中国证监会指定的方式披露

10. 向战略投资者配售股票的，应当在网下配售结果公告中披露（　　　　　）情况。

  A. 战略投资者的名称　　　　　　　　B. 认购数量

  C. 市盈率　　　　　　　　　　　　　D. 持有期限

11. 以下关于融资融券业务的决策授权体系说法，错误的有（　　　　　）。

  A. 由部门负责人确定融资融券业务的总规模

  B. 业务决策机构确定对具体客户的授信额度

  C. 业务执行部门确定单一客户的授信额度

  D. 分支机构可自行决定客户的开户、保证金收取

12. 下列关于融资融券的标的证券说法，错误的有（　　　　　）。

  A. 标的证券暂停交易后恢复交易日在融资融券债务到期日之后的，融资融券的期限不可以顺延

  B. 标的股票交易被实施风险警示的，交易所自该股票被实施风险警示日后一天将其调整出标的证券范围

  C. 标的证券进入终止上市程序的，交易所自发行人做出相关公告当日起将其调整出标的证券范围

  D. 证券被调整出标的证券范围的，在调整实施前未了结的融资融券合同无效

13. 融资融券标的证券为开放式基金的，应当符合的条件包括（　　　　　　）。

    A. 上市交易超过 5 个交易日

    B. 最近 5 个交易日内的日平均资产规模不低于 5 亿元

    C. 基金持有户不少于 2000 户

    D. 基金份额不存在分拆、合并等分级转换情形

14. 证券公司信用业务涉及的主要部门规章、其他规范性文件以及相关自律规则包括（　　　　　　）。

    A.《证券公司监督管理条例》

    B.《证券公司融资融券业务管理办法》

    C.《证券公司融资融券业务内部控制指引》

    D.《转融通业务监督管理试行办法》

15. 证券公司信用证券账户内的证券，出现（　　　　　　）等特殊情形时，证券公司在计算客户维持保证金比例时，可以根据与客户的约定按照公允价格或其他定价方式计算其市值。

    A. 被调出可充抵保证金证券范围

    B. 被暂停交易

    C. 被实施风险警示

    D. 因权益处理等产生尚未到账的在途证券

16. 除法律及行政法规外，证券公司自营业务涉及的部门规章及规范性文件还包括（　　　　　　）。

    A.《证券公司风险控制指标管理办法》

    B.《证券公司内部控制指引》

    C.《证券公司证券自营业务指引》

    D.《关于证券公司证券自营业务投资范围及有关事项的规定》

17. 证券公司从事证券自营业务时，（　　　　　　）属于禁止性行为。

    A. 内幕交易

    B. 操纵市场

    C. 假借他人名义或者个人名义进行自营业务

    D. 违反规定委托他人代为买卖证券

18. 依法可以在境内证券交易所上市交易的证券主要包括（　　　　　　）。

    A. 股票　　　　　B. 政府债券　　　　　C. 票据　　　　　D. 证券投资基金

19. 证券公司自营业务部门的职责不包括（　　　　　　）。

    A. 自营账户开户　　　　　　　　B. 自营账户使用登记

    C. 自营账户销户　　　　　　　　D. 自营业务所需资金的调度

20. 证券公司证券自营业务决策机构原则上应当按照（　　　　　）的三级体制设立。
    A. 股东（大）会　　　　　　　　B. 董事会
    C. 投资决策机构　　　　　　　　D. 自营业务部门

21. 下列关于证券自营业务操作基本要求的说法中，正确的有（　　　　　）。
    A. 自营业务必须以证券公司自身名义，通过专用席位进行，并由非自营业务部门负责资产管理账户的管理
    B. 加强自营业务资金的调度管理和自营业务的会计核算
    C. 建立健全自营业务运作止盈止损机制
    D. 自营业务的清算、统计应由专门人员执行

22. 证券公司在进行自营业务时的禁止行为包括（　　　　　）。
    A. 内幕交易　　　　　　　　　　B. 操纵市场
    C. 将自营账户借给他人使用　　　D. 将自营业务与代理业务混合操作

五、判断题

1. 净资产不低于 500 万元的企事业单位法人、合伙企业是《公司债券发行与交易管理办法》所称合格投资者。（　　　　）

2. 金融债券存续期间，发行人应于每年 7 月 31 日前披露债券跟踪信用报告。（　　　　）

3. 发行人发生超过上年末净资产 10% 的重大损失，将之认定为债券存续期间需要披露的重大事项。（　　　　）

4. 可冲抵保证金的证券，在计算保证金金额时应当以证券市值或净值按交易所规定的折算率进行折算。（　　　　）

5. 证券公司现金管理产品、货币市场基金、国债折算率最高不超过 85%。（　　　　）

6. 负责客户信用资金存管的商业银行应当按照客户信用资金存管协议的约定，对证券公司违反规定的资金划拨指令予以拒绝；发现异常情况的，应当要求证券公司作出说明，并向中国证监会及该公司住所地证监会派出机构报告。（　　　　）

7. 证券公司汤某，与大学同学串通，以事先约定的时间、价格、方式进行证券交易，影响证券交易价格，他们的行为属于传播虚假信息。（　　　　）

8. 证券自营必须以自身名义、通过专用自营席位进行，并由非自营业务部门负责自营账户的管理，包括开户、销户、使用登记等。（　　　　）

9. 按照《证券公司风险控制指标计算标准规定》，一般来说，持有一种权益类证

券的成本不得超过净资本的 20%。（　　　　）

案例分析

江西省上犹县"林业高质量发展工程"债券融资项目

上犹县位于江西省西南部，东邻南康区，南连崇义县，西接湖南省桂东县北界吉安市遂川县，全县拥有自然保护区面积 9.1 万亩，生态公益林面积 55.19 万亩，境内海拔 1000 米以上的大山峰 14 座，森林覆盖率达 81.8%，是全国平均水平的近 4 倍，空气质量始终保持在优等，负氧离子等级常年为"对人体健康很有利"的 7 级。在此背景下，上犹县林业局提出了上犹县林业高质量发展工程项目，通过对上犹县 10.0 万亩林地进行提升改造和森林抚育，并发展林地抚育提升，进而带动上犹县林业经济的快速发展。

本项目共涉及林业用地总面积 10.0 万亩，主要建设内容包括：改造提升森林资源质量 10.0 万亩，即建设杉木丰产林 5.6 万亩、湿地松脂林 3.0 万亩，林地抚育提升 1.0 万亩，森林抚育 10.0 万亩，配套建设林区公路 21 公里，林道 58 公里，看山管护站 10 个；购置森林消防设备 5 套、林业有害生物防治设备 9 套、智能化监控系统 3 套。项目总投资为 70000.00 万元，资金筹措方式由资本金和政府专项债券组成。其中，资本金 27000.00 万元，占总投资的 38.57%；申请专项债43000.00 万元，占总投资的 61.43%。本次发行专项债券各项目预期现金流入合计 238435.04 万元，预期现金流出合计 120556.24 万元，债券存续期内债券本金与利息合计 88430.00 万元，项目存续期内偿债资金覆盖倍数为 1.33 倍，还本付息资金有充分保障，项目实施方案资金计划能够满足发行专项债券资金充足性要求。

讨论：

1. 专项债券发行的条件。

2. 专项债券和一般债券的区别。

3. 专项债券的优点。

资料来源：北京泓创智胜. 江西省上犹县"林业高质量发展工程"债券融资项目 [EB/OL]. https：//www. hczsbj. com/page49？article_id=2056.

第4章 证券市场典型违法违规
行为及法律责任

理论要点

1. 欺诈发行证券的犯罪构成：（1）客体要件：本罪侵犯的客体是复杂客体，即国家对证券市场的管理制度以及投资者（股东、债权人和公众）的合法权益。（2）客观要件：①行为人必须实施在招股说明书、认股书、公司、企业债券募集办法中隐瞒重要事实或者编造重大虚假内容的行为；②行为人必须实施了发行股票或公司、企业债券的行为；③行为人制作虚假的招股说明书、认股书、公司债券募集办法发行股票或者公司、企业债券的行为，必须达到一定的严重程度，即达到"数额巨大、后果严重或者有其他严重情节的"，才能构成犯罪。（3）主体要件：本罪的主体主要是单位。自然人在一定条件下也能成为犯罪的主体。（4）主观要件：本罪在主观上只能由故意构成，过失不构成本罪。

2. 诱骗投资者买卖证券、期货合约的犯罪构成：（1）主体：本罪的主体为特殊主体，即只有证券交易所、期货交易所、证券公司、期货经纪公司的从业人员，证券业协会、期货业协会或者证券期货监督管理部门的工作人员及单位，才能构成本罪。（2）主观方面：本罪在主观方面必须出于故意，过失不能构成本罪。（3）客体：本罪所侵害的客体是复杂客体，包括证券、期货市场正常的交易管理秩序和其他投资者的利益。（4）客观方面：本罪在客观方面表现为故意提供虚假信息或者伪造、变造、销毁交易记录，诱骗投资者买卖证券、期货合约，造成严重后果的行为。

实务要点

1. 利用未公开信息交易的法律责任：根据《中华人民共和国刑法》第一百八十条对利用未公开信息交易罪的规定，证券交易所、期货交易所、证券公司、期货经纪公司、基金管理公司、商业银行、保险公司等金融机构的从业人员以及有关监管部门或者行业协会的工作人员，利用因职务便利获取的内幕信息以外的其他未公开的信息，违反规定，从事与该信息相关的证券、期货交易活动，或者明示、暗示他人从事相关交易活动，情节严重的，处 5 年以下有期徒刑或者拘役，并处或者单处违法所得 1 倍以上 5 倍以下罚金；情节特别严重的，处 5 年以上 10 年以下有期徒刑并处违法所得 1 倍以上 5 倍以下罚金。

2. **内幕交易、泄露内幕信息的法律责任：**根据《中华人民共和国刑法》第一百八十条对内幕交易，泄露内幕信息罪的规定，证券、期货交易内幕信息的知情人员或者非法获取证券、期货交易内幕信息的人员，在涉及证券的发行，证券、期货交易或者其他对证券、期货交易价格有重大影响的信息尚未公开前，买入或者卖出该证券，或者从事与该内幕信息有关的期货交易，或者泄露该信息，或者明示、暗示他人从事上述交易活动，情节严重的，处 5 年以下有期徒刑或者拘役，并处或者单处违法所得 1 倍以上 5 倍以下罚金；情节特别严重的，处 5 年以上 10 年以下有期徒刑并处违法所得 1 倍以上 5 倍以下罚金。单位犯前述罪的，对单位判处罚金，并对其直接负责的主管人员和其他直接责任人员，处 5 年以下有期徒刑或者拘役。

一、名词解释题

1. 非法发行股票
2. 犯罪构成

二、填空题

1. 犯罪构成有（　　　　　）。
2. 刑事立案追诉标准（　　　　　）。
3. 本罪的主体为（　　　　　），即只有证券交易所、期货交易所、证券公司、期货经纪公司的从业人员，证券业协会、期货业协会或者证券期货监督管理部门的工作人员及单位，才能构成本罪。

三、单项选择题

1. 单位犯"擅自发行股票、公司、企业债券罪"的，对其直接负责的主管人员和其他责任人员，处（　　　　　）以下有期徒刑或者拘役。
   A. 半年　　　　　　B. 1 年　　　　　　C. 3 年　　　　　　D. 5 年
2. 按照《最高人民检察院公安部关于公安机关管辖的刑事案件立案追诉标准的规定（二）》第六条规定，有关违规披露、不披露重要信息罪的刑事立案追诉标准，下列选项涉嫌的情形中，不应予立案追诉的是（　　　　　）。

A. 造成股东、债权人或其他人直接经济损失数额累计在 100 万元的

B. 虚增或者虚减资产达到当期披露的资产总额的 20%的

C. 虚增或者虚减资产达到当期披露的利润总额的 40%的

D. 未按照规定披露的重大诉讼、仲裁、担保、关联交易或者其他重大事项所涉及的数额或者连续 12 个月的累计数额占净资产 60%

3. 下列关于擅自发行股票、公司、企业债券罪的犯罪构成的说法，错误的是（　　　　）。

A. 本罪的主体是一般主体，既可以是自然人，也可以是单位

B. 客观方面，未经国家有关部门批准，擅自发行股票或者公司、企业债券，且数额巨大，后果严重或者有其他严重情节

C. 本罪的客体是国家对发行股票或者公司、企业债券的管理秩序

D. 本罪的主观方面是故意或过失

4. 按照《中华人民共和国刑法》第一百八十一条规定，故意提供虚假信息或者伪造、变造、销毁交易记录，诱骗投资者买卖证券、期货合约，造成严重后果的，处（　　　　）年有期徒刑或者拘役，并处或者单处（　　　　）万元以上 10 万元以下罚金。

A. 3，1　　　　　　B. 5，5　　　　　　C. 5，1　　　　　　D. 3，5

5. 在证券交易活动中作出虚假陈述或者信息误导的，责令改正，处以（　　　　）的罚款；属于国家工作人员的，还应当依法给予行政处分。

A. 3 万元以上 20 万元以下　　　　　　B. 10 万元以上 60 万元以下

C. 3 万元以上 60 万元以下　　　　　　D. 20 万元以上 200 万元以下

6. 下列关于利用未公开信息罪说法正确的是（　　　　）。

A. 主观方面不知道是未公开信息而加以利用也构成利用未公开信息交易罪

B. 内幕交易罪和利用未公开信息罪的信息范围相同

C. 该罪主观方面包括故意和过失

D. 保险公司从业人员可以构成该罪主体

7. 按照《最高人民检察院公安部关于公安机关管辖的刑事案件立案追诉标准的规定（二）》第三十三条的规定，诱骗投资者买卖证券、期货合约，可以给予立案追诉的情形不包括（　　　　）。

A. 获利或者避免损失数额累计在 5 万元以上的

B. 造成投资者直接经济损失数额在 5 万元以上的

C. 诱骗投资者买卖证券、期货合约数额在 10 万元以上的

D. 致使交易价格和交易量异常波动的

四、多项选择题

1. 在（　　　　　　　）中，隐瞒重要事实或者编造重大虚假内容发行股票或者企业债券，数额巨大、后果严重的，或者有其他严重情节的，构成欺诈发行股票、债券罪。

A. 招股说明书 　　　　　　　　 B. 财务会计报告

C. 发行保荐书 　　　　　　　　 D. 企业债券募集办法

2. 下列属于擅自公开发行或者变相公开发行证券的情形的是（　　　　　　　）。

A. 未经中国证监会或者国务院授权部门核准，采用广告、广播、说明会等方式向社会公众发行的

B. 未经中国证监会或者国务院授权部门核准，向特定对象转让股票，转让后公司股东累计超过 300 人

C. 采用电话、短信、信函等方式向超过 300 人发行

D. 公司股东自行或委托他人以公开方式向社会公众转让股票

3. 下列关于违规披露、不披露重要信息罪的构成特征的表述，正确的有（　　　　　　　）。

A. 本罪侵犯的客体只包含国家对证券市场的管理制度

B. 本罪在客观方面表现为公司向股东和社会公众提供虚假的或者隐瞒重要事实的财务会计报告，严重损害股东或者其他人利益的行为

C. 本罪在主观方面只能由故意构成，过失不构成本罪

D. 本罪的主体是特殊主体，即依法负有信息披露义务的公司、企业

4. 下列情形符合公开发行的是（　　　　　　）。

A. 向不特定对象发行证券的

B. 向特定对象发行证券累计 150 人的（不考虑依法实施员工持股计划的员工）

C. 向特定对象发行证券累计 250 人的（不考虑依法实施员工持股计划的员工）

D. 向特定对象发行证券累计 300 人的（不考虑依法实施员工持股计划的员工）

5. 下列说法中，属于《中华人民共和国刑法》中关于证券犯罪的规定的是（　　　　　　　）。

A. 欺诈发行股票、债券罪 　　　 B. 内幕交易、泄露内幕信息罪

C. 操纵证券市场罪 　　　　　　 D. 提供虚假财务会计报告罪

6. 下列关于利用未公开信息交易罪立案追诉标准的说法，正确的是（　　　　　　　）。

A. 期货交易占用保证金数额累计在 20 万元以上的

B. 证券交易成交额累计在 30 万元以上的

C. 获利或者避免损失数额累计在 15 万元以上的

D. 多次利用内幕信息以外的其他未公开信息进行交易活动的

7. 根据《中华人民共和国证券法》，（　　　　　　）及其从业人员，证券业协会、证券监督管理机构及其工作人员，在证券交易活动中作出虚假陈述或者信息误导的，责令改正，处以 20 万元以上 200 万元以下的罚款；属于国家工作人员的，还应当依法给予处分。

A. 证券交易所　　　　　　　　B. 证券公司

C. 证券登记结算机构　　　　　D. 证券服务机构

8. 关于操纵证券期货市场的刑事责任，下列说法正确的有（　　　　　　）。

A. 本罪的主体是一般主体，单位也能成为犯罪的主体

B. 本罪的主观方面为故意，且以获取不正当利益或者转嫁风险为目的

C. 本罪侵害了国家证券、期货管理制度和投资者的合法权益

D. 本罪的主体为一般主体，单位不能成为本罪的犯罪主体

9. 下列属于背信运用受托财产罪的犯罪主体有（　　　　　　）。

A. 证券公司　　　B. 商业银行　　　C. 期货交易所　　　D. 期货经纪公司

10. 下列属于证券公司操纵市场行为的是（　　　　　　）。

A. 证券公司利用其资金、信息等优势，影响证券交易价格或交易量

B. 与他人串通，以约定的时间、价格和方式相互交易，影响证券交易价格或交易量

C. 在自己实际控制的账户间进行证券交易，影响证券交易价格或交易量

D. 利用非公开信息买卖证券

11. 欺诈发行股票、债券罪应予立案追诉的标准包括（　　　　　　）。

A. 发行数额在 500 万元以上

B. 伪造、变造国家机关公文、有效证明文件或者相关凭证、单据

C. 利用募集的资金进行违法活动

D. 转移或者隐瞒所募集资金

五、判断题

1. 在招股说明书、认股书、公司、企业债券募集办法等发行文件中隐瞒重要事实或者编造重大虚假内容，发行股票或者公司、企业债券、存托凭证或者国务院依法认定的其他证券，数额巨大、后果严重或者有其他严重情节的，处 5 年以下有期徒刑或者拘役，并处或者单处罚金。（　　　　　　）

2. 数额特别巨大、后果特别严重或者有其他特别严重情节的，处 5 年以上有期徒刑，并处罚金。单位犯前述罪的，对单位判处非法募集资金金额 50% 以上 1 倍

以下罚金并对其直接负责的主管人员和其他直接责任人员，依照前述的规定处罚。（　　　　）

3. 编造、传播虚假信息或者误导性信息，扰乱证券市场的，没收违法所得，并处以违法所得 1 倍以上 10 倍以下的罚款。（　　　　）

4. 按照《最高人民检察院公安部关于公安机关管辖的刑事案件立案追诉标准的规定（二）》第三十五条的规定，内幕交易、泄露内幕信息案，当证券交易成交额累计在 30 万元以上的，获利或者避免损失金额累计在 15 万元以上的，应予立案追诉。（　　　　）

5. 按照《中华人民共和国刑法》第一百八十条规定，对犯内幕交易、泄露内幕信息罪的人员，处 5 年以下有期徒刑或者拘役，并处或者单处违法所得 1 倍或者 5 倍以下罚金；情节特别严重的，处 5 年以上 10 年以下有期徒刑。（　　　　）

案例分析

关于农业上市公司温氏集团的案例

2015 年 11 月 2 日，深市创业板迎来了第一家千亿市值企业，挂牌首日市值便突破 2000 亿元。温氏上市前有 6000 多个股东，由七户农民集资 8000 元起步，它最早推行内部员工持股，在企业内部建立证券市场、股票交易市场，在它没有上市之前，就模拟股市的运作方式，其内部的股票可以自由地议价买卖，每个月交易一次，采用"齐创共享"的利益分配机制。虽然温氏集团来自习惯被人们认为没什么技术含量的低端产业——农业，但温氏集团通过商业模式、技术以及文化的创新，将一家从事畜牧养殖业的企业 IPO 上市，并成为创业板第一大市值的公司。温氏集团经过三十多年的探索和实践，形成了以紧密型"公司+农户（或家庭农场）"产业分工合作模式为核心的"温氏模式"。温氏之所以能发展这么快，就是因为公司加农户的合作模式能够以最小的投资把生产规模做到最大。这种轻资产战略是对比来看，实际养殖行业绝对是重资产的，但是与同行比，温氏要轻得多。所有的猪舍、鸡舍如果全部自建，想达到目前的生产规模，企业要建很多厂，资产负荷要大很多。

这种模式的主要内容有科学合理的产权制度设计、创新的产业化分工合作模式、高效的产业链全程管理、产学研紧密相结合、与时俱进的企业文化等，形成了以农业生产为主导，以公司为载体，将畜牧养殖产业链中的市场、技术、农户、土地、资金、厂房等稀缺资源进行流程创新与整合，产生产业链管理的综合效益，促进了企业的持续和健康发展。

讨论：

1. 温氏集团通过轻资产农业公司上市给我们的启示是什么？

2. "齐创共享"的利益分配机制的好处有哪些？

资料来源：山东大学中小企业研究所. 关于农业上市公司温氏集团的案例［EB/OL］. https：//mp. weixin. qq. com/s? ＿＿biz＝MzA5MzcwMTI0OQ＝＝&mid＝2652422695&idx＝1&sn＝82bfeb8c2512db31259939011ec5684c&chksm＝8bb5b7c9bcc23edfd9bad41ff709b43b08922bcf56f9664c74d3f1e9876ceda8ba396418e636&scene＝27.

第 5 章 行业文化、职业道德与从业人员行为规范

📚 **理论要点**

1. **从业人员范围**：包括从事证券经纪、证券投资咨询、与证券交易及证券投资活动有关的财务顾问、证券承销与保荐、证券融资融券、证券自营、证券做市交易、证券资产管理等业务和相关管理工作的人员。证券公司董事长、从事业务管理工作的其他董事和监事、高级管理人员、分支机构负责人均为从业人员。

2. **从业人员的违规处理及惩戒机制**：从业人员违反法律法规、中国证监会其他规定的，中国证监会及其派出机构可以根据情节轻重依法采取责令改正、监管谈话、出具警示函、责令定期报告、责令处分有关人员、责令更换有关人员或者限制其权利，限制向董事、监事、高级管理人员支付报酬或者提供福利，责令暂停履行职务、责令停止职权、责令解除职务、认定为不适当人选等措施。

📚 **实务要点**

1. **廉洁从业的禁止性要求**：开展证券期货业务及相关活动中禁止输送不正当利益；工作人员不得谋取不正当利益；投行业务禁止行为；融资融券、股票质押式回购交易等融资类业务禁止行为；自营业务、资产管理业务、另类投资业务或者服务禁止行为；证券经纪业务及其他销售产品或者服务禁止行为；证券投资咨询业务禁止行为。

2. **从业人员履职限制**：（1）从业人员应当保证有足够的时间和精力履行职责，不得自营或者为他人经营与所任公司同类或者存在利益冲突的业务。（2）从业人员应当以所在机构的名义从事证券基金业务活动，不得同时在其他证券基金经营机构执业。中国证监会另有规定的，从其规定。（3）从业人员不得授权不符合任职条件或者从业条件的人员代为履行职责。法律法规和中国证监会另有规定的，从其规定。

一、名词解释题

1. 廉洁从业
2. 从业人员

二、填空题

1. 中国证券业协会对违反廉洁从业规定的会员及其从业人员，采取（　　　　）处分，并按照规定记入执业声誉信息库。
2. 从业人员自首次执业登记日的下一年起，每个自然年为一个培训周期。证券公司应当要求其从业人员在每个培训周期内完成一定时间的业务培训，建议不少于（　　　　）学时，每学时为（　　　　）分钟。在一个培训周期内，证券公司应当要求其从业人员在党建引领、行业文化、职业道德方面的学时比重不低于其应完成培训学时的（　　　　）%。

三、单项选择题

1. 证券期货经营机构应当制定具体、有效的事前风险防范体系、（　　　　）和事后追责机制，对所从事的业务种类、环节以及相关工作进行科学系统的廉洁风险评估，识别廉洁从业风险点，强化岗位制衡与内部监督机制并确保运行有效。
   A. 事中内部控制体系　　　　　　B. 事中管控措施
   C. 事中监管执法　　　　　　　　D. 事中风险评估
2. （　　　　）决定廉洁从业管理目标，对廉洁从业管理的有效性承担责任。
   A. 董事会　　　　　　　　　　　B. 监事会
   C. 高级管理人员　　　　　　　　D. 股东大会
3. 证券期货经营机构应当制定工作人员廉洁从业规范，明确廉洁从业要求，加强从业人员廉洁培训和教育，培育廉洁从业文化，（　　　　）开展覆盖全体工作人员的连接培训与教育，确保工作人员熟悉廉洁从业的相关规定。
   A. 每周　　　　B. 每月　　　　C. 每个季度　　　　D. 每年
4. 证券期货经营机构应当于每年（　　　　）之前，向中国证券业协会有关派出机构报送上年度廉洁从业管理情况报告。
   A. 3月30日　　B. 4月30日　　C. 5月30日　　D. 6月30日
5. 证券期货经营机构在内部检查中，发现存在违反规定行为的，证券期货经营机构应当在（　　　　）个工作日内，向中国证券业协会有关派出机构报告。
   A. 5　　　　B. 7　　　　C. 10　　　　D. 12

6. 申请从事一般证券业务的人员，必须具备最近（ ）年未受过刑事处罚的条件。

A. 1　　　　　B. 2　　　　　C. 3　　　　　D. 5

7. 关于证券发行后，保荐代表人的更换规定不正确的是（ ）。

A. 证券发行后，除规定原因外保荐机构不得更换保荐代表人

B. 因保荐代表人离职或者被撤销保荐代表人资格的，应当更换保荐代表人

C. 保荐机构更换保荐代表人的，应当通知发行人，并在 3 个工作日内向中国证监会、证券交易所报告，说明原因

D. 原保荐代表人在具体负责保荐工作期间未勤勉尽职的，其责任不因保荐代表人的更换而免除或终止

8. 从业人员应当通过所在机构进行登记，机构应当自从业人员入职（含试用期）之日起（ ）个工作日内，通过协会从业人员管理平台，将经本机构审核过的从业人员登记信息提交至协会进行登记。

A. 5　　　　　B. 7　　　　　C. 15　　　　　D. 30

9. 以下关于从事证券经纪业务相关人员的要求，不符合规定的是（ ）。

A. 与客户权益变动相关业务的经办人员之间，应建立制衡机制

B. 与客户权益变动直接相关的业务可以选择一人操作并复核，复核应留痕迹

C. 非常规业务操作应当事先审批

D. 涉及限制性客户资产转移的业务操作的审批和复核均应留痕迹

10. 根据《证券、期货投资咨询管理暂行办法》，证券投资咨询人员申请取得证券投资咨询从业资格，必须具有从事证券业务（ ）年以上的经历。

A. 4　　　　　B. 2　　　　　C. 1　　　　　D. 3

11. 按照《证券业从业人员资格管理办法》，取得从业资格的人员，通过机构申请执业证书必须满足最近（ ）年未受过刑事处罚的条件。

A. 1　　　　　B. 2　　　　　C. 3　　　　　D. 5

四、多项选择题

1. 委托、聘用第三方机构或者个人提供投资顾问、财务顾问、产品代销、专业咨询等服务，应当明确第三方的资质条件，事先签署服务协议，履行内部控制审批程序，协议中应明确约定（ ）。

A. 服务内容　　　B. 服务期限　　　C. 法律法规　　　D. 费用标准

2. 证券期货经营机构及其工作人员在开展证券期货业务及相关活动中，不得以（ ）方式向公职人员、客户、正在洽谈的潜在客户或者其他利益关系人输送不正当利益。

    A. 提供礼金、礼品、房产、汽车、有价证券、股权、佣金返还等财物，或者为上述行为提供代持等便利

    B. 提供旅游、宴请、娱乐健身、工作安排等利益

    C. 安排显著偏离公允价格的结构化、高收益、保本理财产品等交易

    D. 直接或者间接向他人提供内幕信息、未公开信息、商业秘密和客户信息，明示或者暗示他人从事相关交易活动

3. 证券期货经营机构及其工作人员在开展投资银行类业务过程中，不得以（　　　　　）方式输送或者谋取不正当利益。

    A. 以非公允价格或者不正当方式为自身或者利益关系人获取拟上市公司股权

    B. 以非公允价格为利益关系人配售债券或者约定回购债券

    C. 泄露证券发行询价和定价信息，操纵证券发行价格

    D. 为客户违规使用融出资金、规避信息披露义务、违规减持等违规行为提供便利

4. 证券经营机构及其工作人员在开展自营业务、资产管理业务、另类投资业务或者提供有关服务的过程中，不得通过（　　　　　）方式输送或者谋取不正当利益。

    A. 侵占或者挪用受托资产

    B. 不公平对待不同投资组合，在不同账户间输送利益

    C. 以明显偏离市场公允估值的价格进行交易

    D. 以不正当手段为本人或者团队谋取有利评选结果、佣金分配收入或者绩效考核结果

5. 按照《证券业从业人员资格管理办法》，从事证券业务的专业人员是指（　　　　　）。

    A. 证券公司中从事自营、经纪、承销、投资咨询、受托投资管理等业务的专业人员，包括相关业务部门的管理人员

    B. 基金管理公司、基金托管机构中从事基金销售、研究分析、投资管理、交易、监察稽核等业务的专业人员，包括相关业务部门的管理人员

    C. 基金销售机构中从事基金宣传、推销、咨询等业务的专业人员，包括相关业务部门的管理人员

    D. 购买证券的个人投资者

6. 下列人员不符合申请证券分析师资格条件的有（　　　　　）。

    A. 李某仅具有高中学历　　　　　　B. 董某进入证券行业刚满 1 年

    C. 付某为美国国籍　　　　　　　　D. 侯某仅通过了证券从业资格考试一门科目

7. 证券业从业人员应当（　　　　　）。

A. 自觉遵守法律、行政法规

B. 接受并配合中国证监会的监督与管理

C. 接受并配合中国证券业协会的自律管理

D. 遵守交易场所有关规则、所在机构的规章制度

8. 证券机构或者其管理人员对从业人员发出指令涉嫌违法违规的，从业人员可选择的应对方式包括（　　　　　　）。

A. 及时按照所在机构内部程序向高级管理人员报告

B. 及时按照所在机构内部程序向董事会报告

C. 报告机构后，机构未妥善处理的，从业人员及时向中国证监会报告

D. 报告机构后，机构未妥善处理的，从业人员及时向中国证券业协会报告

9. 根据《证券投资咨询人员从业资格管理的有关规定》，从事证券、期货投资咨询业务的人员，必须具备的资格是（　　　　　　）。

A. 取得中国证监会的业务许可

B. 取得中国证券业协会的业务许可

C. 取得证券、期货投资咨询从业资格

D. 加入一家有从业资格的证券、期货投资咨询机构

10. 下列关于证券经纪业务营销人员执业行为管理的说法，正确的有（　　　　　　）。

A. 证券经纪人可以向客户介绍证券公司和证券市场的基本情况

B. 证券经纪人可以替客户办理账户开立、注销、转移等

C. 证券经纪人可以替客户办理证券认购、交易或者资金存取、划转、查询等

D. 证券经纪人可以向客户介绍证券投资开户、交易、资金存取等业务流程

五、判断题

1. 证券业从业人员所从事的业务类别或其他重要登记信息发生变化的，所在机构应当自发生变化之日起 10 个工作日内办理变更登记。（　　　　　）

2. 从业人员自首次执业登记日的下一年起，每个自然年为一个培训周期。（　　　　　）

案例分析
黔东南州开发投资有限责任公司发行企业债发展蓝莓产业

　　黔东南州开发投资有限责任公司以麻江县为依托，大力发展蓝莓产业集群优

势，并结合当地蓝莓产业发展现状，科学、合理地推动蓝莓种植加工一体化项目建设，带动整个黔东南州农业产业向集团化、集约化、产业化方向健康发展。

2016 年，国家发展改革委批复了该公司发行规模为 7.9 亿元的企业债券，所筹资金将用于蓝莓产业种植加工一体化建设项目及补充公司营运资金。该支债券不仅是贵州省首支农业产业企业债券，也是贵州省首支以地方投融资平台为主体、以农业种植项目为债券募投项目申请发行的企业债券，有助于拓展农业企业融资渠道，拓宽农民增收渠道、促进农民增收。该支债券所筹资金用于蓝莓产业种植加工一体化建设项目及补充公司营运资金。黔东南州开发投资有限责任公司立足于本地，依托既有的专业能力积极通过产业培育，创新发展方式，形成较大规模的集投资建设、绿色农业开发、项目运营管理、产业技术创新于一体化模式，以麻江县为依托大力发展蓝莓产业集群优势，并结合当地蓝莓产业发展现状，科学、合理地推动蓝莓种植加工一体化项目建设，带动整个黔东南州农业产业向集团化、集约化、产业化方向健康发展，充分利用当地生态环境优势、农业资源优势。

讨论：

1. 该项目获批"企业债券"的立足点是什么？

2. 本案例产业发行企业债券的好处有什么？

3. 企业债券和公司债券的区别有什么？

资料来源：新华网．黔东南州开发投资有限责任公司发行企业债发展蓝莓产业［EB/OL］.http：//www.xinhuanet.com/politics/2016-07-28/c_129186331.htm.

银行篇

第6章 银行体系

📚 理论要点

1. **商业银行的形成途径**：现代商业银行是随着资本主义生产方式的产生而发展起来的，归结起来主要有以下两种形成途径：一种是从旧的高利贷性质的银行转变成资本主义商业银行，另一种是由股份制形式组建而成商业银行。

2. **中央银行产生的客观要求**：中央银行是在资本主义商品经济迅速发展，经济危机频繁出现，银行信用普遍化和集中化等背景下产生的，这既为中央银行产生奠定了经济基础，又是中央银行产生的客观要求。具体来看，主要有以下四个客观要求：一是集中统一银行券发行的需要；二是统一票据交换及清算的需要；三是最后贷款人的需要；四是对金融业统一管理的需要。

3. **商业银行的性质**：商业银行与一般的工商企业相比，有相同之处但也有其自身的特殊特征。其性质主要包括：一是商业银行具有一般企业的特征，主要表现在设立、经营目的等方面，如以营利为目的；二是商业银行是一种特殊的企业，包括经营对象特殊，商业银行责任特殊，商业银行与一般工商企业的关系特殊，商业银行对社会的影响特殊和国家对商业银行的管理特殊；三是商业银行是一种特殊的金融企业，主要表现在商业银行不同于中央银行，不同于其他金融机构方面。

4. **商业银行的职能**：商业银行的职能主要由其性质决定，商业银行主要有以下四个基本职能：一是信用中介职能；二是支付中介职能；三是信用创造职能；四是金融服务职能。

5. **商业银行的经营特点**：商业银行因其特殊性，所以在经营过程中，有高负债率、高风险性和监管管制严格性三大特点。

6. **商业银行的经营原则**：基于商业银行经营中存在的高负债率、高风险性及监管严格性三个特征，商业银行在经营过程要满足"三性"原则，即安全性、流动性及盈利性。

7. **我国商业银行体系**：目前，我国商业银行主要由国有大型商业银行、股份制商业银行、城市商业银行、农村中小金融机构、外资银行和民营银行构成。

8. **中央银行性质和职能**：国家最高金融决策机构，具有国家机关的性质；中央银行是特殊的金融机构。中央银行的职能包括：发行的银行、银行的银行、政府的银行。

9. **最后贷款人制度的内涵**：最后贷款人制度是指在银行体系遭遇异常冲击引起流动性需求增加，而银行体系本身又无法满足这种需求时，由中央银行向银行体系提供流动性以确保银行体系稳健经营的一种制度安排。

10. **存款保险制度的内涵**：存款保险制度是指由符合条件的各类存款性金融机构集中起来建立一个保险机构，各存款机构作为投保人按一定存款比例向其缴纳保险费，建立存款保险准备金，当成员机构发生经营危机或面临破产倒闭时，存款保险机构向其提供财务救助或直接向存款人支付部分或全部存款，从而保护存款人利益，维护银行信用，稳定金融秩序的一种制度。

11. **金融监管机构的审慎监管**：2023 年 3 月，中共中央、国务院印发了《党和国家机构改革方案》，明确在中国银行保险监督管理委员会基础上组建国家金融监督管理总局，统一负责除证券业之外的金融业监管，强化机构监管、行为监管、功能监管、穿透式监管、持续监管，维护金融业合法、稳健运行。

📚 实务要点

1. **最后贷款人的操作方式**：中央银行履行最后贷款人职责的操作方式一般包括：公开市场业务操作、再贴现和再抵押。具体来看，中央银行进行公开市场业务操作，主要是通过在金融市场上购买有价证券，投放基础货币，最终向整个金融市场投放流动性；再贴现是指商业银行把工商企业向自己贴现的合格票据，如国库券、短期公债等，再向中央银行贴现以融通资金的一种方式；再抵押是指中央银行以商业银行所提供的票据（一般为国家有价证券）作抵押而发放的贷款。

2. **我国存款保险条例规定的投保机构**：我国境内设立的商业银行、农村合作银行、农村信用合作社等吸收存款的银行业金融机构，应当依照《存款保险条例》的规定投保存款保险。

3. **我国存款保险机构的最高偿付额度**：存款保险实行限额偿付，最高偿付限额为50 万元。同一存款人在同一家投保机构所有被保险存款账户的存款本金和利息合并计算的资金数额在最高偿付限额以内的，实行全额偿付；超出最高偿付限额的部分，依法从投保机构清算财产中受偿。

4. **存款保险基金的运用**：存款保险基金的运用，限于下列形式：一是存放在中国人民银行；二是投资政府债券、中央银行票据、信用等级较高的金融债券以及其他高等级债券；三是国务院批准的其他资金运用形式。

5. 金融监管机构的现场检查规定：金融监管机构进行现场检查，应当经银行业监督管理机构负责人批准。现场检查时，检查人员不得少于两个人，并应当出示合法证件和检查通知书。检查人员少于两个人或者未出示合法证件和检查通知书的，银行业金融机构有权拒绝检查。

一、名词解释题

1. 商业银行

2. 中央银行

3. 政策性金融

4. 政策性银行

二、单项选择题

1. 历史上第一家股份制银行是（　　　　　）。
   A. 曼彻斯特银行　　　　　　　　B. 威尼斯银行
   C. 阿姆斯特丹银行　　　　　　　D. 英格兰银行

2. （　　　　　）职能是指商业银行利用其吸收活期存款的有利条件，通过发放贷款、从事投资业务，从而衍生出更多存款的行为，表现为扩大社会的货币供应量。
   A. 信用中介　　　　B. 金融服务　　　　C. 信用创造　　　　D. 支付中介

3. （　　　　　）是商业银行最基本也是最能反映其经营活动特征的职能。
   A. 信用中介职能　　　　　　　　B. 金融服务职能
   C. 信用创造职能　　　　　　　　D. 支付中介职能

4. 商业银行的（　　　　　）职能既有利于其获得稳定而廉价的资金来源，又能为客户提供良好的支付服务，从而最大限度地节约现钞使用和降低流通成本。
   A. 信用中介　　　　B. 金融服务　　　　C. 信用创造　　　　D. 支付中介

5. 下列选项中体现了商业银行金融服务职能的是（　　　　　）。
   A. 货币结算　　　　B. 存款转移　　　　C. 信息咨询　　　　D. 货币兑换

6. 商业银行的经营目标是（　　　　　）。
   A. 为国家创造财政收入　　　　　B. 支持实体经济发展
   C. 吸收更多存款　　　　　　　　D. 追求利润最大化

7. 下列属于商业银行经营特点的是（　　　　　）。
   A. 低风险性　　　　　　　　　　B. 监管管制的松散性
   C. 高负债率　　　　　　　　　　D. 经营内容的一般性

8. 下列不属于农村中小金融机构的是（　　　　　）。

　　A. 农村商业银行　　　　　　　　　B. 农村信用社

　　C. 邮政储蓄银行　　　　　　　　　D. 村镇银行

9. 政策性银行主要是指那些多由政府创立、参股或担保，在特定的业务领域内，从事政策性融资活动，协助政府发展经济、进行宏观经济管理的金融机构，这种银行在业务经营上的特点是（　　　　　）。

　　A. 为国家创造财政收入　　　　　　B. 为投资者获取利润

　　C. 吸收公众存款　　　　　　　　　D. 不以营利为目的

10. 下列属于我国开发性金融机构的是（　　　　　）。

　　A. 中国农业银行　　　　　　　　　B. 中国农业发展银行

　　C. 中国银行　　　　　　　　　　　D. 国家开发银行

11. 下列关于中央银行的职能表述错误的是（　　　　　）。

　　A. 中央银行是发行的银行

　　B. 中央银行是政府的银行

　　C. 中央银行是可以经营普通银行业务的银行

　　D. 中央银行是银行的银行

12. 中央银行保管存款准备金，体现的是其（　　　　　）职能。

　　A. 发行的银行　　B. 政府的银行　　C. 银行的银行　　D. 金融管理

13. 代理国库，体现的是中央银行（　　　　　）职能。

　　A. 发行的银行　　B. 政府的银行　　C. 银行的银行　　D. 金融管理

14. 担任最后贷款人职责的机构是（　　　　　）。

　　A. 中央银行　　　　　　　　　　　B. 中国银行

　　C. 国家开发银行　　　　　　　　　D. 国家金融监督管理总局

15. 我国存款保险制度实行限额偿付，最高偿付限额为（　　　　　）万元。

　　A. 20　　　　　　　B. 30　　　　　　　C. 50　　　　　　　D. 100

16. 我国对银行业进行审慎监管的机构是（　　　　　）。

　　A. 国家金融监督管理总局　　　　　B. 中国证券监督管理委员会

　　C. 中国人民银行　　　　　　　　　D. 银行业协会

三、多项选择题

1. 下列关于现代商业银行的产生与发展，说法正确的是（　　　　　）。

　　A. 早期银行贷款利息很高、规模不大，不能满足资本主义工商业的需要。因此，迫切需要建立能按适度的利率向企业提供贷款的现代商业银行

　　B. 高利贷性质的银行逐渐转变为资本主义商业银行

C. 按照资本主义经济的要求组建股份制商业银行

D. 现代商业银行是随着商品交换的扩大而发展起来的

2. 下列属于农村中小金融机构的是（   ）。

    A. 农村商业银行   B. 农村信用社   C. 农村合作银行   D. 村镇银行

3. 中央银行产生的客观要求包括（   ）。

    A. 集中统一银行券发行的需要   B. 统一票据交换及清算的需要

    C. 最后贷款人的需要   D. 对金融业统一管理的需要

4. 商业银行的经营特点包括（   ）。

    A. 高负债率   B. 高风险性   C. 非营利性   D. 监管管制严格性

5. 商业银行的职能有（   ）。

    A. 信用中介职能   B. 支付中介职能

    C. 信用创造职能   D. 金融服务职能

6. 商业银行有其特殊性，主要表现在（   ）。

    A. 商业银行的经营对象特殊

    B. 商业银行责任特殊

    C. 商业银行与一般工商企业的关系特殊

    D. 国家对商业银行的管理特殊

7. 商业银行的经营原则包括（   ）。

    A. 安全性原则   B. 流动性原则   C. 盈利性原则   D. 风险性原则

8. 政策性银行的职能包括（   ）。

    A. 经济调控职能   B. 政策导向职能

    C. 补充性职能   D. 金融服务职能

9. 下列关于中央银行职能表述正确的有（   ）。

    A. 中央银行是发行的银行   B. 中央银行是银行的银行

    C. 中央银行是政府的银行   D. 中央银行是政策性银行

10. 作为银行的银行，中央银行的职能具体表现在（   ）。

    A. 保管存款准备金   B. 作为最后贷款人

    C. 担任全国的票据清算中心   D. 代理国库

11. 作为政府的银行，中央银行的职能具体表现在（   ）。

    A. 代理国库   B. 向政府融通资金

    C. 代表政府管理国内外金融事务   D. 代表政府参加国际金融活动

12. 下列关于中央银行业务特征描述正确的有（   ）。

    A. 不以营利为目的

    B. 不经营普通银行业务

C. 不与普通工商企业和个人发生业务联系

D. 业务对象是商业银行、政府机构和其他金融机构

13. 金融安全网的组成部分包括（　　　　　）。

    A. 最后贷款人制度   B. 存款保险制度

    C. 金融监管机构的审慎监管   D. 保证金制度

14. 下列关于存款保险制度作用表述正确的有（　　　　　）。

    A. 保护存款人的利益，提高社会公众对银行体系的信心

    B. 有效提高金融体系的稳定性，维持正常的金融秩序

    C. 促进银行业适度竞争，为公众提供质优价廉的服务

    D. 有助于社会安定

15. 金融监督管理机构根据审慎监管的要求，进行现场检查可以采取的措施是（　　　　　）。

    A. 进入银行业金融机构进行检查

    B. 询问银行业金融机构的工作人员，要求其对有关检查事项作出说明

    C. 查阅、复制银行业金融机构与检查事项有关的文件、资料，对可能被转移、隐匿或者毁损的文件、资料予以封存

    D. 检查银行业金融机构运用电子计算机管理业务数据的系统

四、判断题

1. 商业银行作为金融企业，与工商企业完全相同。（　　　　）

2. 商业银行经营内容的特殊性主要体现在：经营的是货币资金。（　　　　）

3. 与一般工商企业相比，国家对商业银行的管理更为宽松。（　　　　）

4. 商业银行信用创造包括信用工具的创造和信用量的创造。（　　　　）

5. 商业银行经营的"三性"原则之间存在既对立又统一的辩证关系。（　　　　）

6. 开发性金融以保本微利为经营原则。（　　　　）

7. 中央银行是发行的银行，是指中央银行垄断货币发行权，成为全国唯一的货币发行机构。（　　　　）

8. 最后贷款人的援助对象是暂时出现流动性不足但仍然具有清偿力的金融机构。（　　　　）

9. 根据我国《存款保险条例》的规定，存款保险基金可以运用到高风险高收益的股票投资中。（　　　　）

10. 银行业监督管理机构进行现场检查时，检查人员只有1个人，检查人员口头表示证件和检查通知书忘带，此时被检查银行业金融机构也应该积极配合，无权拒绝检查。（　　　　）

五、简答题

1. 简述商业银行的职能。

2. 简述商业银行的经营原则及三者的关系。

3. 简述中央银行的性质。

4. 简述中央银行的职能。

六、论述题

1. 现代商业银行是怎么发展而来的？其产生的途径主要有哪些？

2. 现阶段，我国商业银行体系的构成情况是什么样的？

3. 构成我国金融安全网的三大组成部分是什么？试论述其基本内容。

案例分析

发挥政策性金融优势全力服务"三高四新"战略

2020 年，中国农业发展银行湖南省分行充分发挥政策性金融作用，助力战疫情、惠民生、促就业、稳经济，全力服务全省"六稳""六保"，全年累计授信 2587 亿元，用信 1625 亿元，支持 718 家企业和项目复工复产，服务全省重点项目贷款金额排名第一，扶贫贷款投放、净增、余额均居全省金融同业首位。

中国农业发展银行湖南省分行全力服务乡村振兴战略。一是支持产业兴旺，突出支持粮食、生猪、果蔬等规模化、标准化、品牌化经营，支持全域土地整治落实"一村一品""一乡一特""一县一业"要求，支持湖南省打造九大优势特色千亿产业。二是支持生态宜居，聚焦"一江一湖四水"系统联治，重大支持长江大保护、乡镇污水处理、农村人居环境改善等。三是支持县域城镇化补短板强弱项，积极支持路汽电等基础设施建设，促进城乡融合发展。四是推进巩固拓展脱贫攻坚成果同乡村振兴有效衔接。

此外，中国农业发展银行湖南省分行全力打造优质高效的服务体系，主动把服务"三高四新"战略作为全行重大政治任务，多措并举，形成了一体化服务体系。一是明确专门的部门，指定由产业客户处，牵头负责此次签约项目对接。二是组成专门的团队，组建调查、审查等四大中心团队，实行三级行联动，推动项目落地。三是开辟专门的绿色通道，实行限时快速办贷。四是提供专门的服务产品，创新融资融智服务模式。五是落实专门的优惠政策，实行保本微利和减费让利。

讨论：

1. 请结合本章内容，讨论什么是政策性金融，中国农业发展银行属于银行体系中的哪一类银行类型，其内涵是什么？

2. 农业发展银行湖南省分行服务"三高四新"战略的措施有哪些？

资料来源：湖南省地方金融监督管理局. 农业发展银行湖南省分行：发挥政策性金融优势全力服务"三高四新"战略［EB/OL］. https：//dfjrjgj. hunan. gov. cn/dfjrjgj/c101142/202103/t20210305_ 14751588. html.

第7章 商业银行业务

理论要点

1. **负债业务特征**：第一，负债是以往或目前已经完成的交易而形成的当前债务。第二，负债具有偿还性，必须在未来某个时刻以转让资产或提供劳务的方式来偿还。第三，负债具有潜在效益性。第四，负债能用货币准确计量和估价，负债都有确定的偿还金额、有确切的债权人和到期日。

2. **负债业务管理原则**：第一，依法筹资原则。第二，成本控制原则。第三，量力而行原则。第四，加强质量管理原则。

3. **负债业务主要风险**：随着商业银行负债业务种类的不断扩大，其面临的风险也日益增多，具体来看，商业银行负债业务的主要风险包括：操作风险、流动性风险、市场风险、法律风险、信息科技风险等。

4. **存款业务应遵守的原则**：基于存款对商业银行经营具有重要意义，因此商业银行在合理吸收存款的基础上，应遵守维护存款人权益原则、业务经营安全性原则和合规经营原则。

5. **存款业务类型**：存款是存款人基于对银行的信任而将资金存入银行，并可以随时或按约定时间支取款项的一种信用行为。通常将存款分为储蓄存款、单位存款、大额存单、保证金存款和外币存款几类。

6. **商业银行发行债券应具备的条件**：（1）具有良好的公司治理机制。（2）核心资本充足率不低于4%。（3）最近三年连续盈利。（4）贷款损失准备计提充足。（5）风险监管指标符合监管机构的有关规定。（6）最近三年没有重大违法、违规行为。（7）中国人民银行要求的其他条件；根据商业银行的申请，中国人民银行可以豁免以上规定的个别条件。

7. **现金资产的管理原则**：（1）总量适度原则。（2）适时调节原则。（3）安全保障原则。

8. **贷款的基本要素**：（1）贷款主体。（2）贷款产品。（3）贷款额度。（4）贷款期限。（5）贷款利率和费率。（6）还款方式。（7）担保方式。（8）提款条件。

9. 贷款流程：（1）受理与调查。（2）风险评价与审批。（3）合同签订。（4）贷款发放。（5）贷后管理。

📚 实务要点

1. 定期储蓄存款：根据不同的存款方式，个人定期存款主要分为整存整取、零存整取、整存零取和存本取息四种。

（1）整存整取：整笔存入；到期一次支取本息；起存金额为 50 元；存期有 3 个月、6 个月、1 年、2 年、3 年、5 年；具有长期闲置资金特点。

（2）零存整取：每月存入固定金额；到期一次支取本息；起存金额为 5 元；存期有 1 年、3 年、5 年；具有利率高于活期存款，低于整存整取定期存款的特点。

（3）整存零取：整笔存入；固定期限分期支取；起存金额为 1000 元；存期有 1 年、3 年、5 年，支取期有 1 个月、3 个月或 6 个月一次；具有本金可以全部提前支取，不可部分提前支取，利息期满结清时支取，利率高于活期存款的特点。

（4）存本取息：整笔存入；约定取息期到期一次性支取本金、分期支取利息；起存金额为 5000 元；存期有 1 年、3 年、5 年，取息期为 1 个月或几个月取息一次；具有本金可以全部提前支取，不可部分提前支取，取息期未到不得提前支取利息，取息日未取息，以后可随时取息，但不计复利的特点。

2. 其他类型的储蓄存款：除常见的活期存款和定期存款外，还有定活两便储蓄存款、个人通知存款和教育储蓄存款等传统存款种类。

（1）定活两便储蓄存款：存期灵活，开户时不约定存期，一次存入本金，随时可以支取，银行根据客户存款的实际存期按约定计息，利息高于活期储蓄。

（2）个人通知存款：开户时不约定存期，预先确定品种，支取时只要提前一定时间通知银行，约定支取日期及金额；目前，银行提供 1 天、7 天通知储蓄存款两个品种；一般 5 万元起存。

（3）教育储蓄存款：是指父母为了子女接受非义务教育而存钱，分次存入，到期一次支取本金和利息。利息免税，免征储蓄存款利息所得税，1 年期、3 年期教育储蓄按开户日同期同档次整存整取定期储蓄存款利率计息，6 年期按开户日 5 年期整存整取定期储蓄存款利率计息；总额控制，教育储蓄起存金额为 50 元，本金合计最高限额为 2 万元；储户特定，在校小学四年级（含四年级）以上学生，如果需要申请助学贷款，金融机构优先解决；存期灵活，教育储蓄属于零存整取定期储蓄存款，存期分为 1 年、3 年和 6 年，提前支取时必须全额支取。

3. 国内支付结算业务的主要风险点：银行汇票和商业汇票主要有以下风险点：（1）受理银行汇票申请书不合规。（2）银行汇票无效。（3）持票人交来的银行汇票、解讫通知不合规。（4）办理商业汇票承兑业务时，承兑手续上不合规，先承兑、后申请等逆程序操作。（5）商业汇票承兑无真实贸易背景。（6）银行承兑汇票以新抵旧，循环承兑。（7）银行内部员工与外部不法分子勾结，运用伪造、变造商业汇票进行贴现承兑。

银行支票主要有以下风险点：（1）支票不真实，提示付款期限已过。（2）收款人未在支票背面"收款人签章"处签章，其签章与收款人名称不一致。（3）出票人签章不符合规定，与预留银行的签章不相符，使用支付密码的，其密码不正确。（4）支票记载的事项不齐全，出票额、出票日期、收款人名称有更改，其他记载事项的更改没有原记载人签章证明。（5）现金支票给予背书转让，转账支票背书不连续，第一个使用粘单的背书人未在粘接处加盖骑缝章。（6）持票人委托开户行收款的，在支票背面作委托收款背书，背书签章与预留印鉴不相符。商业银行在票据交换时，未做到"收妥入账、不予垫款"。

银行卡及个人账户结算主要有以下风险点：（1）冒用他人身份信息开立假名银行账户。（2）买卖银行账户和支付账户。（3）通过开立的账户实施电信诈骗、非法集资、逃税骗税、贪污受贿、洗钱等案件频发的违法犯罪活动。

一、名词解释题

1. 负债业务
2. 资产业务
3. 银行本票
4. 银行保函
5. 贷款承诺

二、单项选择题

1. 目前，我国各家商业银行多采用（　　　　）计算整存整取定期存款利息。
   A. 积数计息法　　B. 逐笔计息法　　C. 单利计息法　　D. 复利计息法

2. 整存整取的起存金额为（　　　　）元。
   A. 5　　　　　　B. 50　　　　　　C. 1000　　　　　　D. 5000

3. 存款是商业银行的（　　　　）。
   A. 资产业务　　　B. 负债业务　　　C. 中间业务　　　D. 表外业务

4. 某企业客户已开立基本存款账户，因借款需要在某商业银行新开立账户，该账户不必支取现金，该商业银行正确的做法是（　　　　）。

A. 为该客户开立一般存款账户   B. 为该客户开立专用存款账户

C. 为该客户开立企业定期存款账户   D. 为该客户开立基本存款账户

5. 单位存款人用于（   ）的资金通常存入临时存款账户。

     A. 期货交易保证金   B. 住房基金

     C. 单位银行卡备用金   D. 注册验资

6. （   ）是指单位类客户在存入款项时不约定存期，支取时需提前通知商业银行，并约定支取存款日期和金额方能支取的存款类型。

     A. 单位活期存款   B. 单位定期存款

     C. 单位协定存款   D. 单位通知存款

7. 保证金存款按照保证金担保对象的不同，有不同的分类，下列不属于单位保证金存款的是（   ）。

     A. 信用证保证金   B. 远期结售汇保证金

     C. 黄金交易保证金   D. 商业承兑汇票保证金

8. （   ）是指父母为了子女接受非义务教育而存钱，分次存入，到期一次支取本金和利息的存款。

     A. 零存整取   B. 定活两便储蓄存款

     C. 个人通知存款   D. 教育储蓄存款

9. 目前，我国银行存款中，采用复利计算利息的是（   ）。

     A. 个人活期存款   B. 三年期定期存款

     C. 三年期教育储蓄存款   D. 一年期定期存款

10. 下列不属于定期存款类型的是（   ）。

     A. 定活两便   B. 整存整取   C. 零存整取   D. 存本取息

11. 下列不可以开立基本存款账户的是（   ）。

     A. 非法人组织   B. 事业单位   C. 自然人   D. 企业

12. 小张硕士毕业后，准备前往美国自费攻读博士学位。在他取得前往美国的入境签证之前，他需要在我国商业银行持有（   ）。

     A. 定活两便   B. 教育储蓄存款

     C. 个人购汇保证金   D. 信用证保证金

13. 根据规定，个人通知存款的最低起存金额一般为（   ）元。

     A. 50   B. 1000   C. 5000   D. 50000

14. 李先生在 2023 年 9 月 1 日存入一笔 5000 元的活期存款，2023 年 10 月 1 日取出全部本金，如果按照积数计息法计算，假设年利率为 0.75%，他能取回的全部金额是（   ）元。

     A. 5003.13   B. 5000.10   C. 5037.50   D. 5006.25

15. 贷款业务是商业银行最主要的（　　　　）。

　　A. 负债业务　　　B. 资产业务　　　C. 中间业务　　　D. 交易业务

16. （　　　　）是银行在贷款发放后对合同执行情况及借款人经营管理情况进行检查或监控的信贷管理行为。

　　A. 风险评价与审批　　　　　　　B. 合同签订

　　C. 贷款发放　　　　　　　　　　D. 贷后管理

17. 当企业经营周转资金出现缺口时，可以申请的贷款类型是（　　　　）。

　　A. 项目贷款　　　　　　　　　　B. 流动资金贷款

　　C. 房地产贷款　　　　　　　　　D. 固定资产贷款

18. （　　　　）是指银行签发的，由其在见票时按照实际结算金额无条件支付给收款人或持票人的票据。

　　A. 支票　　　　　B. 银行本票　　　C. 银行汇票　　　D. 商业汇票

19. 下列各类支票中，既可以支取现金也可以转账的是（　　　　）。

　　A. 现金支票　　　B. 转账支票　　　C. 普通支票　　　D. 划线支票

20. 下列关于汇票的说法中，正确的是（　　　　）。

　　A. 商业汇票分为银行汇票和银行承兑汇票

　　B. 银行汇票是由出票银行签发的

　　C. 商业汇票是出票人签发的，委托付款人在指定付款日期有条件支付的票据

　　D. 商业承兑汇票的付款人是银行

21. （　　　　）是指贷款缺陷已很明显，正常营业收入不足以保证还款，需要通过出售、变卖资产或对外融资，乃至执行抵押担保还款。

　　A. 正常类贷款　　B. 次级类贷款　　C. 损失类贷款　　D. 可疑类贷款

22. 我国发行金融债券，认购者以（　　　　）为主。

　　A. 工商企业　　　B. 个人　　　　　C. 国家　　　　　D. 商业银行

23. 下列关于我国金融债券发行的特殊性，说法错误的是（　　　　）。

　　A. 发行的金融债券大多是筹集专项资金的债券，即发债资金的用途常常有特别限制

　　B. 发行的金融债券数量大、时间集中、期次少

　　C. 发行方式大多采取间接私募或直接公募，认购者以商业银行为主

　　D. 金融债券的发行须经特别审批

三、多项选择题

1. 在下列负债项目中，属于商业银行存款负债项目的是（　　　　）。

　　A. 活期存款　　　B. 定期存款　　　C. 同业拆入　　　D. 外币存款

2. 储蓄定期存款可以进一步划分为（　　　　）。

    A. 整存整取　　　　B. 整存零取　　　　C. 零存整取　　　　D. 存本取息

3. 按存款支取方式的不同，单位存款具体可分为（　　　　）。

    A. 单位活期存款　　B. 单位定期存款　　C. 单位通知存款　　D. 协议存款

4. 单位活期存款账户又称为单位结算账户，具体可分为（　　　　）。

    A. 基本存款账户　　　　　　　　　B. 一般存款账户

    C. 专用存款账户　　　　　　　　　D. 临时存款账户

5. 按照保证金担保对象的不同，保证金存款具体可分为（　　　　）。

    A. 银行承兑汇票保证金　　　　　　B. 信用证保证金

    C. 黄金交易保证金　　　　　　　　D. 个人购汇保证金

6. 目前，我国银行开办的外币存款业务币种主要有（　　　　）。

    A. 美元　　　　　　B. 日元　　　　　　C. 欧元　　　　　　D. 英镑

7. 金融债券的特点包括（　　　　）。

    A. 筹集的资金稳定性高

    B. 筹集的资金稳定性低

    C. 面向社会公开筹资，筹资的范围较广

    D. 主动权掌握在银行手中

8. 商业银行发行金融债券的局限性包括（　　　　）。

    A. 筹资成本较高　　　　　　　　　B. 管理当局的限制严格

    C. 受资本市场发达程度的制约　　　D. 筹资的范围较广

9. 商业银行向中央银行借款类型主要包括（　　　　）。

    A. 再贴现　　　　　B. 再贷款　　　　　C. 转贴现　　　　　D. 贴现

10. 以下属于商业银行广义现金资产范围的有（　　　　）。

    A. 库存现金　　　　　　　　　　　B. 在中央银行的存款

    C. 存放同业存款　　　　　　　　　D. 托收中的现金

11. 按照贷款的具体用途来划分，商业银行贷款可分为（　　　　）。

    A. 短期贷款　　　　B. 信用贷款　　　　C. 流动资金贷款　　D. 固定资产贷款

12. 下列属于按贷款质量或风险程度划分的贷款类型的是（　　　　）。

    A. 正常类贷款　　　B. 担保贷款　　　　C. 次级类贷款　　　D. 关注类贷款

13. 理财业务与传统银行业务相比，具有的特征是（　　　　）。

    A. 理财业务是代理业务，不是银行的自营业务

    B. 理财业务的盈利方式是收取投资管理费或业绩报酬

    C. 客户是理财业务风险的主要承担者

    D. 理财业务是一项知识技术密集型业务

14. 下列属于商业银行代理业务的有（　　　　　）。

    A. 代收代付业务　　　　　　　　B. 代理银行业务

    C. 代理证券业务　　　　　　　　D. 代理保险业务

15. 下列归属于不良贷款的有（　　　　　）。

    A. 可疑类贷款　　B. 关注类贷款　　C. 次级类贷款　　D. 损失类贷款

16. 金融债券发行方式主要有（　　　　　）。

    A. 公募发行　　　B. 私募发行　　　C. 直接发行　　　D. 间接发行

四、判断题

1. 活期存款具体采用何种计息方式不由各银行决定，储户可以选择计息方式。（　　　　　）

2. 商业银行一般把向中央银行借款作为融资的最后选择，只有在通过其他方式难以借到足够的资金时，才会求助于中央银行，这也是中央银行被称为"最后贷款人"的原因。（　　　　　）

3. 存款是商业银行的负债，是银行主要的资金来源。（　　　　　）

4. 再贴现是指商业银行在出现资金短缺的情况下，将尚未到期的贴现票据，向其他商业银行或贴现机构进行贴现以取得借款的方法。（　　　　　）

5. 活期存款具有流动性大、方便灵活、可随时支取、受欢迎等特点。（　　　　　）

6. 商业银行不得设立时点性存款规模考评指标，不得设定以存款市场份额、排名或同业比较为要求的考评指标。（　　　　　）

7. 大额存单采用标准期限的产品形式，个人投资人认购大额存单起点金额不低于30 万元。（　　　　　）

8. 同业拆借是商业银行与工商企业的临时借款。（　　　　　）

9. 银行汇票的出票人和付款人均为银行，见票即付，无需提示承兑。（　　　　　）

10. 商业汇票的付款期限最长不超过 6 个月。（　　　　　）

11. 银行本票的提示付款期限自出票日起 2 个月。（　　　　　）

12. 银行不得通过 Ⅱ 类户和 Ⅲ 类户为存款人提供存取现金服务。（　　　　　）

五、简答题

1. 简述商业银行负债业务管理原则。

2. 简述商业银行发行金融债券应具备的条件。

3. 简述我国金融债券发行的特殊性。

六、论述题

1. 商业银行贷款的基本要素有哪些？

2. 商业银行贷款包括哪些流程？

案例分析
云南省融资信用服务平台，持续赋能，助力"三农"发展

云南省融资信用服务平台由省发展改革委（省数据局）、中国人民银行云南省分行、国家金融监督管理总局云南监管局牵头建设，是云南省重要的金融基础设施和普惠性金融数字赋能平台，具备数字信用、贷款撮合、政策直达三大功能，于 2023 年 3 月 20 日上线运行。该平台以"数据+政策+金融"为服务模式，运用多维度可信数据对企业进行数字信用画像，大幅提高中小微企业贷款可得性和便利度，着力解决贷不到、贷得贵、贷得慢等问题。

云南省融资信用征信服务有限公司副总经理邓平表示，融信服平台上线后，能够为企业进行信用"画像"，促进企业更加关注自己的信用，以便更好地获得金融资源。据悉，云南省融资信用服务平台具备四大功能：第一，数字信用功能，运用多维度可信数据对企业进行数字信用"画像"，帮助银行降低信息搜集、风险评估成本；第二，贷款撮合功能，通过在平台上发布企业融资需求和银行金融产品信息，实现供需两端有效对接；第三，政策直达功能，将涉企惠企财政政策的兑现嵌入平台，企业可直接在平台上申请、办理；第四，融资增信功能，引入政策性担保公司入驻平台，贷款过程中需要担保业务的，可以在平台上高效办理完成。

在服务乡村全面振兴方面，云南省融资信用服务平台设立了"乡村振兴专区"，持续完善脱贫人口小额信贷、农业信贷专项服务线上办理流程，支持金融机构服务"三农"减环节、减流程、提效率。截至 2024 年 6 月底，平台办理脱贫人口小额信贷 1.32 万笔，解决需求 6.5 亿元，农业信贷担保服务 396 笔，解决需求 5.72 亿元。

昭通市昭阳区是云南省高原特色农产品生产供应基地，苹果、马铃薯、竹笋、天麻等土特产品远近闻名。中国农业银行昭通分行近日向昭通市永安货运有限公司授信 5000 万元，贷款资金用于支持昭通吉比特农特产品批发市场项目建设，助力打造区域农产品产地物流中心。在融资过程中，永安货运公司通过云南省融信服平台发起线上贷款申请，中国农业银行昭通分行获取信息后，与公司取得联系并组成专门团队，为其提供专业信贷服务。

邓平表示，云南省融信服平台以数字金融助力特色产业发展，与金融机构联合开发了"鲜花贷"等特色贷款产品，推进保险业务上平台，探索保险保函服务，

不断丰富平台功能应用，拓展平台服务范围。在昆明斗南花卉市场，一些商户在云南省融信服平台上看到了"鲜花贷"业务，通过手机操作提交申请后，很快就获得了贷款支持。"鲜花贷"是昆明市呈贡区农村信用合作联社面向花卉全产业链推出的创新贷款产品，从事鲜花种植、贸易、运输、加工等各环节两年以上的经营主体，都可以通过信用担保方式获得农信社资金支持。

讨论：

1. 云南省融信服平台具备的四大功能是什么？

2. 云南省融信服平台如何助力"三农"发展？

3. 案例中涉及商业银行贷款业务的哪些知识点？

资料来源：云南省融资信用服务平台（地方征信平台）．云南省融资信用服务平台，持续赋能，助力"三农"发展［EB/OL］．https：//credit. yn. gov. cn/rxf/ZhengCeZiXuDetail？ type.

第 8 章 银行管理

理论要点

1. **商业银行组织结构**：商业银行组织结构是商业银行业务运行和管理实施的组织方式，其主要内容包括总部部门的设置及其功能和权限、部门之间的相互关系，分支机构的功能、权限和部门设置，全行业务运作的组织结构模式，总行对分支机构实施管理的模式等。

2. **我国商业银行组织结构**：从企业法人角度来看，我国商业银行组织结构的主流形式是统一法人组织结构；从内部管理角度来看，我国商业银行组织结构的主流形式是采用以区域管理为主的总分行型组织结构。

3. **资产负债管理原则**：为确保管理目标的实现，商业银行在资产负债管理的过程中，应该遵守以下原则：战略导向原则、资本约束原则、综合平衡原则、价值回报原则。

4. **资产负债管理的策略**：商业银行资产负债管理的策略主要包括：表内资产负债匹配、表外工具规避表内风险、利用证券化剥离表内风险。

5. **资本的分类**：从财务会计、银行监管和内部管理等角度来看，银行常用的资本概念主要包括账面资本、监管资本和经济资本。

6. **资本的作用**：商业银行资本具有以下作用：（1）为银行提供融资。（2）吸收和消化损失。（3）限制业务过度扩张。（4）维持市场信心。

实务要点

1. **银行管理基本指标**：银行在进行经营管理的过程中，要注意关注相关的指标，主要包括规模指标、结构指标、效率指标、市场指标、安全性指标、流动性指标、集中度指标和盈利性指标。

2. **资本充足率监管要求**：银行在经营过程中，要满足《商业银行资本管理办法》相关规定。资本充足率监管要求包括最低资本要求、储备资本和逆周期资本要求、系统重要性银行附加资本要求以及第二支柱资本要求四个方面。

（1）最低资本要求方面：商业银行各级资本充足率不得低于如下最低要求：一是核心一级资本充足率不得低于5%；二是一级资本充足率不得低于6%；三是资本充足率不得低于8%。

（2）储备资本和逆周期资本方面：储备资本要求为 2.5%，由核心一级资本来满足；商业银行应在最低资本要求和储备资本要求之上计提逆周期资本。

（3）系统重要性银行附加资本方面：国内系统重要性银行的认定标准及其附加资本要求由中国人民银行会同国家金融监督管理总局另行规定。若商业银行同时被认定为国内系统重要性银行和全球系统重要性银行，附加资本要求不叠加，采用两者孰高原则确定。

（4）第二支柱资本要求方面：在第二支柱框架下提出更审慎的资本要求，确保资本充分覆盖风险，包括：根据风险判断，针对部分资产组合提出的特定资本要求；根据监督检查结果，针对单家银行提出的特定资本要求。

一、名词解释题

1. 商业银行组织结构

2. 商业银行生息资产占比

3. 不良贷款率

4. 不良贷款拨备覆盖率

5. 资本充足率

二、单项选择题

1. "二八定律" 是指（　　　　）。

 A. 占比为80%左右的低端客户，对银行盈利的贡献度达到20%左右

 B. 占比为20%左右的低端客户，对银行盈利的贡献度达到80%左右

 C. 占比为80%左右的高端客户，对银行盈利的贡献度达到20%左右

 D. 占比为20%左右的高端客户，对银行盈利的贡献度达到80%左右

2. 下列属于评价银行信贷资产安全状况重要指标的是（　　　　）。

 A. 平均总资产回报率   B. 平均净资产回报率

 C. 市盈率   D. 不良贷款率

3. 已知某银行本期税后净利润为 2000 万元，计划分配给优先股股东的股息约为 300 万元，该银行发行的普通股有 200 万股，优先股为 50 万股，则其每股收益为（　　　　）元。

 A. 6. 8   B. 8   C. 8. 5   D. 10

4. 对非同业单一客户的贷款余额不得超过资本净额的（　　　　）%，对非同业单一客户的风险暴露不得超过一级资本净额的（　　　　）%。

　A. 10，10　　　　　B. 15，10　　　　　C. 5，15　　　　　D. 10，15

5. 某公司2023年度中旬公布了其财务数据，已知公司股票价格为30元/股，上年度每股收益为1.2元，未来年度每股收益预计为1.5元，则该公司的动态市盈为（　　　　）。

　A. 20　　　　　　B. 25　　　　　　C. 22.22　　　　　D. 45

6. （　　　　）是评价银行盈利性最重要的指标，是计划所有比例分析的出发点。

　A. 拨备前利润　　　　　　　　　B. 平均总资产回报率

　C. 净利息收益率　　　　　　　　D. 平均净资产回报率

7. 资产结构主要指的是银行各类（　　　　）占总资产的比重。

　A. 生息资产　　　B. 总资产　　　C. 流动资产　　　D. 固定资产

8. 已知某银行2023年总收入为10000万元，总借款项的借款利息汇总为450万元，其他成本为6500万元，另外，该银行的经济资本为4500万元，那么其风险调整后资本回报率为（　　　　）%。

　A. 67.78　　　　　B. 77.78　　　　　C. 212.22　　　　　D. 222.22

9. 下列属于效率指标的是（　　　　）。

　A. 不良贷款拨备覆盖率　　　　　B. 流动性比例

　C. 市净率　　　　　　　　　　　D. 成本收入比

10. 下列关于市盈率的说法中，错误的是（　　　　）。

　A. 市盈率也称为股价收益比率

　B. 市盈率是股票市场中常用的衡量股票投资价值的重要指标

　C. 市盈率=每股市价/每股净资产

　D. 市盈率水平越高，说明市场越看好该公司的前景

11. 下列选项中，通常不用于衡量银行盈利性的是（　　　　）。

　A. 风险调整后的资本回报率　　　B. 平均总资产回报率

　C. 平均净资产回报率　　　　　　D. 资本充足率

12. 定价管理分为外部产品定价和（　　　　）。

　A. 盈利增长定价　　　　　　　　B. 负债产品定价

　C. 内部价格管理　　　　　　　　D. 内部资金转移定价管理

13. 以下不属于资产负债结构计划的是（　　　　）。

　A. 同业及金融机构往来融资计划　　B. 资本计划

　C. 风险控制计划　　　　　　　　D. 信贷计划

14. 在缺口管理中，当预期利率上升时，（　　　　）缺口。

    A. 增加　　　　　　B. 减少　　　　　　C. 不变　　　　　　D. 变化不定

15. 下列不属于资产负债组合管理内容的是（　　　　）。

    A. 资产组合管理　　　　　　　　　B. 负债组合管理

    C. 流动性风险管理　　　　　　　　D. 资产负债匹配管理

16. 净利息收入与生息资产平均余额之比为（　　　　）。

    A. 净资产产出　　　　　　　　　　B. 净资产余额

    C. 净利息收益率　　　　　　　　　D. 平均净资产回报率

17. 商业银行资产负债管理的整体目标是，在承受合理的缺口与流动性风险的前提下（　　　　）。

    A. 完善内部管理机制和风险控制机制　B. 追求银行价值的最大化

    C. 为客户提供最大化的利益　　　　　D. 健全市场经营机制

18. 资产负债管理策略中利用表外工具规避表内风险，其利用利率、汇率衍生工具来对冲（　　　　）。

    A. 市场风险　　B. 信用风险　　C. 流动性风险　　D. 操作风险

19. 商业银行的经济资本又称为（　　　　）。

    A. 核心资本　　B. 会计资本　　C. 风险资本　　D. 附属资本

20. 根据《商业银行资本管理办法》，我国商业银行核心一级资本充足率的最低要求为（　　　　）%。

    A. 2　　　　　　B. 2.5　　　　　　C. 4.5　　　　　　D. 5

三、多项选择题

1. 内部资金转移定价（FTP）的作用主要在于（　　　　）。

    A. 公平绩效考核　　　　　　　　　B. 核算收益与成本

    C. 衡量银行总体利率风险　　　　　D. 剥离利率风险

2. 从不同的时间期限来看，资产负债管理目标可以进一步细化为（　　　　）。

    A. 短期目标　　B. 中期目标　　C. 长期目标　　D. 中长期目标

3. 核心一级资本是银行资本中最核心的部分，下列属于核心一级资本的是（　　　　）。

    A. 实收资本　　B. 资本公积　　C. 盈余公积　　D. 一般风险准备

4. 为确保管理目标的实现，商业银行在资产负债管理的过程中，应该遵守的原则是（　　　　）。

    A. 战略导向原则　　　　　　　　　B. 资本约束原则

    C. 综合平衡原则　　　　　　　　　D. 价值回报原则

5. 下列属于资产负债管理内容的是 （　　　　）。

    A. 资本管理　　　　　　　　　　B. 资产负债组合管理

    C. 定价管理　　　　　　　　　　D. 资金管理

6. 下列属于资产负债管理工具的是 （　　　　）。

    A. 缺口管理　　　B. 久期管理　　　C. 收益率曲线　　　D. 资产证券化

7. 下列属于资产负债管理策略的是 （　　　　）。

    A. 表内资产负债匹配　　　　　　B. 表外工具规避表内风险

    C. 限制业务过度扩张　　　　　　D. 利用证券化剥离表内风险

8. 下列属于资本作用的是 （　　　　）。

    A. 为银行提供融资　　　　　　　B. 吸收和消化损失

    C. 限制业务过度扩张　　　　　　D. 维持市场信心

9. 下列关于我国商业银行最低资本要求的说法错误的有 （　　　　）。

    A. 核心一级资本充足率不得低于 5%　　B. 核心一级资本充足率不得低于 4.5%

    C. 一级资本充足率不得低于 6%　　D. 资本充足率不得低于 5.5%

10. 下列属于资本扣除项的是 （　　　　）。

    A. 商誉　　　　　　　　　　　　B. 其他无形资产（土地使用权除外）

    C. 贷款损失准备缺口　　　　　　D. 资产证券化销售利得

四、判断题

1. 资产负债计划是资产负债管理的重要手段。通常，商业银行主要根据全行资本总量和资本充足率水平来确定资产负债总量计划。（　　　　）

2. 良好的资金管理是商业银行安全稳健运营的基础。（　　　　）

3. 账面资本是指商业银行持股人的永久性资本投入。（　　　　）

4. 从企业法人角度划分，组织结构可划分为以区域管理为主的总分行型组织结构和以业务线管理为主的事业部制组织结构和矩阵型组织结构。（　　　　）

5. 一般认为，以消费为主的零售业务具有更大的发展空间，其中经营性贷款利率较高，可以获取更高的收益。（　　　　）

6. 一般来说，能够吸收到较多稳定存款作为资金来源的银行比较依赖同业资金市场融资的银行，所处的市场地位更好。（　　　　）

7. 流动性覆盖率的最低监管标准为不低于 50%。（　　　　）

8. 净稳定资金比例的最低监管标准为不低于 100%。（　　　　）

9. 优质流动性资产充足率的最低监管标准为不低于 90%。（　　　　）

10. 单一集团客户授信集中度又称单一客户授信集中度，为最大一家集团客户授信总额与资本净额之比，不应高于 15%。（　　　　）

五、计算题

下表是 2023 年我国商业银行主要监管指标情况，请根据要求完成相应计算。

2023 年我国商业银行主要监管指标情况（季度）　　　单位：亿元,%

时间 项目	第一季度	第二季度	第三季度	第四季度
（一）信用风险指标				
正常类贷款（1）	1852724	1895363	1926979	1948366
关注类贷款（2）	41624	42240	43880	44632
次级类贷款（3）	14897	15074	13677	13187
可疑类贷款（4）	11874	11998	11919	11413
损失类贷款（5）	4399	4930	6649	7656
不良贷款余额（6）				
不良贷款率（7）				
贷款损失准备（8）	63974	65963	67034	66170
拨备覆盖率（9）				
贷款拨备率（10）				
（二）资本充足指标				
核心一级资本净额（11）	216332	216704	222119	227981
一级资本净额（12）	246954	248211	255058	262142
资本净额（13）	306091	309036	316552	325693
信用风险加权资产（14）	1906928	1954946	1989711	2006892
市场风险加权资产（15）	26012	25515	26270	25001
操作风险加权资产（16）	121541	121550	121552	124377
应用资本底线后的风险加权资产合计（17）	2059535	2107539	2143168	2162983
核心一级资本充足率（18）				
一级资本充足率（19）				
资本充足率（20）				

注：1. 自 2016 年起，存贷比披露口径改为境内口径。

2. 计算资本充足率的风险加权资产使用"应用资本底线后的风险加权资产合计"。

要求：

1. 请计算上表信用风险指标中的"不良贷款余额""不良贷款率""拨备覆盖率""贷款拨备率"相关指标，并完成表中对应数据的填写。

2. 请计算上表资本充足指标中的"核心一级资本充足率""一级资本充足率""资本充足率"相关指标，并完成表中对应数据的填写。

六、简答题

1. 简述资产负债管理的原则。

2. 简述资产负债管理的策略。

3. 简述账面资本、经济资本和监管资本三者的关系。

七、论述题

1. 试论述资本充足率监管要求四个方面的内容。

2. 试论述资本充足率管理的分子策略和分母策略。

案例分析
直击林业产业典型融资痛点：中信银行创新绿色金融服务方案

自中国向世界宣布要在 2030 年实现"碳达峰"，2060 年实现"碳中和"后，"碳中和"成了各行各业的共同目标。在实现碳达峰、碳中和的过程中，金融业具有极其重要的引导和服务作用，因此，如何高效支持绿色企业发展，开创绿色金融发展新局面，是整个金融业尤其是银行业的统一课题。

在这其中，围绕林业的金融支持显然是一个重要突破口。有数据测算，中国要在 2060 年之前实现碳中和，森林覆盖率需要超过 26%，这意味着中国的森林一年生长量要达到 10 亿立方米，而森林生长量背后，意味着"碳中和"目标实现道路上，林业产业所需要的投资也会大大增加。

作为全国木材战略储备生产基地，广西是全国人工林种植面积最大、生产木材最多的省份之一，其木材年产量约占全国总产量的 1/3，而广西林业是当地最大的林业企业之一，旗下拥有众多子公司。

为了对广西林业旗下两家企业的发展潜力有更准确的预判，中信银行深入企业生产线，对生产规模数据、商品信息、下游客户、销售台账、合同订单进行整体拉通分析，在企业融资需求迫切的情况下，通过内部组织协调加速调研节奏，在保证信贷安全、合规的前提下，最终基于项目属性、未来前景、技术类型，与绿色金融的契合度等因素实现了信贷投放，快速帮助两家子公司获得流动资金，助力其开始更高效的生产经营。

中信银行最终为这两家企业提供了包括固定资产贷款、流动资金贷款、银行承兑汇票、国内信用证等授信服务，并设计了包括交易银行在内的一揽子综合金融服务。在"组合拳"融资模式下，为企业大大降低了融资成本。

但在融资完成后，其中一家子公司在用信阶段再次出现难题。因为该企业最大的资金需求场景来自向当地农民支付采购木材款。该企业交易模式也较为粗放，即现场选定木材，拿货后向农户支付款项。其间不涉及销售合同签署、企业直接将货款支付给农户个人账户。加上该类场景支付对象多、支付笔数多、支付金额小等特征，如采取流动资金贷款的自主支付，无法保证信贷资金的真正用途，而农民个人也无法接受银行承兑汇票和国内信用证。

在这样的情况下，中信银行找到了既能解决客户需求又能保证贷款合规性的方法，企业可以向农户个人开具发票，再通过中信银行对该发票的收集、检查和监控，以此实现对流动资金贷款的流向的有效监控。

这种"以票控贷"的模式，既实现了中信银行对信贷业务的合规、风控需求，又打开了木材涉农类采购贷款支持的供给限制，满足了客户现实且急迫的融资需求，同时也保证了该类贷款的真实流向是林场农户，真正践行了绿色金融的价值。

讨论：

1. 什么是"碳达峰""碳中和"？

2. 我国金融支持林业发展的现状如何？

3. 中信银行是如何为广西林业发展提供金融支持的？有什么创新？

4. 什么是信贷管理？中信银行以什么模式实现对信贷业务的合规、风控管理？

资料来源：新浪科技. 直击林业产业典型融资痛点：中信银行创新绿色金融服务方案 ［EB/OL］. https：//finance. sina. com. cn/tech/2021 - 08 - 28/doc - iktzscyx 0805743. shtml.

第9章　银行风险管理

理论要点

1. **商业银行面临的风险种类**：根据巴塞尔委员会的划分方法，主要将商业银行面临的风险划分为流动性风险、信用风险、操作风险、市场风险、法律风险、声誉风险、战略风险及国家风险八种类型。

2. **商业银行风险管理方法**：分散风险、风险转移法、风险对冲、风险规避、风险补偿。

3. **流动性风险的分类**：银行的流动性风险主要体现在市场的流动性风险和融资流动性风险两个方面。

4. **信用风险管理要求**：第一，全面管理。第二，调整及时。第三，成本与收益匹配。此外，商业银行应该审贷分离，做到贷前调查、贷中审查和贷后检查，实行严格的信贷审批。

5. **信用风险管理的管控方法**：（1）信贷准入与退出。（2）限额管理。（3）风险缓释。（4）风险定价。

6. **商业银行市场风险的主要种类**：（1）利率风险。（2）汇率风险。（3）股票价格风险。（4）商品价格风险。

7. **市场风险管控的限额管理内容**：常用的市场风险限额包括交易限额、风险限额和止损限额。

8. **操作风险管理战略**：（1）业务目标。（2）风险偏好。（3）治理制度。（4）风险政策。

9. **声誉风险管理的基本原则**：（1）前瞻性原则。（2）匹配性原则。（3）全覆盖性原则。（4）有效性原则。

实务要点

1. **风险转移法的应用**：风险转移法是指商业银行可以通过购买某种金融产品或采

取其他合法的经济措施，将风险转移给其他经济主体的方法，可以分为保险转移和非保险转移。

2. 风险对冲操作方法：（1）自我对冲。自我对冲是指商业银行利用资产负债表或是某些具有收益负相关的业务组合本身所具有的对冲特性进行风险对冲。（2）市场对冲。市场对冲是指商业银行通过衍生工具进行风险对冲的方式。

3. 操作风险管理手段：操作风险评估，控制评估，损失数据库。

一、名词解释题

1. 流动性风险
2. 信用风险
3. 市场风险
4. 操作风险
5. 声誉风险

二、单项选择题

1. （   ）是指债务人或交易对手未能履行合同所规定的义务或信用质量发生变化，影响金融产品价值，从而给债权人或金融产品持有人造成经济损失的风险。

   A. 信用风险　　　　B. 操作风险　　　　C. 流动性风险　　　　D. 声誉风险

2. （   ）是指由不完善或有问题的内部程序、员工、信息科技系统以及外部事件所造成损失的风险。

   A. 信用风险　　　　B. 操作风险　　　　C. 流动性风险　　　　D. 声誉风险

3. 操作风险四大类别不包括（   ）。

   A. 内部流程　　　　B. 人员因素　　　　C. 系统缺陷　　　　D. 内部事件

4. 因利率的不利变动而使银行表内和表外业务发生损失的风险属于（   ）。

   A. 信用风险　　　　B. 声誉风险　　　　C. 市场风险　　　　D. 操作风险

5. 常用的市场风险限额不包括（   ）。

   A. 交易限额　　　　B. 止损限额　　　　C. 风险限额　　　　D. 非零售限额

6. 商业银行无法以合理成本及时获得充足资金，用于偿付到期债务、履行其他支付义务和满足正常业务开展的其他资金需求的风险是（   ）。

   A. 操作风险　　　　B. 信用风险　　　　C. 流动性风险　　　　D. 战略风险

7. 声誉风险管理原则不包括（   ）。

   A. 前瞻性原则　　　　B. 全覆盖原则　　　　C. 谨慎性原则　　　　D. 匹配性原则

8. 经济主体在与非本国居民进行国际经贸与金融往来时，由于别国政治、经济和社会等方面的变化而遭受损失的风险是（　　　　　）。

    A. 国家风险　　　B. 法律风险　　　C. 战略风险　　　D. 市场风险

9. 商业银行市场风险不包括（　　　　　）。

    A. 利率风险　　　B. 汇率风险　　　C. 股票价格风险　D. 违约风险

10. 根据（　　　　），汇率风险可以进一步划分为外汇交易风险和外汇结构性风险。

    A. 风险的性质　　B. 风险来源　　　C. 资金性质　　　D. 产生的原因

三、多项选择题

1. 关于商业银行面临的风险，下列属于巴塞尔委员会分类的是（　　　　　）。

    A. 信用风险　　　B. 法律风险　　　C. 战略风险　　　D. 国家风险

2. 下列属于商业银行常用的风险管理策略的有（　　　　　）。

    A. 分散风险　　　B. 风险转移法　　C. 风险对冲　　　D. 信用评级

3. 下列属于信用风险缓释应当遵守的原则的有（　　　　　）。

    A. 合法性原则　　B. 有效性原则　　C. 一致性原则　　D. 独立性原则

4. 关于战略风险表现，下列说法正确的有（　　　　　）。

    A. 战略目标缺乏整体性　　　　　　B. 制定的经营战略存在缺陷

    C. 缺乏实现目标的资源　　　　　　D. 战略质量得不到保证

5. 流动性风险监管指标主要包括（　　　　　）。

    A. 流动性覆盖率　　　　　　　　　B. 净稳定资金比例

    C. 流动性匹配率　　　　　　　　　D. 不良贷款率

6. 流动性风险管理体系应当包括的基本要素有（　　　　　）。

    A. 有效的流动性风险管理治理结构

    B. 完善的流动性风险管理策略、政策和程序

    C. 有效的流动性风险识别、计量、监测和控制

    D. 完备的管理信息系统

7. 信用风险管理的管控方式包括（　　　　　）。

    A. 信贷准入与退出　　　　　　　　B. 限额管理

    C. 风险缓释　　　　　　　　　　　D. 风险定价

8. 利率风险按照来源的不同，可以分为（　　　　　）。

    A. 重新定价风险　　　　　　　　　B. 收益率曲线风险

    C. 基准风险　　　　　　　　　　　D. 再投资风险

四、判断题

1. 对于由相互独立的多种资产组成的投资组合，只要组合中的资产个数足够多，

该投资组合的系统性风险就可以通过这种分散策略完全消除。（　　　）

2. 商业银行在发放贷款时，通常会要求借款人提供第三方信用担保作为还款保证，若借款人到期不能如约偿还贷款本息，则由担保人代为清偿。这种方式属于保险转移。（　　　）

3. 在风险管理实践中，法律风险管理不属于操作风险管理范畴。（　　　）

4. 风险规避策略是一种积极的风险管理策略，适合作为商业银行风险管理的主导策略。（　　　）

5. "不要将所有的鸡蛋放在一个篮子里"的投资格言形象地说明了风险分散的重要性。（　　　）

6. 根据规定，净稳定资金比率不得低于100%。（　　　）

7. 风险规避是指商业银行通过购买或是投资与标的资产收益波动负相关的某种资产或是衍生工具，来对冲标的资产潜在损失的一种方法。（　　　）

8. 融资流动性风险是指由于市场深度不足或市场动荡，商业银行无法以合理的市场价格出售资产以获得资金的风险。（　　　）

五、简答题

1. 简述声誉风险管理基本原则。
2. 简述信用风险缓释基本原则。

六、论述题

1. 试论述商业银行市场风险内涵和种类。
2. 试论述流动性风险管理策略。

案例分析
林业发展、生态改善、林农增收——福建林业金融改革实现多赢

福建省三明市素有"中国绿都"之称，林业金融改革创新一直走在全省乃至全国前列，其重点围绕林业资源转化为资产、转化为资金、转化为资本的改革方向，率先探索出"福林贷""林权按揭贷款""林权支贷宝"等林业金融创新产品，盘活了当地的林业资产，促进了林业发展、生态改善和林农增收，形成了"林农得实惠、企业得资源、国家得生态"的三方共赢格局。

2016年9月，为盘活各家各户分散的林业资源，三明市政府与三明农商银行合作推出普惠小林农的金融改革产品——"福林贷"，饱饭坑村成为试点村。当

月，邓招娣就将家中的毛竹山抵押，获得了 10 万元贷款。解决了生产资金问题，邓招娣家的毛竹山效益显著提高，当年就实现增收数万元。

饱饭坑村的做法是，经村民代表大会同意成立林业专业合作社，林农向银行申请贷款，合作社成立村级林业担保基金对贷款进行担保；林农以其自留山、责任山、林权股权等小额林业资产为合作社提供反担保，并由合作社统一监管，林业站进行备案，委托村委会集中处置；村委会以诚信为门槛，对村民的林权价值进行评估，并做好前期的授信建档；农商行根据合作社的确认和授信建档情况，对有需求的村民发放贷款。

两年多来，饱饭坑村已有 67 户得到授信，授信金额 645 万元；贷款 45 笔，共计 448 万元。过去，这里的群众有句俗话——"要致富，就上山砍树"，如今，"福林贷"等林业普惠金融新产品解决了不良抵押林权处置难的问题，把金融引入千家万户，实现了不砍树也能致富。

2014 年，针对林权抵押贷款期限短与林业生产经营周期长的"短融长投"问题，三明市借鉴房地产按揭的做法，在全国首推 15 年至 30 年期的林权按揭贷款新产品；针对林权流转中买方资金不足和变更登记过程可能出现纠纷等问题，在国内首推具有第三方支付功能的林权支贷宝新产品。

潘子凡说："这是林权抵押贷款的再创新，林权按揭贷款需要有林权证作抵押，而'支贷宝'可以用拟购买的林地作抵押，就像买房一样，不仅适用于各种用材林、经济林、竹林等林权流转交易，也适用于苗圃地等各种林地使用权流转，最长贷款期限达 30 年。"

三明银保监分局副局长伊跃峰介绍，在全面推广"林权按揭贷款""林权支贷宝""福林贷"的同时，三明还积极探索生态公益林质押贷、林木采伐贷、花卉苗木贷等新型金融产品，实现林业全产业链贷款需求全覆盖；开展林业"投保贷"一体化探索，与保险、信托、银行等金融机构共同突破林权资本化运作，让更多的资金进山入林，解决"钱从哪里来"的问题。

讨论：
1. "饱饭坑村"如何获得贷款？
2. 结合林业特点，谈谈商业银行应该如何控制在支持林业发展过程中的风险。

资料来源：经济网．"睡林权"换来"活资本"［EB/OL］．https：//www.21jingji.com/article/20221117/herald/5db23546167556022dea52a250a6fcab.html.

保险篇

第 10 章　保险概述

理论要点

1. 保险的要素：可保风险的存在、大量同质风险的集合与分散、保险费率的厘定、保险基金的建立、保险合同的订立。
2. 保险的特征：经济性、商品性、互助性、法律性、科学性。
3. 保险的种类：公营保险与民营保险；盈利保险与非盈利保险；原保险、再保险、重复保险和共同保险。
4. 保险业务的种类：现代保险业务的框架是由财产保险、人身保险、责任保险、信用保证保险四大部分构成的。
5. 保险的职能：是由保险的本质和内容决定的。保险的职能有基本职能和派生职能之分。保险的职能由基本职能和派生职能构成，保险的基本职能包括补偿损失职能和经济给付职能，保险的派生职能包括防灾防损职能和融资职能。

实务要点

1. 保险费率的厘定：保险在形式上是一种经济保障活动，而实质上是一种商品交换行为。保险费率的厘定要做到如下几点：遵循费率厘定的基本原则；以完备的统计资料为基础，运用科学的计算方法；接受国家或政府保险监管机关的审核或备案。
2. 保险基金与社会后备基金：从社会总产品的分配和社会生产持续进行的角度来看，保险是经济保障的一种形式，商业保险保障物质承担者——商业保险基金是社会后备基金的一种形式。社会后备基金划分成各种保障形式的后备基金，包括集中形式的后备基金、互助形式的后备基金、保险形式的后备基金、自保形式的后备基金和社保形式的后备基金。
3. 保险与国民经济：国民经济的活动可分为生产、流通、分配和消费四个领域，保险处于国民经济的分配领域。在前资本主义以小生产为主的经济社会里，保险主要以相互保险形式出现；在资本主义大生产经济社会里，产生现代的商业保险形式；而在高度集中的经济体制下，出现了高度垄断的国家保险形式。保险需求的本身就是一种消费行为，保险费支出是风险损失的一种代价，是一种风险损失的纯消费行为。保险分配和财政分配、保险分配与企业财务分配的关系、保险分配与信用分配的关系。

一、名词解释题

1. 保险

2. 社会保险

3. 政策性保险

4. 盈利保险与非盈利保险

二、单项选择题

1. 按风险的性质分类，风险可分为（　　　　）。
   A. 人身风险与财产风险　　　　　　B. 纯粹风险与投机风险
   C. 经济风险与技术风险　　　　　　D. 自然风险与社会风险

2. 股市的波动属于（　　　　）性质的风险。
   A. 自然风险　　　　B. 投机风险　　　　C. 社会风险　　　　D. 纯粹风险

3. 对于损失概率小、损失程度低的风险应该采用的风险管理方法是（　　　　）。
   A. 保险　　　　B. 自留风险　　　　C. 避免风险　　　　D. 预防风险

4. 对于损失概率高、损失程度低的风险应该采用的风险管理方法是（　　　　）。
   A. 保险　　　　B. 自留风险　　　　C. 避免风险　　　　D. 预防风险

5. 某建筑工程队在施工时偷工减料导致建筑物塌陷，则造成损故发生的风险因素是（　　　　）。
   A. 物质风险因素　　　　　　　　　B. 道德风险因素
   C. 心理风险因素　　　　　　　　　D. 思想风险因素

6. （　　　　）是指保险双方以法律、法规或行政命令为依据建立险关系。
   A. 社会保险　　　　B. 强制保险　　　　C. 政策性保险　　　　D. 商业保险

7. 人寿保险的保险标的是（　　　　）。
   A. 被保险人的生命　　　　　　　　B. 投保人的生命
   C. 被保险人的生命或身体　　　　　D. 被保险人的身体

8. 下列不属于财产保险的是（　　　　）。
   A. 财产损失保险　　　　　　　　　B. 人寿保险
   C. 责任保险　　　　　　　　　　　D. 信用保险

三、多项选择题

1. 按照保险业务承保方式分类，商业保险分为（　　　　　　　）。

    A. 资源保险　　　　B. 再保险　　　　　C. 共同保险　　　　　D. 重复保险

2. （　　　　　　）是保险的基本职能。

    A. 防灾防损　　　　B. 资金融通　　　　C. 损失分摊　　　　　D. 经济补偿

四、判断题

1. 保险的特征包括经济性、商品性、互助性、法律性、科学性。（　　　　　　）

2. 保险是以补偿损失为己任，而社会福利则是以改善和提高公民的生活为宗旨。（　　　　）

3. 依保险经营主体分类，保险可以分为盈利保险与非盈利保险。盈利保险又称商业保险，股份公司经营的保险属于最常见的一种盈利保险。非盈利保险又称非商业保险，如社会保险、政策保险等，相互保险、合作保险等。（　　　　　　）

4. 依保险经营性质分类，保险可以分为公营保险与民营保险。民营保险其形式主要有股份保险公司、相互保险公司、保险合作社和个人经营的保险等。（　　　　　　）

5. 依业务承保方式分类，保险可以分为原保险、再保险、重复保险和共同保险。（　　　　）

6. 依赔付形式分类，保险可以分为定额保险与损失保险。（　　　　　　）

7. 现代保险业务的框架是由财产保险、人身保险、责任保险、信用保证保险四大部分构成的。（　　　　　）

8. 社会后备基金可划分成集中形式的后备基金、互助形式的后备基金、保险形式的后备基金、自保形式的后备基金四类。（　　　　　）

9. 保险的基本职能就是保险的原始职能与固有职能，保险的基本职能主要有补偿损失职能和经济给付职能。（　　　　　）

10. 保险的派生职能主要有防灾防损职能和融资职能。（　　　　　　）

五、简答题

1. 简述保险的常见分类。

2. 简述保险的特征。

3. 简述保险形式的种类。

4. 简述保险业务的种类。

5. 简述保险的基本职能和派生职能。

六、论述题

1. 论述保险的特征。

2. 论述保险基金与社会后备基金的关系。

3. 论述保险的宏观经济作用和微观经济作用。

4. 构成保险的职能组成部分是什么？试论述其基本内容。

案例分析
广东惠州首个森林政策性保险获得赔付

2022 年 4 月，在广东省惠州市博罗县横河镇西群村村委，中国人寿财产保险股份有限公司惠州中心支公司将赔付 60600 元的支票交付给投保了政策性森林保险的 10 户农户。

据悉，前段时间连续降雨，当地农户种植的桉树受损严重，幸运的是他们在 2022 年 2 月以集体投保的形式购买了政策性森林保险。

政策性森林保险保费由中央财政、各级地方财政共同承担七成，农户自己出三成，一亩商品林，农户只需出 1.44 元。如果遇到合同约定的自然灾害，保险公司勘验后就可以获得相应的赔付，最高每亩可获得 1200 元理赔款。据统计，惠州国寿财险累计承保森林 164.48 万亩，总保额约为 19.7 亿元。除了森林险，接下来，惠州国寿财险还将在政府主导下推出中药材险种、名木古树险种等政策性保险。

讨论：

1. 在本案例中，广东惠州首个森林政策性保险获得赔付，试分析保险的基本职能。

2. 结合案例中政策性森林保险的内容，谈一谈的保险在农林领域的应用。

资料来源：国家林业和草原局. 广东惠州首个森林政策性保险获得赔付［EB/OL］. https：//www. forestry. gov. cn/c/www/dfdt/77650. jhtml.

第 11 章　保险合同

理论要点

1. **保险合同及其特征**：保险合同属于民商合同中的一种，保险合同不仅适用《保险法》，也适用《民法典》。保险合同的法律特征：（1）保险合同是有偿合同。（2）保险合同是双向合同。（3）保险合同是最大诚信合同。（4）保险合同是射幸合同。（5）保险合同是附合合同。

2. **保险合同的主体**：（1）保险人。在我国，保险人是指与投保人订立保险合同，并承担赔偿或给付保险金责任的保险公司。保险人必须符合以下三个条件：①保险人要具备法定资格；②保险人必须以自己的名义订立保险合同；③保险人须依照保险合同承担保险责任。（2）投保人。投保人是指与保险人订立保险合同，并按照保险合同负有支付保险费义务的人。投保人并不以自然人为限，法人和其他组织也可以成为投保人。投保人应具备的条件是：①须具有民事权利能力和民事行为能力；②投保人须对保险标的具有保险利益；③投保人须与保险人订立保险合同并按约定交付保险费。（3）被保险人。被保险人是指其财产或者人身受保险合同保障，享有保险金请求权的人。被保险人的成立应具备的条件是：①被保险人须是财产或人身受保险合同保障的人；②被保险人须享有保险金请求权。

3. **保险合同的形式**：保险合同通常采用书面形式，包括投保单、保险单、保险凭证、暂保单以及除此之外的其他书面协议。

4. **保险合同的内容**：保险合同的内容是指以双方权利义务为核心的保险合同的全部记载事项。保险合同由以下几部分构成：（1）主体部分。（2）权利义务部分。（3）客体部分。（4）其他声明事项部分。从条款的拟定来看，保险合同的内容由基本条款和特约条款构成。基本条款由保险人拟定，特约条款由双方共同拟定。两种条款都具有法律效力。

5. **确定保险价值的方法**：保险价值是指保险标的的实际价值，即投保人对保险标的所享有的保险利益的货币估价额。保险价值的确定主要有三种方法：（1）由当事人双方在保险合同中约定。（2）按事故发生后保险标的市场价格确定。（3）依据法律具体规定确定保险价值。

6. 保险合同的解释及其原则：（1）文义解释的原则。（2）意图解释的原则。（3）专业解释的原则。（4）有利于被保险人和受益人的原则。

7. 解决保险合同争议的方式：（1）协商。（2）仲裁。（3）诉讼。

实务要点

1. 保险合同的种类：（1）单一危险保险合同与综合危险保险合同。（2）定值保险合同与不定值保险合同。（3）定额保险合同与补偿保险合同。（4）个别保险合同与集合保险合同。（5）特定保险合同与总括保险合同。（6）足额保险合同与非足额保险合同。（7）专一保险合同与重复保险合同。（8）原保险合同与再保险合同。

2. 保险合同的变更：保险合同的变更是指在保险合同有效期间，当事人依法对合同条款所做的修改或补充。（1）保险合同主体的变更包括财产保险合同的主体变更和人身保险合同主体的变更不以保险标的的转移为基础，而主要取决于投保人或被保险人的主观意愿。（2）保险合同客体的变更。（3）保险合同内容的变更。

3. 保险合同解释的形式：（1）法定解除：法定解除是指法律赋予合同当事人的一种单方解除权。货物运输保险合同和运输工具航程保险合同，保险责任开始后，合同不得解除。（2）协议解除：协议解除又称约定解除，是指当事人双方经协商同意解除保险合同的一种法律行为。

一、名词解释题

1. 保险合同

2. 定值保险合同

3. 定额保险合同

4. 保险凭证

二、单项选择题

1. 保险合同是（　　　　）约定权利与义务关系的协议。
　　A. 保险人与投保人　　　　　　　B. 保险人与受益人
　　C. 投保人与被保险人　　　　　　D. 保险人与被保险人

2. 下列属于保险合同当事人的是（　　　　）。
　　A. 投保人　　　B. 受益人　　　C. 保险代理人　　　D. 保险经纪人

3. 暂保单的有效期一般为（　　　　）天。

　　A. 15　　　　　　　B. 30　　　　　　　C. 45　　　　　　　D. 60

4. 分期支付保险费的保险合同，投保人在支付了首期保险费后，未按约定或法定期限支付当期保险费的，合同效力中止。合同效力中止之后（　　　　）年内双方未就恢复效力达成协议的，保险人有权解除保险合同。

　　A. 1　　　　　　　　B. 2　　　　　　　　C. 3　　　　　　　　D. 5

5. 保险合同主体的权利与义务的变更属于（　　　　）。

　　A. 内容变更　　　　B. 主体变更　　　　C. 客体变更　　　　D. 利益变更

6. 投保人为订立保险合同而向保险人提出的书面要约是（　　　　）。

　　A. 保险单　　　　　B. 暂保单　　　　　C. 投保单　　　　　D. 保险凭证

7. 以下关于人身保险合同中受益人获得的保险金的说法正确的是（　　　　）。

　　A. 属于被保险人的遗产，纳入遗产分配

　　B. 不属于被保险人遗产，不纳入遗产分配，但可以用于清偿被保险人生前债务

　　C. 不属于被保险人遗产，不纳入遗产分配，也不可以用于清偿被保险人生前债务

　　D. 属于被保险人遗产，纳入遗产分配，可用于清偿被保险人生前债务

8. （　　　　）是指保险合同当事人中至少有一方并不必然履行金钱给付义务。

　　A. 有偿性　　　　　B. 附和性　　　　　C. 双务性　　　　　D. 射幸性

9. 保险人承担赔偿和给付保险金责任的最高限额叫（　　　　）。

　　A. 保险价值　　　　B. 实际损失　　　　C. 赔偿限额　　　　D. 保险金额

三、多项选择题

1. 保险合同双方发生争议时，可以采用（　　　　）的方式解决。

　　A. 诉讼　　　　　　B. 和解　　　　　　C. 仲裁　　　　　　D. 调解

2. 保险合同的种类包括（　　　　）。

　　A. 单一危险保险合同与综合危险保险合同

　　B. 定值保险合同与不定值保险合同

　　C. 定额保险合同与补偿保险合同

　　D. 个别保险合同与集合保险合同

3. 保险合同的当事人包括（　　　　）。

　　A. 保险人　　　　　B. 投保人　　　　　C. 被保险人　　　　D. 受益人

4. 保险合同的内容包括（　　　　）。

　　A. 主体部分　　　　　　　　　　B. 权利义务部分

　　C. 客体部分　　　　　　　　　　D. 其他声明事项部分

5. 保险价值的方法包括（　　　　　）。

　　A. 由当事人双方在保险合同中约定

　　B. 按事故发生后保险标的市场价格确定

　　C. 依据法律具体规定确定保险价值

　　D. 由投保人按保险标的的实际价值确定

6. 保险金额可以按下述方式确定（　　　　　）。

　　A. 由投保人按保险标的的实际价值确定

　　B. 按事故发生后保险标的市场价格确定

　　C. 由投保人和保险人协商按保险标的的实际价值确定

　　D. 根据投保要投保时保险标的的账面价值确定

7. 保险单的内容包括（　　　　　）。

　　A. 声明事项　　　　B. 保险事项　　　　C. 除外责任　　　　D. 条件事项

8. 保险人承担保险责任的范围包括（　　　　　）。

　　A. 保险赔偿　　　　　　　　　　B. 施救费用

　　C. 争议处理费用　　　　　　　　D. 检验费用

9. 保险合同的解释应遵循的原则包括（　　　　　）。

　　A. 文义解释的原则　　　　　　　B. 意图解释的原则

　　C. 专业解释的原则　　　　　　　D. 有利于被保险人和受益人的原则

四、判断题

1. 有偿合同是指因为享有一定的权利而必须偿付一定对价的合同。（　　　　　）

2. 附合合同是指其内容是由当事人双方共同协商拟订。（　　　　　）

3. 根据保险人所承保的危险的状况不同，保险合同可分为单一危险保险合同与综合危险保险合同。（　　　　　）

4. 按保险金额的确定方式，保险合同可分为定额保险合同和补偿保险合同。（　　　　　）

5. 按保险金额与保险标的的实际价值的对比关系划分，保险合同可分为定值保险合同和不定值保险合同。（　　　　　）

6. 按保险标的的价值是否载于保险合同进行分类，保险合同可分为足额保险合同与不足额保险合同。（　　　　　）

7. 当投保人与被保险人为同一人时，保险人、投保人和被保险人是保险合同的当事人，当投保人与被保险人不是同一人时，投保人是保险合同的当事人，而被保险人是保险合同的关系人。（　　　　　）

8. 保险合同的当事人包括保险人、投保人和被保险人。（　　　　　）

9. 保险合同的辅助人包括保险代理人、保险经纪人、保险评估人等。（　　　　）

10. 保险合同的客体是投保人于保险标的上的保险利益。（　　　　）

11. 我国保险实务中以约定起保日的零点为保险责任开始时间，以合同期满日的 24 点为保险责任终止时间。（　　　　）

12. 争议处理是指保险合同发生争议后的解决方式，包括协商、仲裁和诉讼。（　　　　）

13. 保险合同通常采用书面形式。书面形式的保险合同包括投保单、保险单、保险凭证、暂保单以及除此之外的其他书面协议。（　　　　）

14. 保险合同解除的形式有两种：法定解除与协议解除。（　　　　）

15. 《中华人民共和国保险法》第四十二条规定："保险标的发生部分损失的，在保险赔偿后 90 日内，投保人可以终止合同"。（　　　　）

16. 暂保单也称临时保险单，是指由保险人在签发正式保险单之前，出立的临时保险凭证。暂保单的有效期一般为 15 天。（　　　　）

五、简答题

1. 简述保险合同的法律特征。
2. 简述保险合同的种类。
3. 简述保险合同的内容。
4. 简述保险合同的形式。
5. 简述保险合同的解释及其原则。
6. 简述解决保险合同争议的方式。

六、论述题

1. 请分别论述保险价值和保险金额的确定方法。
2. 试论述保险合同的变更包括哪些内容。

案例分析

森林资源民事纠纷典型案例

2015 年 10 月 21 日，原告湖北某林业科技有限公司（以下简称某林业公司）在被告中国某财产保险股份有限公司（以下简称某保险公司）投保林木火灾保险，某保险公司向某林业公司出具保单一份。双方约定，总保险金额 7582 万余元，保险期为 2015 年 10 月 23 日至 2016 年 10 月 22 日，对因火灾直接造成保险林木死亡产生的财产损失承担保险责任等。2016 年 1 月 1 日至 9 月 5 日，案涉投保林地发生保险范围内的山林火灾多起。经调查鉴定，森林火灾涉及 3 个县、11 个乡镇、20 个村，总受灾面积 3410.95 亩。某林业公司向某保险公司申请理赔，双方就赔偿问题产生纠纷，形成本案诉讼。

讨论：

1. 请分析根据当事人之间的保险合同，保险公司是否应当按照约定赔偿火灾损失。
2. 林业经营受自然气候条件影响较大，且容易因火灾、病虫害等自然灾害遭受损失。森林保险作为增强林业风险抵御能力的重要机制，对于减少林业投融资风险、保障林业持续稳定经营具有重要意义。请分析森林保险的意义。

资料来源：东平县人民法院. 森林资源民事纠纷典型案例 ［EB/OL］. http：// ytzy. sdcourt. gov. cn/tadpfy/369377/369381/11481924/index. html.

第 12 章　保险的基本原则

理论要点

1. 保险的基本原则：包括保险利益原则、最大诚信原则、近因原则和损失补偿原则。

2. 主要险种的保险利益：包括财产保险的保险利益、人身保险的保险利益、责任保险的保险利益和信用保证保险的保险利益。

3. 保险利益的时效：在财产保险中，一般要求从保险合同订立到合同终止，始终都应存在保险利益，但海洋运输货物保险的保险利益在时效上具有一定的灵活性，规定在投保时可以不具有保险利益，但索赔时被保险人对保险标的必须具有保险利益。在人身保险中，由于保险期限长并具有储蓄性，因而强调在订立保险合同时投保人必须具有保险利益，而索赔时不追究有无保险利益。

4. 最大诚信原则的基本内容：包括告知、保证、弃权与禁止反言。现代保险合同及有关法律规定中的告知与保证原则是对投保人、保险人等保险合同关系人的共同约束。

5. 近因的认定与保险责任的确定：包括单一原因造成的损失、同时发生的多种原因造成的损失、连续发生的多项原因造成的损失、间断发生的多项原因造成的损失。

6. 损失补偿的派生原则：（1）重复保险的分摊原则。重复保险是指投保人对同一保险标的、同一保险利益、同一保险事故分别向两个或两个以上保险人订立保险合同，且其保险金额的总和超过保险价值的保险。重复保险的分摊方式主要包括比例责任的分摊、限额责任的分摊和顺序责任的分摊三种方式。（2）代位追偿原则。代位追偿原则是损失补偿原则的派生原则，是指在财产保险中，保险标的发生保险事故造成推定全损，或者保险标的由于第三者责任导致的损失，保险人按照合同约定履行赔偿责任后，依法取得对保险标的的所有权或对保险标的的损失负有责任的第三者的追偿权。代位追偿原则的主要内容包括权利代位和物上代位。

实务要点

1. 补偿损失原则的限制条件：（1）以实际损失为限。（2）以保险金额为限。（3）以保险利益为限。

2. 补偿损失原则的例外：（1）人身保险的例外。（2）定值保险的例外。（3）重置价值保险的例外。

一、名词解释题

1. 保险利益原则
2. 最大诚信原则
3. 近因原则
4. 损失补偿原则

二、单项选择题

1. 我国《中华人民共和国保险法》采取（　　　　）的形式要求保险人履行告知义务。

   A. 无限告知　　　　B. 询问告知　　　　C. 明确列明　　　　D. 承诺告知

2. 为未来的事实作出的保证是指（　　　　）。

   A. 确认保证　　　　B. 承诺保证　　　　C. 默示保证　　　　D. 信用证

3. 投保人对保险标的所具有的法律上承认的利益被称为（　　　　）。

   A. 保险利益　　　　B. 经济利益　　　　C. 法律利益　　　　D. 保险金额

4. 人身保险的投保人在（　　　　）时，必须对保险标的具有保险利保险基础知识。

   A. 确定保险金额　　　　　　　　　B. 订立合同时

   C. 保险事故发生　　　　　　　　　D. 请求保险金给付

5. 保险损失的近因，是指在保险事故发生时（　　　　）。

   A. 时间上最接近损失的原因　　　　B. 离损失最接近的原因

   C. 空间上最接近损失的原因　　　　D. 最有效、起决定作用的原因

6. 保险人行使代位求偿权时，如果依代位求偿取得第三人赔偿金额超过保险人的赔偿金额，其超过部分应归（　　　　）所有。

   A. 保险人　　　　B. 被保险人　　　　C. 第三者　　　　D. 国家

7. 在最大诚信原则中，弃权与禁止反言约束的对象主要是（　　　　）。

   A. 投保人　　　　　　　　　　　　B. 保险人

   C. 保险代理人　　　　　　　　　　D. 投保人与保险代理人

三、多项选择题

1. 在我国，法律上承认的对人身保险合同的被保险人有保险利益人员有（　　　　）。

A. 本人

B. 配偶、父母、子女

C. 家庭其他成员

D. 被保险人同意的为其订立人身保险合同的

2. 在财产保险的赔偿过程中，损失赔偿原则的限制条件有（　　　　）。

A. 以不足额保险为基础　　　　　B. 以实际损失为限

C. 以保险金额为限　　　　　　　D. 以保险利益为限

3. 在保险活动中，投保人或者被保险人违反告知义务的表现形式主要有（　　　　）。

A. 漏报　　　　　　B. 误告　　　　　　C. 隐瞒

D. 欺诈　　　　　　E. 侵占

4. 主要险种的保重利益有（　　　　　　）。

A. 财产保险的保险利益　　　　　B. 人身保险的保险利益

C. 责任保险的保险利益　　　　　D. 信用保证保险的保险利益

5. 最大诚信原则的基本内容包括（　　　　　）。

A. 告知　　　　　B. 保证　　　　　C. 弃权　　　　　D. 禁止反言

6. 近因的认定与保险责任的确定包括（　　　　　）。

A. 单一原因造成的损失　　　　　B. 同时发生的多种原因造成的损失

C. 连续发生的多项原因造成的损失　　D. 间断发生的多项原因造成的损失

7. 损失补偿原则的限制条件包括（　　　　　）。

A. 以实际损失为限　　　　　　　B. 以保险金额为限

C. 以预估损失为限　　　　　　　D. 以保险利益为限

8. 重复保险的分摊方式包括（　　　　）。

A. 实际损失分摊方式　　　　　　B. 比例责任分摊方式

C. 限额责任分摊方式　　　　　　D. 顺序责任分摊方式

9. 代位追偿原则的主要内容有（　　　　　）。

A. 实物代位　　　B. 权利代位　　　C. 物上代位　　　D. 金额代位

四、判断题

1. 保险利益原则是指在签订和履行保险合同的过程中，投保人和被保险人对保险

标的必须具有保险利益。（　　　　）

2. 财产保险的保险标的是财产及其有关利益。（　　　　）

3. 投保人对配偶、子女、父母的生命和身体具有保险利益这类情况属于人身保险的保险利益。（　　　　）

4. 责任保险的保险标的是被保险人对第三者依法应负的赔偿责任，因承担经济赔偿责任而支付损害赔偿金和其他费用的人具有责任保险的保险利益。（　　　　）

5. 最大诚信原则的基本内容包括告知、保证、承诺、弃权与禁止反言。（　　　　）

6. 国际上对于告知的立法形式有两种，即无限告知和询问回答告知。（　　　　）

7. 根据保证存在的形式，可分为明示保证和默示保证。默示保证与明示保证不具有同等的法律效力。（　　　　）

8. 弃权是指保险人放弃其在保险合同中可以主张的某种权利。禁止反言是指保险人已放弃某种权利，日后不得再向被保险人主张这种权利。（　　　　）

9. 按照认定近因的基本方法，雷击折断大树，大树压坏房屋，房屋倒塌致使家用电器损毁，家用电器损毁的近因就是雷击。（　　　　）

五、简答题

1. 简述人身保险的保险利益包括的四种情况。
2. 简述损失补偿的派生原则。
3. 简述重复保险的分摊方式。

六、论述题

1. 试论述最大诚信原则的基本内容。
2. 试论述近因的认定与保险责任的确定包括哪些内容。

案例分析
保险公司套取农业保险保费补贴资金现象解读

　　某财险分公司 2011~2013 年以每月 2 分的利息，组织几名职工垫资共 300 余万元，虚假承保小麦、玉米 90 余万亩，套取中央、省、市、县四级财政农业保险保费补贴资金共计 1200 余万元。该公司另一家分公司 2012 年以双倍返还的回报让村干部、保险公司业务员代垫保费虚假承保玉米 90 余万亩，套取中央、省、市、县四级财政农业保险保费补贴资金共计 1000 余万元。

讨论：

1. 请结合本案例，试分析保险公司套取农业保险保费补贴资金违反了哪几项基本原则，以及该原则的基本内容。

2. 开展政策性农业保险是政府创新救灾方式，提高财政资金使用效益，分散农业风险的有益形式，请结合本案例试给出避免保险公司套取保费的建议。

　　资料来源：葛立新，翁凤敏，申卫华．保险公司套取农业保险保费补贴资金现象解读 [J]．财政监督，2015（19）：48-49.

第 13 章　保险市场

理论要点

1. **保险市场的含义**：保险市场是保险商品交换关系的总和或是保险商品供给与需求关系的总和，完整的保险市场应包含：保险市场的供给方、保险市场的需求方、保险市场的中介方、保险商品。

2. **保险市场的特征**：保险市场所交易的对象是保险保障，风险的客观存在和发展是保险市场形成和发展的基础和前提；保险市场是非即时结清市场，风险的不确定性和保险的射幸性使得交易双方都不可能确切知道交易结果；保险市场是特殊的"期货"交易市场，保险市场所交易的是保险人对未来风险事件发生所致经济损失进行补偿的承诺。

3. **保险市场的模式**：完全竞争模式是指一个保险市场上有数量众多的保险公司，任何公司都可以自由进出市场。在这种市场模式中，保险资本可以自由流动，价值规律和供求规律充分发挥作用。完全垄断模式是指保险市场完全由一家保险公司操纵，这家公司的性质既可是国营的，也可是私营的。垄断竞争模式指大小保险公司并存，少数大保险公司在市场上取得垄断地位。寡头垄断模式指在一个保险市场上，只存在少数相互竞争的保险公司。

4. **保险市场供给**：保险市场供给是指在一定的费率水平上，保险市场上的各家保险企业愿意并且能够提供的保险商品的数量。如果用承保能力来表示，它就是各个保险企业的承保能力之和。

5. **保险市场需求**：保险市场需求是指在一定时间内及一定的费率水平上，保险消费者愿意并有能力购买的保险商品的总量。保险市场需求包括三个要素：有保险需求的人、为满足保险需求的购买能力和购买意愿。

6. **影响保险市场需求的主要因素**：风险因素、保险费率、消费者的货币收入、文化传统、经济制度。

7. **保险中介**：保险中介是指介于保险人之间、投保人与保险人之间和独立于保险人和被保险人之外，专门从事保险中介服务并依法收取佣金的单位和个人。保险中介主要由保险代理人、保险经纪人与保险公估人三种形式组成。

8. 保险中介的功能：优化保险资源配置、降低保险交易成本和保证保险市场可持续发展。

9. 保险市场监督的原则：坚实原则、公平原则、健全原则、社会原则。

10. 保险市场监督的体系：保险业的管理可以分为国家对保险业的管理和保险业自我管理。国家对保险业的管理构成保险监管的基础，保险业的自我管理构成保险监管的补充。保险监管体系包括保险监管法规、保险监管机构、保险行业自律、保险信用评级。

11. 保险市场监督的方式：公告管理即公示管理、规范管理、实体管理。其中实体管理方式是由瑞士创立的，在三种监管方式中最为严格、具体。

📚 实务要点

1. 设立保险公司的基本程序：申请设立保险公司，应当提交下列文件、资料：①设立申请书；②可行性研究报告；③金融监督管理部门规定的其他文件、资料。（1）筹建。保险监督管理机构对保险公司的筹建申请的批准期为 6 个月，逾期未批准的，申请人在 1 年内不得再次提出同样的申请；经批准筹建的公司，应在 6 个月内完成筹建工作；逾期未完成者，原批准文件自动实效。经筹建人申请、保险监督管理机构批准，筹建期可延长 6 个月。（2）开业。保险监管机关收到保险公司的开业申请后应在 6 个月内作出批准或不批准的决定。保险公司自取得经营保险业务许可证之日起 6 个月内无正当理由未办理公司设立登记的，其经营保险业务许可证自动失效。

2. 保险公司停业解散的监管：分为责令限期改正、整顿、接管、解散（任意解散和强制解散）、清算（正常清算和破产清算）。

3. 保险条款与费率的监管：关系社会公众利益的保险险种、依法实行强制保险的险种和新开发的人寿保险险种等的保险条款和保险费率，应当报保险监督管理机构审批。保险监督管理机构审批时，遵循保护社会公众利益和防止不正当竞争的原则。审批的范围和具体办法，由保险监督管理机构制定。其他保险险种的保险条款和保险费率，应当报保险监督管理机构备案。

一、名词解释题

1. 保险市场

2. 保险市场机制

3. 保险市场供给

4. 保险市场需求

5. 保险中介

二、单项选择题

1. （　　　　　）是保险商品的需求方。

　　A. 需要降低风险的人

　　B. 有足够资金交保费的人

　　C. 保险商品的购买者

　　D. 保险市场上所有现实的和潜在的保险商品的购买者

2. （　　　　　）是保险商品交换关系的总和或保险商品供给与需求关系的总和。

　　A. 保险关系　　　　B. 保险服务　　　　C. 保险市场　　　　D. 保险公司

3. （　　　　　）是保险监管部门监管的主要目的。

　　A. 保护保险人和社会公众的利益　　　　B. 保护被保险人和保险人的利益

　　C. 保护被保险人和社会公众的利益　　　　D. 保护投保人的利益

4. 保险市场之所以是特殊的"期货"市场，是因为保险具有（　　　　　）。

　　A. 射幸性　　　　B. 单一性　　　　C. 异质性　　　　D. 附和性

5. 下列关于保险市场特征的说法，正确的是（　　　　　）。

　　A. 保险市场是间接的风险市场　　　　B. 保险市场是直接的风险市场

　　C. 保险市场是即时结清市场　　　　D. 保险市场是卖方市场

6. （　　　　　）是大小保险公司并存，少数大保险公司在市场上取得垄断地位的保险市场模式。

　　A. 完全竞争模式　　B. 完全垄断模式　　C. 垄断竞争模式　　D. 寡头垄断模式

7. （　　　　　）是保险市场机制中最基本的机制。

　　A. 交易机制　　　　B. 价格机制　　　　C. 供求机制　　　　D. 竞争机制

8. 从理论上讲，保险市场供给的内容包括（　　　　　）。

　　A. 保险商品的质和量　　　　B. 有形保险保障和无形保险保障

　　C. 直接保险保障和间接保险保障　　　　D. 保险商品结构和保险商品数量

三、多项选择题

1. 保险中介行为应遵循的原则主要有（　　　　　）。

　　A. 公平竞争原则　　B. 合法性原则　　C. 资格认证原则　　D. 独立性原则

2. 下列关于保险代理人与保险经纪人的说法，正确的是（　　　　　）。

　　A. 前者是保险人的代表，后者是被保险人的代表

　　B. 前者的佣金由保险人支付，后者的佣金由投保人支付

  C. 前者代理销售的产品由保险人自己指定，后者需要在哪家保险公司投保，视实际需要而定

  D. 两者都属于保险辅助人

3. 保险业作为金融业和宏观经济的重要组成部分，对保险业进行监管具有积极作用，具体而言，这些好处包括（　　　　　　）。

  A. 保证金融市场的稳定

  B. 促进保险业健康发展

  C. 提高保险公司的竞争能力和盈利水平

  D. 保护保险消费者利益

四、简答题

1. 简述影响保险需求和保险供给的主要因素。

2. 简述保险市场的构成要素和特征。

3. 简述保险市场需求的类型。

4. 简述保险监管的原则与目标。

5. 简述保险监管的目标。

五、论述题

1. 论述保险市场的运作机制。

2. 我国现行的保险公司组织形式主要有哪些？请举例说明。

案例分析

名企助农典型案例

  陕西省留坝县特色产业为食用菌产业，中国人保通过一系列涉农惠民的"保险+"帮助项目扶持民生及产业发展，为定点帮扶县留坝县提供了坚实的保障。通过防返贫保险最大限度发挥财政资金杠杆作用，创新开发产业链保险，为当地支柱产业食用菌产业提供全面风险保障，通过保险机制助力基础设施建设，提升乡村建设水平。主要做法是承担兜底保障重大职责，为全县4.1万户籍人口投政府防贫救助保险。

  中国人保根据当地需求创新使用了"食用菌全生命周期保险"，在种植环节，对全县食用菌因自然灾害造成的经济损失提供风险保障；在销售环节，为由市场价格波动或产量减少造成食用菌实际收入低于约定收入的情况提供一定的经济补

偿；在食品安全方面，对食用菌食品安全提供风险保障。提供全方位风险保障，承办风险保障 8.5 亿元的重大自然灾害财产保险。

讨论：

1. 保险业作为经济"减震器"和社会"稳定器"，在推动民生保障工程和经济高质量发展中发挥了积极的作用。根据以上案例，谈一谈如何理解保险业助农惠农中的作用。
2. 根据以上案例，试分析影响保险市场需求中的主要因素。

资料来源：中国农村网．名企助农典型案例［EB/OL］．http：//journal．crnews．net/ncpsczk/2023n/d17q/dejxczxppjzk/958001_20230926032101．html．

第 14 章　财产保险

理论要点

1. **财产保险概念**：指保险人对被保险人的财产及其有关利益在发生保险责任范围内的灾害事故而遭受经济损失时给予补偿的保险。这里的财产除了包括一切动产、不动产、固定的或流动的财产以及在制的或制成的有形财产，还包括运费、预期利润、信用及责任等无形财产。

2. **财产保险的特征**：财产及其有关的利益为保险标的的保险；财产保险的保险标的必须是可以用货币衡量的财产或利益；活动具有法律约束力；财产保险的对于保险标的的保障功能表现为经济补偿；财产保险属于社会商业活动的组成部分。

3. **财产保险的种类**：财产损失保险、责任保险、信用保证保险。其中，财产损失保险包括企业财产保险、家庭财产保险、运输工具保险、货物运输保险、工程保险、特殊风险保险、农业保险。

4. **企业财产保险的保险金额**：固定资产的保险价值与保险金额、流动资产的保险价值与保险金额、账外财产和代保管财产的保险价值与保险金额。

5. **企业财产保险的保险费率**：影响企业保险费率的因素有：（1）投保险种。（2）房屋的建筑结构。（3）占用性质。（4）地理位置。（5）周围环境。（6）投保人的安全管理水平。（7）历史损失数据。（8）市场竞争因素。

6. **财产保险的基本原则**：基本原则为赔偿原则和分摊原则，保险人可以选择的赔偿方式有三种：货币赔偿、置换和恢复原状。分摊原则即重复保险是指投保人就同一保险标的、同一保险利益、同一保险事故与两个或两个以上的保险人分别订立保险合同。

7. **企业财产保险的赔偿方式**：企业财产保险通常有以下两种赔偿方式：一是保险人向被保险人支付赔偿款；二是保险人承担恢复或置换受损保险财产的费用，即通常所说的重置赔偿方式。

8. 家庭财产保险的适用范围：城乡居民、单位职工、夫妻店、家庭手工业者等个人及家庭成员自有及代管或共有财产。城乡个体工商户和合作经营组织财产及私人企业的财产不适用。

实务要点

1. 个人抵押贷款房屋保险：凡符合中国人民银行《个人住房贷款管理办法》有关规定，同意以所购住房作为抵押房后，向商业银行申请住房抵押贷款购买的自用住房，可以参加本保险。本保险的保险期限最长为20年。保险费率和保险期限有关，不同的保险期限费率不同，分为5年、6~10年、11~20年三档。保险金额按实际价值（可以是成本价、商品价、评估价）确定；保险价值为出险时保险标的的实际价值。

2. 利润损失保险的保险项目：毛利润损失。计算毛利润损失中的特定的营业费用包括原料采购费、消耗性物料、生产工人工资、制造费、包装费、运输费、取暖费等，在利润损失保险中无保险利益可言。维持费用，也称固定费用，包括高层管理人员工资、水电费、广告费、租金、利息、保险费等费用，在利润损失保险中具有保险利益。营业费用增加所致的毛利润损失、工资和审计师费用。

3. 利润损失保险的赔偿期和保险金额：保险期限是保单规定的起讫日期，只有在保险单的有效期内发生保险事故，保险人才能负责赔偿。赔偿期是指在保险有效期内发生了灾害事故到恢复到正常的生产经营的这一段时期。保险金额是按照上年度的营业额或者是销售额加上本年度的业务发展趋势和通货膨胀因素为基础，计算本年度的毛利润损失来进行计算的。

一、名词解释题

1. 财产保险
2. 信用保证保险
3. 绝对免赔
4. 相对免赔
5. 重复保险

二、单项选择题

1. 火灾保险属于（　　　　）。
   A. 财产保险　　　　B. 信用保险　　　　C. 人身保险　　　　D. 履约保证保险
2. 财产保险的保险标的必须是可以用（　　　　）衡量价值的财产或利益。
   A. 实物　　　　B. 保险费　　　　C. 货币　　　　D. 保险价值

3. 某公司专门从事近视的激光治疗。为转移其雇员因工作疏忽，造成就医者的人身伤害而依法应该承担的赔偿责任，该公司应购买以下哪种保险？（　　　　）。

    A. 产品责任保险　　　　　　　　B. 公众责任保险

    C. 职业责任保险　　　　　　　　D. 雇主责任保险

4. 责任保险属于（　　　　）。

    A. 人身保险　　　　　　　　　　B. 第三者责任保险

    C. 狭义的财产保险　　　　　　　D. 广义的财产保险

5. 下列哪个险种具有到期还本的性质？（　　　　）

    A. 普通家庭财产保险　　　　　　B. 家庭财产两全保险

    C. 房屋及室内财产保险　　　　　D. 安居类综合保险

6. 我国海洋货物运输保险基本险的保险责任包括一切险和（　　　　）。

    A. 全损险、综合险　　　　　　　B. 综合险、平安险

    C. 平安险、水渍险　　　　　　　D. 水渍险、全损险

7. 信用保险是保障（　　　　）。

    A. 投保人的信用　　　　　　　　B. 被保证人的信用

    C. 投保人的权利　　　　　　　　D. 债权人的信用

8. 财产保险综合险与基本险的主要区别在于（　　　　）。

    A. 保险期限　　　B. 保险金额　　　C. 保险标的　　　D. 保险责任

9. 责任保险合同的保险标的是（　　　　）。

    A. 财产　　　　　　　　　　　　B. 财产及其有关利益

    C. 人的身体和寿命　　　　　　　D. 民事赔偿责任

三、多项选择题

1. 机动车辆保险的基本险包括（　　　　）。

    A. 车辆损失保险　　　　　　　　B. 车上责任险

    C. 车辆停驶损失险　　　　　　　D. 第三者责任险

2. 家庭财产保险包括（　　　　）。

    A. 普通家庭财产保险　　　　　　B. 家庭财产两全保险

    C. 各种附加险　　　　　　　　　D. 机动车辆保险

3. 影响企业保险费率的因素有（　　　　）。

    A. 投保险种　　　　　　　　　　B. 房屋的建筑结构

    C. 企业地理位置　　　　　　　　D. 历史损失数据

4. 货物运输保险包括（　　　　）。

    A. 国内水路、陆路货物运输保险

B. 国内航空货物运输保险

C. 海洋运输货物保险及各种附加险和特约保险

D. 飞机保险

四、判断题

1. 责任保险附加在各种财产保险承保之外，不可以单独承保。（　　　　）

2. 最大诚信原则，含义是指当事人真诚地向对方充分而准确的告知有关保险的所有重要事实，不允许存在任何虚伪、欺瞒、隐瞒行为。（　　　　）

3. 承担保险责任并不取决于时间上的接近，而是取决于导致保险损失的保险事故是否在承保范围内，如果存在多个原因导致保险损失，其中所起决定性、最有效的因素。（　　　　）

4. 重复保险分摊原则是指投保人向多个保险人重复保险时，投保人的索赔只能在保险人之间分摊，赔偿金额可以超过损失金额。（　　　　）

5. 不可以承保的家庭财产：金银、首饰、珠宝、钻石及制品。（　　　　）

五、简答题

1. 简述财产保险的概念与特征。

2. 简述财产保险的种类。

3. 简述企业财产保险标的。

4. 简述家庭财产保险的适用范围和保险责任。

六、论述题

1. 论述运输保险具有哪些特点？货物运输保险和运输工具保险的主要险种有哪些？

2. 论述企业财产基本险的保险责任和附加责任。

案例分析

从农业保险理赔案例透析农业保险知识

2007年3月，河南省正阳县农民张某承包了村里的3座温室大棚，承包期为3年，签订了承包合同后，张某便准备与其农学院毕业的儿子一起培育果树育苗，后经儿子提议应该给大棚上保险，父子俩便到当地的保险公司咨询，并为自家的3座大棚办理了农业温室大棚保险，同年7月驻马店地区连降大雨并伴有雷雨大风，在7月28日的晚上，张某的3座大棚倒塌了2座，导致大棚内的育苗也都遭受了损失，倒塌后第二天张某向保险公司报了案，保险公司理赔人员经过对现场实地勘查后，确定在保险责任范围内，就通知张某等待保险公司的赔偿结果就可以了，但是三天后保险公司却向张某出具了拒赔通知书，原因是保险公司向当地气象部门了解到，当天的暴风风力未达到保险责任规定的 8 级以上，故由此造成的责任保险公司不予以赔偿。张某不服保险公司的说法，向当地法院提起诉讼。

在本案中，张某认为其投保的温室大棚，在投保前已经对大棚的结构进行了详细的说明，是完全符合保险要求的，虽然当天的风力未达到 8 级以上，可是大棚的倒塌并不是因为 7 月 28 日一天的原因所吹倒的，在整个 7 月，正阳地区连续大雨大风，所以才导致 7 月 28 日晚上大棚的倒塌，大棚倒塌后自己的损失也很大。

而保险公司认为，在张某投保的保险合同上，已经详细注明了暴风、暴雨、暴雪等保险责任的相关说明。而保险公司也已经从气象台详细了解到，在 7 月 28 日之前一个星期内，正阳地区的暴风风力都未达到 8 级以上，而张某大棚的倒塌很有可能是由于大棚的承载结构不标准造成的，因此保险公司对于此次事故不承担保险责任。

讨论：

1. 保险公司是否应该对张某的温室大棚承担赔偿责任？

2. 通过此案例，请思考在农业财产保险上，对于投保标的有什么要求？

资料来源：从农业保险理赔案例透析农业保险知识 [J]. 吉林农业，2015（05）：48.

第 15 章　人身保险

理论要点

1. 人身保险的含义：指以人的生命或身体为保险标的，当被保险人在保险期限内发生死亡、伤残、疾病、年老等事故或生存至保险期满时给付保险金的保险业务。人身保险的保险标的包括人的生命和身体两个方面，人身保险的保险责任包括死亡、伤残、疾病、年老、满期等。

2. 人身保险的种类：人寿保险、人身意外伤害保险与健康保险按保障范围分类，人身保险可以分为人寿保险、人身意外伤害保险和健康保险。按保险期限分类，人身保险可以分为长期保险和短期保险；按投保方式分类，人身保险可以分为个人保险和团体保险；按被保险人的风险程度分类，人身保险可以分为标准体保险，次标准体保险和完美体保险。

3. 人身保险的特点：保险标的的不可估价性、保险金额的定额给付性、保险利益的特殊性、保险期限的长期性、生命风险的相对稳定性。

4. 人寿保险：是以被保险人的寿命为保险标的，以被保险人的生存或死亡为保险事故的一种人身保险业务。人寿保险所承保的风险可以是生存，也可以是死亡，也可以同时承保生存和死亡。在全部人身保险业务中，人寿保险占绝大部分，因而人寿保险是人身保险主要的和基本的险种。

5. 人寿保险的特点：生命风险的特殊性：以生命风险作为保险事故的人寿保险的主要风险是死亡率。对于死亡保险而言，死亡率越高则费率越高。保险标的的特殊性：人寿保险的保险标的是人的生命，而人的生命是很难用货币衡量其价值的。保险利益的特殊性：保险利益有量的规定性。

6. 人寿保险的种类：普通人寿保险：普通人寿保险分为死亡保险、生存保险、两全保险（又称生死合险）三大类。年金保险是生存保险的特殊形态，是指被保险人在生存期间每年给付一定金额的生存保险。简易人寿保险是指用简易的方法所经营的人寿保险。它是一种低保额、免体检、适应一般低工资收入职工需要的保险。团体人寿保险是用一张总的保险单对团体的成员及其生活依赖者提供人寿保险保障的保险。

7. 人身意外伤害保险：人身意外伤害保险必须有客观的意外事故发生，且事故原因是意外的、偶然的、不可预见的。意外死亡给付和意外伤残给付是意外伤害保险的基本责任，其派生责任包括医疗费用给付、误工给付、丧葬费给付和遗属生活费给付等责任。

8. 健康保险的定义：是以人的身体为对象，保证被保险人在保险期限内因疾病或意外事故所致伤害时的费用或损失获得补偿的一种保险。健康保险承保的主要内容有如下两大类：第一类是由于疾病或意外事故所致的医疗费用，第二类是由于疾病或意外伤害事故所致的收入损失。

9. 健康保险的种类：医疗保险、残疾收入补偿保险、重大疾病保险、护理保险。

实务要点

1. 收入补偿保险的给付方式：（1）按月或按周进行补偿。（2）给付期限，给付期限可以是短期或长期的。（3）推迟期，在残废后的前一段时间称为推迟期。在这期间不给付任何补偿，推迟期一般为 3 个月或 6 个月。全部残废给付金额一般比残废前的收入少一些，经常是原收入的 75% ~ 80%。部分残废给付 = 全部残废给付×（残废前的收入-残废后的收入）/残废前的收入。

2. 年金保险按照人数的划分方式：（1）个人年金。（2）联合年金，以两个或两个以上被保险人均以生存作为年金给付条件的称为联合年金，这种年金的给付，是在数个被保险人中头一个死亡时即停止其给付。（3）最后生存者年金，即是指年金的给付继续到其中最后一个生存者死亡为止，且给付金额保持不变。（4）联合及生存者年金，即是指年金的给付继续到其中最后一个生存者死亡为止，但给付金额根据仍存活的被保险人数进行相应的调整。

一、名词解释题

1. 人身保险
2. 人寿保险
3. 人身意外伤害保险
4. 健康保险

二、单项选择题

1. 被保人生存或者死亡为给付保险金条件的人身保险是（　　　　）。
   A. 年金保险　　　B. 人寿保险　　　C. 人身意外伤害保险　　　D. 健康保险

2. 定期寿险是指（   ）。

　　A. 以被保险人的生存满一定时期为给付保险金的保险

　　B. 以死亡为给付保险金条件，且保险期限为固定年限的人寿保险

　　C. 在规定期限内分期交付保险费的人寿保险

　　D. 在规定期限交纳一次交清保险费的人寿保险

3. 联合及生存者年金是指（   ）。

　　A. 以两个或两个以上的被保险人均生存为给付条件的年金

　　B. 以两个或两个以上的被保险人中至少有一个生存为给付条件且给付金额不发生变化的年金

　　C. 以两个或两个以上的被保险人中至少有一个生存为给付条件且给付金额随着被保险人数的减少而进行调整的年金

　　D. 以两个或两个以上的被保险人均死亡为给付条件的年金

4. 健康保险承保的主要内容是（   ）。

　　A. 因疾病或意外事故导致的医疗费用

　　B. 由于疾病或意外事故导致的费用或损失

　　C. 因疾病或意外事故导致的死亡

　　D. 由于疾病或意外事故导致的伤残

5. 合同成立后，超过一定期间后才开始给付的年金是（   ）。

　　A. 终身年金　　　　B. 确定年金　　　　C. 即期年金　　　　D. 延期年金

6. 健康保险合同（   ）条款中规定，被保险人在该期限内因疾病而支出的医疗费用及收入损失，保险人概不负责，待该期限结束后保险单才生效。

　　A. 免赔额　　　　B. 推迟期　　　　C. 观察期　　　　D. 责任期

三、多项选择题

1. 人身保险可分为（   ）。

　　A. 人寿保险　　　　　　　　　　B. 人身意外伤害保险

　　C. 健康保险　　　　　　　　　　D. 意外保险

2. 两全保险的纯保费由（   ）组成。

　　A. 危险保险费　　B. 储蓄保险费　　C. 生存保险费　　D. 死亡保险费

3. 意外伤害保险的保险责任的条件（   ）。

　　A. 被保险人在保险期限内遭受意外伤害

　　B. 被保险人在责任期限内死亡或残疾

　　C. 被保险人所受意外伤害是其死亡或残疾的直接原因或近因

　　D. 被保险人在责任期限内因疾病死亡

4. 意外伤害保险可以分为（　　　　　）。

    A. 不可保意外伤害　　　　　　　B. 特约保意外伤害保险

    C. 附加可保意外伤害　　　　　　D. 一般可保意外伤害

5. 特约保意外伤害包括（　　　　　）。

    A. 战争使被保险人遭受的意外伤害

    B. 被保险人在从事剧烈的体育活动或比赛中遭受的意外伤害

    C. 核辐射造成的意外伤害

    D. 医疗事故造成的意外伤害

6. 按被保险人的风险程度分为（　　　　　　）。

    A. 标准体保险　　　　　　　　　B. 次标准体保险

    C. 完美体保险　　　　　　　　　D. 分红保险

7. 人身保险的特点包括（　　　　　）。

    A. 保险标的的不可估价性　　　　B. 保险金额的定额给付性

    C. 保险利益的特殊性　　　　　　D. 保险期限的长期性

    E. 生命风险相对稳定性

8. 人寿保险的种类可分为（　　　　　）。

    A. 普通人寿保险　　　　　　　　B. 年金保险

    C. 简易人寿保险　　　　　　　　D. 团体人寿保险

9. 下列哪些属于人寿保险的常用条款（　　　　　）。

    A. 不可争议条款　　　　　　　　B. 年龄误告条款

    C. 宽限期条款　　　　　　　　　D. 复效条款

10. 健康保险的特征有（　　　　　）。

    A. 医疗保险　　　　　　　　　　B. 残疾收入补偿保险

    C. 养老保险　　　　　　　　　　D. 重大疾病保险

四、判断题

1. 人身保险的保险标的包括人的生命和身体两个方面，人身保险的保险责任包括死亡、伤残、疾病、年老、满期等。（　　　　）

2. 按保险期限分类，人身保险可以分为长期保险和短期保险。（　　　　）

3. 人身保险的保险标的是人的身体，人的身体是很难用货币衡量其价值的。（　　　　）

4. 人身保险的作用有经济保障、投资手段和稳定手段。（　　　　）

5. 按给付方式（或给付期限）划分，年金保险可以分为：终身年金、最低保证年金、短期年金。（　　　　）

6. 残废保险金数额的计算公式为：残废保险金＝保险金额×残废程度百分率。（　　　）

7. 健康保险的除外责任。堕胎导致的疾病、残废、流产、死亡等属除外责任。（　　　）

五、简答题

1. 简述人身保险的种类。

2. 简述人身保险的特点。

3. 简述人身意外保险的种类。

4. 简述健康保险的种类。

六、论述题

1. 试论述意外伤害保险的内容。

2. 试论述健康保险的内容。

案例分析

网上买的保险，当事人猝死后申请被拒，法院判决：
保险公司赔偿保险金30万元

　　2022年年底，李先生通过某小程序购买了一份意外险，保险责任包括意外身故赔偿50万元、意外医疗赔偿5万元、猝死赔偿30万元等，保险有效期为1年。2023年某一天，他突然倒地不起，后被送医救治。经医生急诊初步诊断认为李先生已经猝死，但在其家属请求下医院仍对李先生实施抢救。因情况紧急，在家属同意下，医生向李先生实行人工膜肺ECMO抢救，但由于李先生持续无稳定的自主循环，后因多器官衰竭，在72小时内被宣告死亡。李先生离世后，他的家人向某保险公司提出理赔。

　　该保险公司认为不属于保险合同约定的24小时内猝死，不符合猝死定义，拒绝理赔。无奈之下，李先生的家人将某保险公司告上了武汉东湖新技术开发区人民法院，要求某保险公司按照保险合同约定赔偿意外身故、意外医疗及猝死的金额。某保险公司辩称，保险条款中对猝死的定义为"指表面健康的人因潜在疾病、机能障碍或其他原因在出现症状后24小时内发生的非暴力性突然死亡。猝死的认定以医院的诊断和公安部门的鉴定为准"。根据武汉市某医院的住院病案显示，被保险人李先生于27日晚11时入院，至30日凌晨2时宣告死亡，已明显超过24小时，不属于保险合同约定的24小时内猝死，不符合猝死定义。

讨论：

1. 保险公司是否可以拒绝承担理赔责任？为什么？

2. 根据《中华人民共和国保险法》相关规定，保险人在订立人身保险合同时，应附格式条款，并对所有格式条款承担一般说明义务，对免除保险人责任条款承担提示和明确说明义务。谈谈人身意外保险合同中的免责条款是否任何情况下保险公司均可以免责。

资料来源：新浪财经头条网站. 网上买的保险，当事人猝死后申请被拒，法院判决：保险公司赔偿保险金 30 万元［EB/OL］. https：//cj. sina. com. cn/articles/view/1720962692/6693ce8402002p3ua.

基金篇

第 16 章　投资基金概述

理论要点

1. 投资基金的主要类别：按资金募集方式进行划分可以分为公募基金和私募基金；按法律形式进行划分可以分为契约型基金、公司型基金和有限合伙型基金；按运作方式进行划分可以分为开放式基金和封闭式基金；按所投资的对象划分可以分为传统投资基金和另类投资基金。

2. 证券投资基金的含义：证券投资基金是指通过发售基金份额，将众多不特定投资者的资金汇集起来形成独立财产，委托基金管理人进行投资管理，基金托管人进行财产管理，由基金投资人共享投资收益、共担投资风险的集合投资方式。

实务要点

1. 证券投资基金的运作环节：（1）基金的募集。（2）基金的投资管理。（3）基金资产的托管。（4）基金份额的登记交易。（5）基金的估值与会计核算。（6）基金的信息披露。（7）其他基金运作活动。

2. 证券投资基金的运作活动包括：（1）基金的市场营销：主要涉及基金份额的募集和客户服务。（2）基金的投资管理：体现了基金管理人的服务价值。（3）基金的后台管理：基金份额的注册登记、基金资产的估值、会计核算、信息披露等后台管理服务对保障基金的安全运作起着重要的作用。

3. 股权投资金的基本运作流程：募集阶段、投资阶段、投资后管理阶段和退出阶段。

一、名词解释题

1. 证券投资基金
2. 基金销售支付机构

二、单项选择题

1. 根据运作方式分类，可以将投资基金分为（　　　　）。

　　A. 契约型基金和公司型基金

　　B. 股票基金、债券基金、货币基金和混合基金

　　C. 公募基金和私募基金

　　D. 封闭式基金和开放式基金

2. 基金所投资的有价证券主要是在（　　　　）或银行间市场公开交易的证券。

　　A. 中央银行　　　　　　　　　　B. 基金管理公司

　　C. 期货交易所　　　　　　　　　D. 证券交易所

3. 投资基金中最主要的一种类别是（　　　　）。

　　A. 对冲基金　　　　　　　　　　B. 风险投资基金

　　C. 证券投资基金　　　　　　　　D. 另类投资基金

4. 股权投资基金又称（　　　　）。

　　A. 私人股权投资基金　　　　　　B. 证券投资基金

　　C. 股权类投资基金　　　　　　　D. 风险投资基金

5. 投资基金是一种（　　　　）。

　　A. 直接投资工具　　　　　　　　B. 间接投资工具

　　C. 直接和间接相结合的投资工具　D. 混合投资工具

6. 与其他金融工具相比较，投资基金是一种（　　　　）。

　　A. 债权凭证　　B. 收益凭证　　C. 信用凭证　　D. 受益凭证

7. （　　　　）是基于投资理论和极其复杂的金融市场操作技巧，充分利用各种金融衍生产品的杠杆效用，承担高风险、追求高收益的投资模式。

　　A. 风险投资基金　B. 证券投资基金　C. 另类投资基金　D. 对冲基金

8. 下列关于我国证券投资基金的表述，不正确的是（　　　　）。

　　A. 投资者通过购买基金份额方式直接进行证券投资

　　B. 每只基金都有一个基金合同

　　C. 证券投资基金是一种间接投资工具

　　D. 证券投资基金通过发行基金份额方式募集

9. 下列描述中属于描述对冲基金的是（　　　　）。

　　A. 是基于投资理论和极其复杂的金融市场操作技巧，充分利用各种金融衍生产品的杠杆效用，承担高风险、追求高收益的投资模式

　　B. 是投资于传统的股票、债券之外的金融和实物资产的基金

　　C. 以一定的方式吸收机构和个人的资金，投向于那些不具备上市资格的初创期

的或者是小型的新型企业

  D. 是对非上市企业进行的权益性投资

10. 风险投资基金又被称为（　　　　）。

  A. 封闭式基金 B. 开放式基金 C. 创业基金 D. 对冲基金

11. 下列表述中，属于私募基金的特征的是（　　　　）。

  A. 在信息披露、投资限制等方面没有监管要求，方式非常灵活

  B. 私募基金的法律形式均为有限合伙型

  C. 只能向特定投资者募集资金

  D. 对投资者的家庭财务水平有一定要求，对投资者能力没有要求

12. 人们日常接触到的投资基金分类，主要是按照（　　　）的不同进行区分的。

  A. 资金募集方式 B. 运作方式   C. 法律形式   D. 投资对象

13. （　　　　）是指通过发售基金份额，将众多不特定投资者的资金汇集起来，形成独立财产，委托基金管理人进行投资管理，基金托管人进行财产托管，由基金投资人共享投资收益、共担投资风险的集合投资方式。

  A. 不动产投资基金   B. 股权投资基金

  C. 另类投资基金   D. 证券投资基金

14. 同股票相比，证券投资基金的投资风险（　　　　）股票的投资风险。

  A. 大于   B. 等于   C. 小于   D. 基本接近

15. 下列关于证券投资基金称谓的叙述中，正确的是（　　　　）。

  A. 证券投资基金在英国被称为"共同基金"

  B. 证券投资基金在美国被称为"单位信托基金"

  C. 证券投资基金在日本被称为"证券投资信托基金"

  D. 证券投资基金在我国被称为"集合投资计划"

三、多项选择题

1. 基金投资的有价证券包括（　　　　）。

  A. 股票   B. 货币   C. 艺术品   D. 金融衍生工具

2. 下列哪项不是对另类投资基金的描述？（　　　　）

  A. 基于投资理论和极其复杂的金融市场操作技巧，充分利用各种金融衍生产品的杠杆效用，承担高风险、追求高收益

  B. 依照利益共享、风险共担的原则，将分散在投资者手中的资金集中起来委托专业投资机构进行证券投资

  C. 投资于传统的股票、债券之外的金融和实物资产

D. 以一定的方式吸收机构和个人的资金，投向于那些不具备上市资格的初创期的或者是小型的新型企业

3. 下列关于投资基金投资方式的表述中，正确的是（　　　　　）。

    A. 组合投资　　　　B. 分散经营　　　　C. 利益共享　　　　D. 风险共担

4. 投资基金运作中的主要当事人包括（　　　　　）。

    A. 基金投资者　　　B. 基金管理人　　　C. 基金托管人　　　D. 基金销售人

5. 公募基金行业规范的内容包括（　　　　　）。

    A. 信息披露　　　　　　　　　　　　B. 投资者的投资能力

    C. 利润分配　　　　　　　　　　　　D. 投资限制

6. 下列关于基金与股票、债券的差异的说法中，正确的是（　　　　　）。

    A. 反映的经济关系不同　　　　　　　B. 所筹资金的投向不同

    C. 投资收益相同　　　　　　　　　　D. 投资收益与风险大小不同

7. 以下属于股权投资基金特点的是（　　　　　）。

    A. 投资期限长、流动性较差　　　　　B. 投资后管理投入资源较多

    C. 投资收益稳定　　　　　　　　　　D. 专业性较强

8. 关于股权投资基金的投资对象私人股权，包括（　　　　　）。

    A. 上市企业非公开发行和交易的依法可转换为普通股的优先股

    B. 上市企业公开发行和交易的普通股

    C. 上市企业非公开发行和交易的依法可转换为普通股的可转换债券

    D. 未上市企业的股权

9. 关于股权投资基金的基本运作模式和特点，下列说法正确的是（　　　　　）。

    A. 股权投资基金的高风险主要体现为不同投资项目的收益呈现较大的差异性，通常投资于价值被低估但相对成熟的企业

    B. 股权投资基金对于专业性的要求较高，体现出较明显的智力密集型特征，人力资本对于股权投资基金的成功运作发挥决定性作用

    C. 股权投资基金的基金份额流动性较差，在基金清算前，基金份额的转让或投资者的退出都具有一定难度

    D. 从资本流动的角度出发，资本先是从投资者流向股权投资基金，经过基金管理人的投资运作再流入被投资企业

10. 下列关于证券投资基金的叙述中，正确的是（　　　　　）。

    A. 证券投资基金是一种集合投资方式

    B. 证券投资基金反映的是一种信托关系

    C. 证券投资基金在美国被称为"单位信托基金"

    D. 证券投资基金是一种间接通过基金管理人代理投资的一种方式

四、判断题

1. 基金相对债券风险更低。（   ）

2. 基金管理人负责基金的投资管理和运作。（   ）

3. 基金投资收益依据投资者所持有的基金份额比例进行分配。（   ）

4. 基金投资收益依据投资管理人的投资业绩按一定比例分配给基金管理人。（   ）

5. 相对于证券投资基金，股权投资基金具有投资期限长、流动性较差等特点。（   ）

五、简答题

简要说明证券投资基金的特点。

案例分析

作为私募基金行业的"顶流"，百亿元级私募机构的持仓情况一直备受市场关注。随着 A 股上市公司 2024 年半年报披露收官，多家百亿元级私募机构的最新持仓情况也揭晓。私募排排网数据显示，共有 33 家百亿元级私募机构旗下产品，出现在 229 家 A 股上市公司 2024 年半年报的前十大流通股股东名单中，合计持股市值为 687.66 亿元。

从持仓情况来看，电子、基础化工、机械设备、医药生物、计算机五大行业受到百亿元级私募机构偏爱。同时，多数私募机构对后市持乐观态度，并表示将继续挖掘优质成长股。

讨论：

1. 投资基金属于直接投资工具还是间接投资工具？

2. 筹集到的资金可投资于哪些资产？案例中的私募基金有何特点？

第 17 章 证券投资基金的类型

📚 理论要点

1. 证券投资基金的分类：根据投资对象将证券投资基金划分为：（1）股票基金。（2）债券基金。（3）货币市场基金。（4）混合基金。（5）基金中基金（FOF）。（6）另类投资基金。根据投资目标进行分类证券投资基金可划分为：（1）增长型基金。（2）收入型基金。（3）平衡型基金。根据投资理念证券投资基金可划分为：（1）主动型基金。（2）被动型基金（指数基金）。

2. 股票基金的分类：股票基金按投资市场进行划分可以分为：（1）国内股票基金。（2）国外股票基金。（3）全球股票基金。按股票规模划分可以分为：（1）小盘股票基金。（2）中盘股票基金。（3）大盘股票基金。按股票性质进行划分为：（1）价值型股票基金。（2）成长型股票基金。（3）平衡型基金。按行业划分为：（1）行业股票基金。（2）行业轮换型基金。根据投资理念划分为：（1）主动型基金。（2）被动型基金。根据资金来源和用途划分为：（1）在岸基金。（2）离岸基金。（3）国际基金。

📚 实务要点

1. 避险策略基金的投资策略：（1）对冲保险策略：主要依赖金融衍生产品，如股票期权、股指期货等，实现投资组合价值的保本与增值。国际成熟市场的保本投资策略目前较多采用衍生金融工具进行操作。（2）固定比例投资组合保险策略：固定比例投资组合保险策略是一种通过比较投资组合现时净值与投资组合价值底线，从而动态调整投资组合中风险资产与保本资产的比例，以兼顾保本与增值目标的保本策略。

2. 混合基金的类型：根据基金资产投资范围与比例及投资策略，混合基金可分为七个二级类别，即偏股型基金、偏债型基金、灵活配置型基金、保本型基金、避险策略型基金、绝对收益目标基金、其他混合型基金。

一、名词解释题

1. 避险策略基金

2. 债券基金

二、单项选择题

1. 下列选项中属于商品基金的是（　　　　）。

    A. 黄金 ETF 和黄金期货　　　　　　　B. 黄金 ETF 和商品期货 ETF

    C. 黄金期货和商品期货 ETF　　　　　　D. 黄金 ETF、黄金期货和商品期货 ETF

2. 既注重资本增值又注重当期收入的基金是（　　　　）。

    A. 指数基金　　　　B. 增长型基金　　　　C. 收入型基金　　　　D. 平衡型基金

3. 以追求稳定的经常性收入为基本目标的基金是（　　　　）。

    A. 指数基金　　　　B. 成长型基金　　　　C. 收入型基金　　　　D. 平衡型基金

4. 下列关于增长、收入、平衡型基金风险与收益大小的比较，正确的是（　　　　）。

    A. 增长型基金的风险>收入型基金的风险>平衡型基金的风险

    B. 收入型基金的风险>增长型基金的风险>平衡型基金的风险

    C. 收入型基金的收益>平衡型基金的收益>增长型基金的收益

    D. 增长型基金的收益>平衡型基金的收益>收入型基金的收益

5. 增长型基金是主要以（　　　　）为投资对象的证券。

    A. 大盘蓝筹股　　　　　　　　　　　B. 公司债

    C. 政府债券　　　　　　　　　　　　D. 良好增长潜力的股票

6. 下列关于特殊类型基金的表述中，正确的是（　　　　）。

    A. 60%以上的基金资产投资于其他基金份额的为 FOF

    B. LOF 采用完全被动式管理方法

    C. ETF 具有指数基金的特点

    D. 分级基金又称伞形基金

7. 对（　　　　）而言，基金业绩的比较应该在同一类别中进行才公平合理。

    A. 基金投资者　　　　　　　　　　　B. 监管部门

    C. 基金研究评价机构　　　　　　　　D. 基金管理公司

8. 基金资产（　　　　）投资于股票为股票基金。

    A. 60%以上　　　　B. 70%以上　　　　C. 80%以上　　　　D. 90%以上

9. 关于债券基金，下列说法正确的是（　　　　）。

    A. 无法定期分配收益　　　　　　　　B. 收益率易于预测

C. 可以计算平均到期日　　　　　　D. 利率风险波动性大

10. 同时投资于价值型股票与成长型股票的基金被称为（　　　　）。

A. 混合型基金　　B. 平衡型基金　　C. 稳定型基金　　D. 封闭式基金

三、多项选择题

1. 关于股票基金，下列说法正确的有（　　　　）。

A. 股票基金是各国广泛采用的基金类型

B. 根据中国证监会的基金分类标准，50%以上的基金资产投资于股票的为股票基金

C. 根据中国证监会的基金分类标准，80%以上的基金资产投资于股票的为股票基金

D. 主要投资于股票

2. 下列关于上市交易型开放式指数基金的描述正确的是（　　　　）。

A. 在交易所上市交易　　　　　　B. 基金份额可变

C. ETF 最早产生于美国　　　　　D. 有指数基金的特点

3. 下列选项属于公募另类投资基金的是（　　　　）。

A. 商品基金　　　　　　　　　　B. 非上市股权基金

C. 房地产基金　　　　　　　　　D. 混合基金

4. 下列关于基金分类意义的表述中，正确的是（　　　　）。

A. 有助于投资者做出正确的投资选择　B. 使得基金业绩比较更公平合理

C. 基金资产评估是基金评级的基础　　D. 有助于实施更有效的分类监管

5. 关于股票基金的特点，以下表述正确的是（　　　　）。

A. 风险较高，但预期收益也较高

B. 以追求长期的资本增值为目标

C. 应对通货膨胀有效的手段

D. 适合短期波段操作，通过买卖价差盈利

6. 下列关于股票基金的说法，正确的是（　　　　）。

A. 股票基金的价格在每一个交易日内始终处于变化之中

B. 与其他类型基金相比，股票基金的风险较高，但预期收益也较高

C. 股票基金每天只进行一次净值计算，因此每一交易日只有一个价格

D. 股票型基金 80%以上的资产为股票资产

7. 下列关于债券基金和债券的区别表述正确的是（　　　　）。

A. 收益不同　　　　　　　　　　B. 投资风险不同

C. 到期日不同　　　　　　　　　D. 投资渠道不同

8. 以下关于一篮子股票组合的股票基金的说法，错误的是（　　　　　）。

　　A. 每一交易日股票基金不只有一个价格

　　B. 股票基金份额净值不会由于买卖基金数量或申购、赎回数量的多少而受到影响

　　C. 对股票基金份额净值高低进行合理与否的判断是有意义的

　　D. 投资风险高于单一股票的投资风险

四、判断题

1. 股票基金份额净值不会由于买卖基金数量或申购、赎回数量的多少而受到影响。（　　　　）

2. 债券基金主要以债券为投资对象，因此对追求稳定收入的投资者具有较强的吸引力。（　　　　）

3. 投资股票基金时，可以对基金份额净值高低的合理性进行评判。（　　　　）

4. 价值型股票可以细分为低市盈率股、蓝筹股、收益型股票、防御型股票、逆势型股票等。（　　　　）

5. 在境外募集资金进行境内证券投资的机构称为合格境内机构投资者。（　　　　）

五、简答题

　　QDII 基金可投资哪些金融产品或工具？

案例分析

嘉实农业产业股票型证券投资基金 2024 年第三季度报告节选

　　基金产品概况：

　　基金简称：嘉实农业产业股票

　　基金主代码：003634

　　基金运作方式：契约型开放式

　　基金合同生效日：2016 年 12 月 7 日

　　报告期末基金份额总额：1282955699.62 份

　　投资目标：本基金通过投资于农业产业中具有长期稳定成长性的上市公司，在风险可控的前提下力争获取超越业绩比较基准的收益。

　　投资策略：本基金将及时跟踪市场环境变化，根据宏观经济运行态势、宏观

经济政策变化、证券市场运行状况、国际市场变化情况等因素的深入研究，判断证券市场的发展趋势，结合行业状况、公司价值性和成长性分析，综合评价各类资产的风险收益水平。本基金所界定的农业产业股票主要是指农林牧渔行业及与其密切相关的上市公司。本基金根据农业产业的范畴选出备选股票池，并在此基础上通过自上而下及自下而上相结合的方法挖掘优质的上市公司，构建股票投资组合。

业绩比较基准：

申万农林牧渔指数收益率×80%＋中债总指数收益率×20%

风险收益特征：本基金为股票型证券投资基金，属于较高预期风险和预期收益的证券投资基金品种，其预期风险和预期收益高于混合型基金、债券型基金和货币市场基金。

报告期内基金的投资策略和运作分析

生猪养殖：

第三季度猪价偏强运行，7月中上旬短暂回调后，一路到8月中旬连续上涨创新高达到21元/公斤附近，随后高价抑制消费、二次育肥出栏下，月底猪价回落至17~18元/公斤附近。国庆期间全国猪价先跌后涨，整体价格走势相比节前持平略降，10月7日全国均价17.63元/公斤。

第四季度目前看行业供需两侧均有增量预期，春节前猪价不存在大幅下跌的基础，近期肥猪—标猪价差走扩，或带动猪价企稳回升。

从产能角度来看，2024年也是历史上首次景气顶部行业扩产幅度小甚至去产能年份（8月猪价高点、农业农村部8月母猪去化0.1%；节前7公斤仔猪价格已跌破300元每头，距高点腰斩以上）；因此虽然2025年猪价会呈回落趋势，但是市场已经有较悲观预期，25年下半年至26年猪价表现或好于预期。

行业成本方差仍然较大、悲观预期下补栏空前谨慎，因此本轮猪周期或为优质企业的盈利长周期，而非猪价大周期，龙头财务状况和资本回报有望持续超预期。猪价的上涨叠加成本的下降带动了养殖盈利能力的持续提升。

高点已过的预期下，周期节奏虽然不占优，但是当前估值已经充分反映猪价的下行预期，而猪肉需求是下有低、景气预期改善也有弹性的。因此无需纠结本轮周期猪价的绝对高度，养殖板块综合盈利能力的提升是板块中长期估值提升的关键。

种业：

转基因生产经营许可证于2023年12月26日正式下发。至此，品种审定证书和生产经营许可证均落地。首批转基因种子现已可合法进入流通渠道。2024年是种业板块正式兑现转基因相关销售收入的年份，相关公司在情绪性杀跌调整后，逐步到了可以看业绩和估值的阶段。

第二季度和第三季度为销售淡季，种企在业绩上面没太多催化，我们重点跟踪第三季度预收款情况和明年的制种面积规划。

宠物食品：

海外国内均呈现恢复趋势，海外宠物需求仍然旺盛，国内已进入品牌竞争时代，集中度有望提升。而头部企业海外布局优势大，国内品牌投入也将逐步进入收获期，"6·18"宠物消费再度跑赢大盘。

总体来看，第三季度我们继续保持了"养殖链+种植链+食品饮料"的配置结构，结构上适当加大生猪养殖和低估值食品仓位，减少动保、种子仓位。

报告期内基金的业绩表现：

截至本报告期末嘉实农业产业股票 A 基金份额净值为 1.4185 元，本报告期基金份额净值增长率为-0.48%；截至本报告期末嘉实农业产业股票 C 基金份额净值为 0.6501 元，本报告期基金份额净值增长率为-0.63%；业绩比较基准收益率为 7.75%。

讨论：

结合案例资料，讨论基金的投资策略。

资料来源：东方财富．嘉实农业产业股票型证券投资基金 2024 年第三季度报告 [EB/OL]．https：//data.eastmoney.com/notices/detail/015468/AN20241025 1640477676.html.

第18章　股权投资基金分类

📚 理论要点

1. **创业投资和创业投资基金**：创业投资是指向处于创建或重建过程中的未上市成长性创业企业进行股权投资，以期所投资创业企业发育成熟或相对成熟后，通过股权转让获取资本增值收益的投资方式。创业投资基金通过注资的形式对企业的增量股权进行投资，为企业发展提供所需的资金。

2. **公司型基金、合伙型基金与信托（契约）型基金**：公司型基金是指投资者依据《中华人民共和国公司法》（以下简称《公司法》），通过出资形成一个独立的公司法人实体，由公司法人实体自行或委托专业基金管理人进行管理的股权投资基金；合伙型基金是指投资者依据《中华人民共和国合伙企业法》（以下简称《合伙企业法》）成立有限合伙企业，由普通合伙人对合伙债务承担无限连带责任，由基金管理人具体负责投资运作的股权投资基金；信托（契约）型基金是指通过订立信托契约的形式设立的股权投资基金。

3. **股权投资母基金、人民币基金和外币基金**：股权投资母基金是以股权投资基金为主要投资对象的基金，即基金中的基金；人民币股权投资基金是指依据中国法律在中国境内设立的主要以人民币对中国境内非公开交易股权进行投资的股权投资基金；外币股权投资基金是指依据中国境外的相关法律在中国境外设立，主要以外币对中国境内的企业进行投资的股权投资基金。

📚 实务要点

1. **创业投资基金的运作特点**：创业投资基金的投资对象是未上市成长性创业企业，运用的投资方式主要是参股性投资，控股性投资处于次要地位。创业投资基金的投资使用基金自有资金进行投资，通常不借助杠杆，基金的投资收益主要来源于被投资企业的价值创造带来的股权增值。

2. **杠杆收购基金的投资对象具体特征**：处于成熟行业；强劲、稳固的市场地位；

稳定、可预测的现金流；抵押资产基础强大；资产负债率较低；资本性支出较低；有减少开支的潜力；资产可剥离。而对于杠杆收购基金的投资分析我们主要借助构建杠杆收购财务模型来分析。

3. 股权投资母基金分类：一级投资、二级投资和直接投资。

一、名词解释题

1. 信托（契约）型基金

2. 股权投资母基金

二、单项选择题

1. （　　　　）是指主要对企业进行财务性并购投资的股权投资基金。

　　A. 狭义创业投资基金　　　　　　　　B. 并购基金

　　C. 不动产基金　　　　　　　　　　　D. 定向增发投资基金

2. 创业投资基金的投资方式通常采取（　　　　）。

　　A. 参股性投资　　B. 控股性投资　　C. 多点投资　　D. 定点投资

3. 创业投资基金通常不借助杠杆，以（　　　　）资金进行投资。

　　A. 银行借贷　　B. 众筹　　C. 基金的自有　　D. 创业者的自有

4. 并购基金能与战略投资者在收购中竞价的主要原因是（　　　　）。

　　A. 具有更雄厚的自有资金规模　　　　B. 通常采取更高的杠杆率

　　C. 具有更先进的管理技术　　　　　　D. 具有更大的市场影响力

5. 以下关于合伙型基金的特点说法错误的是（　　　　）。

　　A. 合伙型基金本质上是一种合伙关系

　　B. 普通合伙人对合伙企业债务承担有限责任

　　C. 合伙型基金有利于避免双重纳税

　　D. 有限合伙企业并不是独立的法人，不能独立于合伙人而存在

6. 下列关于契约型基金的说法中，正确的是（　　　　）。

　　A. 契约型基金具有独立法人地位

　　B. 契约型基金的参与主体主要为基金投资者和基金管理人两类

　　C. 按照公司章程来经营

　　D. 基金投资者通过购买基金份额，享有基金投资收益

7. 关于信托（契约）型股权投资基金，说法错误的是（　　　　）。

　　A. 基金不具有独立的法人地位

　　B. 基金管理人依据基金合同负责基金的经营和管理操作

　　C. 基金投资者以其出资为限承担责任

　　D. 基金托管人负责保管基金资产，自行执行相关指令，办理基金名下的资金
　　　往来

8. 公司型股权投资基金的投资者是（　　　　　）。

　　A. 基金公司董事　　　　　　　　B. 基金公司股东

　　C. 基金投资决策委员会委员　　　D. 基金风险控制者

三、多项选择题

1. 以下关于创业投资和创业投资基金说法正确的是（　　　　　）。

　　A. 创业投资基金，是指主要投资于处于各个创业阶段的未上市成长性企业的股
　　　权投资基金

　　B. 创业投资基金通过注资的形式对企业的增量股权进行投资，从而为企业提供
　　　发展所需的资金

　　C. 创业投资可以采取非组织化形式和组织化形式

　　D. 创业投资的投资对象是指对早期、中期企业的投资

2. 以下关于并购基金的描述，正确的是（　　　　　）。

　　A. 并购基金，是指主要对企业进行财务性并购投资的股权投资基金

　　B. 并购基金通过购买股权的形式对企业的存量股权进行投资，并不为企业提供
　　　任何资金

　　C. 并购基金作为财务投资者，在收购中一般会产生协同效应

　　D. 并购基金之所以能够与战略投资者在收购中竞价，主要是因为其在收购中通
　　　常采取更高的杠杆率

3. 下列关于创业投资基金和并购基金描述正确的是（　　　　　）。

　　A. 创业投资基金是指主要投资于处于各个创业阶段的未上市成长性企业的股权
　　　投资基金

　　B. 并购基金是指主要对企业进行财务性并购投资的股权投资基金

　　C. 创业投资基金的投资对象主要是未上市成长性创业企业

　　D. 并购基金从杠杆应用看，一般不借助杠杆

4. 以下关于并购基金的表述不正确的是（　　　　　）。

　　A. 并购基金往往通过注资的形式对企业的增量股权进行投资

　　B. 并购基金因规模较大，往往以自有资金进行并购

　　C. 并购基金的收益主要来源于因管理增值带来的股权增值

　　D. 并购基金投资对象主要是成长期企业

5. 下列属于股权投资基金分类方式的是（　　　　　）。

　　A. 按投资领域分类　　　　　　　　B. 按组织形式分类

C. 按资金性质分类　　　　　　　D. 按投资者类型分类

6. 下列关于创业投资基金运作特点的说法正确的是（　　　　　）。

   A. 从杠杆应用看，一般借助杠杆，以基金的自有资金进行投资

   B. 从投资对象看，主要是未上市成长性创业企业

   C. 从投资方式看，通常采取参股性投资，较少采取控股性投资

   D. 从投资收益看，主要来源于所投资企业的因价值创造带来的股权增值

7. 下列说法中，正确的是（　　　　　）。

   A. 合伙型基金由普通合伙人对合伙债务承担无限连带责任

   B. 合伙型基金的参与主体中，有限合伙人参与投资决策

   C. 契约型基金不具有法律实体地位

   D. 契约型基金的本质是一种信托关系

四、判断题

1. 公司型基金的参与主体主要为投资者和基金管理人。（　　　　　）

2. 公司型基金通过订立信托契约的形式设立的股权投资基金。（　　　　　）

3. 投资于单只股权投资基金的风险较高，极高内部收益率（IRR）和极低内部收益率出现的可能性较大。（　　　　　）

4. 母基金的收益率通常比其主要投资类型（创业投资基金和并购基金）的平均收益率低。（　　　　　）

5. 二级投资是指母基金在股权投资基金募集设立完成后，对存续基金或其投资组合公司进行投资。（　　　　　）

五、简答题

比较公司型基金、合伙型基金和信托（契约）型基金的区别和联系。

案例分析

河南现代农业基金运营取得较好成效

2015 年，河南省财政整合农业产业化集群发展资金、农业结构调整补助资金、新型农业生产经营主体补助资金、奶业工程资金等财政专项资金 1.4 亿元作为政府出资，按不低于 1∶2 的比例吸引社会资本共同设立了首期现代农业基金，由省农业综合开发公司专业团队负责管理运营。截至 2021 年 6 月，现代农业基金已设立运营四期，总规模为 12.93 亿元，投资项目 29 个，投资额为 9.598 亿元，基金

投资运营取得较好效果。四期现代农业基金省财政出资 4.4 亿元，撬动社会资本 8.53 亿元，财政资金放大近 2 倍。基金股权投资降低了企业资产负债率，优化了资本结构，显著提高了企业融资能力，有效缓解了企业融资难、融资贵难题。

基金按照"政府引导、社会参与、专业管理、市场运作"的原则运营，涉企财政资金分配实现了"直接变间接、无偿变有偿"，提高了财政资金分配的公平性和使用效率，促进了政府职能转变。一是政府负责制定产业政策和发展方向，规定基金投资方向和范围，不再审批具体投资项目，减少了对微观经济主体的直接干预。二是基金通过股权方式投资，在投资到期、项目做大做强后有偿退出，有助于企业间公平竞争，减少了资金无偿分配过程中的不公平现象。三是采用市场化运作、专业化管理的方式，筛选具有良好发展前景的项目进行支持，提高了财政资金使用效率。

讨论：

1. 结合案例资料，讨论股权投资基金管理人的职责有哪些？

2. 简要介绍案例中基金投资范围。

资料来源：张淑杰. 河南：探索农业综合开发产业化基金运作新途径 [J]. 中国财政，2015（20）：57-58.

第 19 章　基金的募集、交易、登记和设立

理论要点

1. **基金募集的程序**：（1）募集资金申请。（2）基金募集申请的注册。（3）基金份额的发售。（4）基金合同生效。

2. **封闭式基金上市交易的条件**：（1）基金的募集符合《中华人民共和国证券投资基金法》规定。（2）基金合同期限为五年以上。（3）基金募集金额不低于 2 亿元。（4）基金份额持有人不少于 1000 人。（5）基金份额上市交易规则规定的其他条件。

实务要点

1. **股权投资基金的募集一般流程**：（1）募集筹备期。（2）基金路演期。（3）投资者确认。（4）协议签署及出资。

2. **开放式基金认购费率与认购份额的计算**：净认购金额＝认购金额÷（1+认购费率）；认购费用＝认购金额−净认购金额（对于适用固定金额认购费的认购，其认购费用与固定认购费金额相等）；认购份额＝（净认购金额+认购利息）÷基金份额面值。

3. **股票基金、债券基金的申购和赎回原则**：（1）未知价交易原则。（2）金额申购、份额赎回原则。申购申报单位为 1 元，申购金额应当为 1 元的整数倍，且不低于 1000 元；赎回申报单位为 1 份基金份额，赎回应当为整数份额。

4. **货币市场基金的申购和赎回原则**：（1）确定价原则，以 1 元为基准进行计算。（2）金额申购份额赎回原则。

5. **ETF 份额上市交易的规则**：（1）上市首日的开盘参考价为前一工作日基金份额净值。（2）实行价格涨跌幅限制，涨跌幅比例为 10%，自上市首日起实行。（3）买入申报数量为 100 份或其整数倍，不足 100 份的部分可以卖出。（4）申

报价格最小变动单位为 0.001 元。

6. LOF 基金交易规则：（1）买入 LOF 申报数量应当为 100 份或其整数倍，申报价格的最小变动单位为 0.001 元。（2）深圳证券交易所对 LOF 交易实行价格涨跌易幅限制涨跌幅比例为 10%，自上市首日起执行。（3）投资者 T 日卖出基金份额后，资金 T+1 日即可到账（T 日也可做回转交易），而赎回资金至少 T+2 日到账。

一、名词解释题

1. 开放式基金份额转换

2. 分级基金份额的合并募集

3. 分级基金份额的分开募集

二、单项选择题

1. 开放式基金的认购采取（　　　　）的方式。

　　A. 金额认购　　　　　　　　　　　B. 基金份额认购

　　C. 股票份额认购　　　　　　　　　D. 证券认购

2. 基金募集期限届满时，基金合同的生效条件之一是：开放式基金的基金份额持有人的人数不少于（　　　　）人。

　　A. 100　　　　　　B. 150　　　　　　C. 200　　　　　　D. 300

3. 目前我国分开募集的分级基金仅限于（　　　　）分级基金。

　　A. 股票型　　　　B. 基金型　　　　C. 债券型　　　　D. 场外认购型

4. 场外认购的 LOF 份额注册登记在（　　　　）。

　　A. 基金托管人的注册登记系统

　　B. 中国证券登记结算有限责任公司的开放式基金注册登记系统

　　C. 基金管理人的注册登记系统

　　D. 中央国债登记结算公司的注册登记系统

5. 基金募集期限届满，基金不满足有关募集要求的，基金募集失败，基金管理人应承担的责任是（　　　　）。

　　A. 以固有财产承担因募集行为而产生的债务和费用

　　B. 以募集资本承担因募集行为而产生的债务和费用

　　C. 在基金募集期限届满后 60 日内返还投资者已缴纳的款项，并加计银行同期存款利息

　　D. 在基金募集期限届满后 90 日内返还投资者已缴纳的款项，并加计银行同期存款利息

6. 发起式基金的基金合同生效 3 年后，若基金资产净值低于（　　　　）亿元的，基金合同自动终止。

A. 3　　　　　　　　B. 2　　　　　　　　C. 5　　　　　　　　D. 2. 5

7. 目前，我国股票型基金的认购费率一般按照认购金额设置不同的费率标准，最高一般不超过（　　　　）%。

A. 1　　　　　　　　B. 1. 5　　　　　　　C. 0. 5　　　　　　　D. 2

8. 某投资者投资 3 万元认购某开放式基金，认购资金在募集期间产生的利息为 5 元，其对应的认购费率为 1. 8%，基金份额面值为 1 元，则基金净认购金额为（　　　　）元。

A. 29469. 55　　　　　　　　　　　B. 28389. 45

C. 13985. 33　　　　　　　　　　　D. 26934. 54

三、多项选择题

1. 申请公开募集基金应提交的主要文件包括（　　　　）。

A. 基金募集申请报告　　　　　　B. 招募说明书草案

C. 基金合同草案　　　　　　　　D. 主要股东或者合伙人名单

2. 下列说法中，正确的是（　　　　）。

A. 基金管理人可以根据产品特点确定 QDII 基金份额面值的大小

B. QDII 基金份额只能用人民币认购

C. 目前我国分开募集的分级基金仅限于债券型分级基金

D. 分级基金在募集期间可以通过基金管理人及其销售机构的营业网点进行场外认购

3. 下列关于基金募集申请注册的表述，正确的是（　　　　）。

A. 自受理基金募集申请之日起 6 个月内可以获知注册或者不予注册的决定

B. 对常规基金产品，按照简易程序注册，注册审查时间原则上不超过 20 个工作日

C. 对常规基金产品以外的产品，按照普通程序注册，注册审查时间不超过 6 个月

D. 基金募集申请经中国人民银行注册后方可发售基金份额

4. 关于封闭式基金份额的上市交易条件的表述，正确的是（　　　　）。

A. 基金合同期限为 5 年以上

B. 基金募集金额不低于 2 亿元

C. 封闭式基金份额总额达到核准规模的 80% 以上

D. 基金份额持有人不少于 1000 人

5. 下列关于 ETF 份额申购和赎回原则，说法正确的是（　　　　　）。

　　A. 场内申购和赎回均以份额申请

　　B. 场外申购和赎回 ETF 时，申购对价和赎回对价均为现金

　　C. 申购和赎回申请提交后不得撤销

　　D. 场外申购和赎回均以金额申请

6. 关于开放式基金申购费用的收取，以下说法正确的是（　　　　　）。

　　A. 可以根据申购金额不同分段设置费率

　　B. 基金销售机构不得对基金销售费用实行优惠

　　C. 可以采用在赎回时从赎回金额中扣除的方式

　　D. 可以根据投资人持有期限不同分段设置费率

四、判断题

1. 分开募集的分级基金，仅以子代码上市交易，母基金既不上市也不申购、赎回。（　　　）

2. 股票基金、债券基金的申购和赎回可以使用份额申购，金额赎回原则。（　　　）

3. 货币市场基金的申购和赎回可以使用金额申购，份额赎回原则。（　　　）

4. 清算是按照确定的规则计算出基金当事各方应收应付资金数额的行为。（　　　）

5. 交收是基金当事各方根据确定的清算结果进行资金的收付，从而完成整个交易过程。（　　　）

6. 资金清算是注册登记机构为明确所有的投资者申购和赎回数据信息而进行。（　　　）

五、简答题

封闭式基金上市交易的条件有哪些？

案例分析

某农业基金基本情况如下：

基金全称：A 企业变革股票型证券投资基金

基金简称：A 企业变革股票

基金代码：001036（前端）

发行日期：2015 年 1 月 26 日

成立日期/规模：2015 年 2 月 12 日/18.254 亿份

资产规模：7.52 亿元（截至 2022 年 12 月 31 日）

份额规模：4.4110 亿份（截至 2022 年 12 月 31 日）

基金管理人：A 基金

基金经理人：谢某某

基金托管人：工商银行基金经理人

分红：每份累计 0.00 元（0 次）

管理费率：1.50%（每年）

托管费率：0.25%（每年）

最高认购费率：1.20%（前端）

最高赎回费率：1.50%（前端）

业绩比较基准：沪深 300 指数收益率×80%＋中证综合债券指数收益率×20%跟踪标的

投资目标：本基金主要投资于企业变革主题相关的股票，深入挖掘上市公司发生变革带来效率提升或者跨越发展的投资机遇。在严格控制风险的前提下，力争实现基金资产的长期稳定增值。

讨论：

结合案例资料，讨论股权投资基金管理人的职责有哪些？

资料来源：由笔者根据公开材料整理得出。

第 20 章　基金的信息披露

理论要点

基金信息披露的原则：（1）真实性原则（最根本、最重要的原则）：要求披露的信息应当以客观事实为基础，反映信息的真实状态。（2）准确性原则：要求用精确的语言披露信息在内容和表达方式上做到准确，不得使人误解。（3）完整性原则：要求披露所有可能影响投资者决策的信息，即所有重大的信息。（4）时性原则：要求以最快的速度公开信息。（5）公平性原则：要求将信息向市场上所有的投资者平等、公开地披露，而不应有所偏颇。

实务要点

1. 基金合同成立的条件：投资者交纳基金份额认购款项，表明投资者对公募基金的承认和接受。

2. 基金招募说明书包含的重要信息：（1）基金投资目标、投资范围、投资策略、业绩比较基准、风险收益特征投资限制等（最为重要的信息）。（2）基金运作方式。（3）从基金资产中列支的费用的种类、计提标准和方式。（4）基金份额的发售、交易、申购、赎回的约定，特别是买卖基金费用的相关条款。（5）基金资产净值的计算方法和公告方式。（6）基金风险提示。（7）招募说明书摘要。

一、名词解释题

1. 基金托管协议
2. 基金信息披露

二、单项选择题

1. 下列属于基金定期报告的是（　　　　）。

　　A. 基金年度报告　　　　　　　　　　B. 基金合同

　　C. 基金招募说明书　　　　　　　　　D. 基金托管协议

2. 会计师事务所根据《证券投资基金信息披露管理办法》，需要出具审计报告的是（　　　　　）。

　　A. 季度报告　　　　B. 月度报告　　　　C. 年度报告　　　　D. 半年报告

3. 基金信息披露义务人不包括（　　　　　　）。

　　A. 基金管理人

　　B. 基金代销机构

　　C. 基金托管人

　　D. 召集基金份额持有人大会的基金份额持有人

4. 基金份额持有人的信息披露义务主要体现在与（　　　　　）相关的披露义务。

　　A. 基金份额持有人大会　　　　　　　B. 基金份额变化

　　C. 基金份额持有信息　　　　　　　　D. 基金运作、托管监督报告

5. 基金管理人在基金发售（　　　　）日前，将招募说明书、基金合同摘要登载在指定报刊和管理人网站上。

　　A. 1　　　　　　　B. 3　　　　　　　C. 5　　　　　　　D. 10

6. 根据《证券投资基金法》，当代表基金份额（　　　　　）%以上的基金份额持有人就同一事项要求召开持有人大会，而基金份额持有人大会的日常机构、基金管理人和托管人都不召集的时候，该部分持有人有权自行召集。

　　A. 3　　　　　　　B. 5　　　　　　　C. 10　　　　　　D. 20

7. 下列关于基金管理人信息披露义务的叙述中，正确的是（　　　　　）。

　　A. 基金管理人应在每年结束后 60 日内，在指定报刊上披露年度报告摘要，在管理人网站上披露年度报告全文

　　B. 基金管理人应在上半年结束后 90 日内，在指定报刊上披露半年度报告摘要，在管理人网站上披露半年度报告全文

　　C. 基金管理人应在每季结束后 30 个工作日内，在指定报刊和管理人网站上披露基金季度报告

　　D. 基金管理人召集基金份额持有人大会的，应至少提前 30 日公告大会的召开时间会议、形式、审议事项、议事程序和表决方式等事项

8. （　　　　　）中的财务报告需要会计师事务所进行审计。

　　A. 基金季度报告　　　　　　　　　　B. 基金月度报告

　　C. 基金年度报告　　　　　　　　　　D. 基金临时报告

9. 基金管理人的信息披露事项不涉及（　　　　　）环节。

　　A. 基金上市交易　　B. 基金募集　　　C. 基金投资运作　　D. 总值披露

10. 基金托管人披露的信息不涉及（　　　　　）。

    A. 代理清算交割   B. 会计核算

    C. 总值复核   D. 投资运作监督

11. 基金管理人召集基金份额持有人大会，应至少提前 30 日公告大会的事项不包括（　　　　　）。

    A. 基金份额持有人名录   B. 召开时间

    C. 表决方式   D. 审议事项

12. 下列不属于基金合同主要披露事项的是（　　　　　）。

    A. 风险警示内容   B. 基金收益分配原则

    C. 基金管理人管理费提取方式   D. 基金份额发售日期

三、多项选择题

1. 基金信息披露应满足的原则包括（　　　　　）。

    A. 真实性   B. 规范性   C. 灵活性   D. 完整性

2. 关于基金信息披露应用 XBRL 的意义，表述正确的是（　　　　　）。

    A. 有利于促进信息披露的规范化   B. 有利于提高信息编报的效率

    C. 不利于投资者基金投资决策   D. 提高监管效率

3. 在基金信息披露中，以下属于严重违法行为的是（　　　　　）。

    A. 虚假记载   B. 误导性陈述

    C. 重大遗漏   D. 诋毁其他基金管理人

4. 关于基金信息披露的表述，正确的是（　　　　　）。

    A. 加强基金信息披露可以改变投资者的信息弱势地位

    B. 基金信息披露有利于投资者的价值判断

    C. 加强基金信息披露可以防止信息的滥用

    D. 基金信息披露是一种自愿性信息披露

5. 基金信息披露的禁止行为，包括（　　　　　）。

    A. 对证券投资业绩进行预测

    B. 虚假记载、误导性陈述或者重大遗漏

    C. 基金资产净值、基金份额净值的披露

    D. 违规承诺收益或者承担损失

6. 下列关于基金招募说明书的说法，正确的是（　　　　　）。

    A. 是约定基金管理人、基金托管人和基金份额持有人权利义务关系的重要法律文件

    B. 是基金管理人为发售基金份额而依法制作的

C. 是指导投资者认购基金份额的规范性文件

D. 将所有对投资者做出投资判断有重大影响的信息予以充分披露

7. 基金合同特别约定的事项包括（　　　　　）。

A. 基金运作方式

B. 基金当事人的权利和义务

C. 基金持有人大会的召集、议事及表决的程序和规则

D. 基金合同终止的事由、程序及基金财产的清算方式

8. 基金招募说明书中最为重要的信息包括（　　　　　）。

A. 基金投资目标　　　　　　B. 基金投资范围

C. 业绩比较基准　　　　　　D. 基金费用计提标准

四、判断题

1. 基金资产净值信息是基金年度报告披露的基金资产运作成果的集中表现。（　　　）

2. 基金年度报告的财务会计报告应当通过审计。（　　　）

3. 基金管理人应当在每年结束之日起 60 日内，编制完成基金年度报告，并将年度报告正文登载于网站上，将年度报告摘要登载在指定报刊上。（　　　）

4. 对 QDII 基金来说，在其开放申购、赎回前，资产净值和份额净值至少每月披露 1 次。（　　　）

5. 当上市交易基金受到谣言、猜测、投机等因素的影响时，基金信息披露义务人有义务发布基金澄清公告。（　　　）

五、简答题

上市交易公告书主要披露哪些事项？

案例分析

杭州证监局于 2024 年 8 月 13 日发文，对杭州诺准投资管理有限公司（以下简称诺准投资）和杭州联域投资管理有限公司采取出具警示函措施的决定。

具体来看，诺准投资违规行为较多，主要包括：管理的部分基金未按照基金合同约定，如实向投资者披露基金财务状况和投资情况；管理的部分基金上传至中国证券投资基金业协会信息备份系统的报告与向投资者披露的报告内容不一致，

上传的报告中投资项目金额与实际情况不符；挪用部分基金财产；部分基金的管理费直接转至个人账户；与其他私募基金管理人办公场地和人员混同，缴纳社保员工不足 5 人；部分基金宣传推介材料存在虚假记载、误导性陈述，夸大推介基金；部分基金未在基金合同（合伙协议）中设置不少于 24 小时的投资冷静期；未对部分投资者告知警示过程录音或录像；未妥善保存部分投资者的收入或资产证明、告知警示过程的录音或录像、冷静期回访等合格投资者适当性相关材料。

业内人士指出，挪用、侵占私募基金财产是非常严重的行为，违反投资的分散性原则，会给投资者的资金安全埋下隐患。这种行为实际上是在投资者不知情的情况下，提高了投资者的投资风险。

讨论：

结合案例，分析杭州诺准投资管理有限公司在哪个环节未尽到信息披露义务？

资料来源：中国证券投资基金业协会 . 纪律处分决定书（杭州诺准投资管理有限公司）［EB/OL］. https：//www. amac. org. cn/zlgl/jlcf/scfjg/index_ 1. html.

第 21 章　基金客户和基金销售

理论要点

注册基金销售业务资格，应当具备下列条件：（1）具有健全的治理结构、完善的内部控制和风险管理制度，并得到有效执行。（2）财务状况良好，运作规范稳定。（3）有与基金销售业务相适应的营业场所安全防范设施和其他设施。（4）有安全、高效的办理基金发售、申购和赎回等业务的技术设施，且符合中国证监会对基金销售业务信息管理平台的有关要求，基金销售业务的技术系统已与基金管理人、中国证券登记结算公司相应的技术系统进行了联网测试，测试结果符合国家规定的标准。（5）制定了完善的资金清算流程，资金管理符合中国证监会对基金销售结算资金管理的有关要求。（6）有评价基金投资入风险承受能力和基金产品风险等级的方法体系。（7）制定了完善的业务流程、销售人员执业操守、应急处理措施等基金销售业务管理制度，符合中国证监会对基金销售机构内部控制的有关要求。（8）有符合法律法规要求的反洗钱内部控制制度。（9）中国证监会规定的其他条件。

实务要点

基金行业运行4Ps理论时的特殊性：（1）规范性：基金销售机构在制定产品策略和促销策略时，需要严格遵守监管部门的规定。（2）服务性：基金销售机构不仅要注重产品、分销和促销，还必须重视高质量的服务、品牌的形象宣传。（3）专业性：基金销售对营销人员的专业水平有更高的要求，要求营销人员广泛了解和掌握相关金融知识和投资工具。（4）持续性：基金营销更强调销售服务的持续性。（5）适用性：基金销售应坚持投资人利益优先的原则，把适当的产品卖给合适的投资人。

一、名词解释题

1. 基金客户服务

2. 基金销售机构

二、单项选择题

1. 按投资基金的个体不同划分的基金投资者是（　　　　）。

    A. 个人投资者　　　　B. 境内投资者　　　C. 境外投资者　　　D. 以上都是

2. 下列属于长期机构投资者的是（　　　　）。

    A. 养老金　　　　　　B. 保险资金　　　　C. 主权财富基金　　D. 以上都是

3. 在细分市场上，基金面对客户的（　　　）是增大的。

    A. 规模　　　　　　　B. 忠诚度　　　　　C. 风险偏好　　　　D. 以上都不是

4. 分析投资者的真实需求的重点是研究投资者的（　　　　）。

    A. 风险偏好　　　　　　　　　　　B. 投资规模

    C. 流动性和安全性要求　　　　　　D. 以上都是

5. 基金销售机构办理基金的销售业务，应当由基金销售机构与（　　　　）签订书面销售协议，明确双方的权利及义务。

    A. 基金客户　　　　　　　　　　　B. 基金管理人

    C. 基金托管人　　　　　　　　　　D. 监管机构

6. 下列不属于基金销售机构职责规范的是（　　　　）。

    A. 签订销售协议，明确权利与义务

    B. 基金管理人应制定业务规则并监督实施

    C. 严格销售管理

    D. 禁止提前发行

三、多项选择题

1.（　　　　）属于基金客户。

    A. 基金份额的持有人　　　　　　　B. 基金资产的所有者

    C. 基金投资回报的受益人　　　　　D. 基金的销售机构

2. 基金投资者承担的义务，说法正确的是（　　　　）。

    A. 缴纳基金认购款项及规定费用

    B. 承担基金亏损或终止的无限责任

    C. 在封闭式基金存续期间，不得要求赎回基金份额

    D. 不从事任何有损基金及其他基金投资人合法权益的活动

3. 下列选项属于个人投资者和机构投资者不同的是（　　　　）。

    A. 投资方向不同　　　　　　　　　B. 投资目标不同

    C. 投资来源不同　　　　　　　　　D. 投资结果不同

4. （　　　　　　）是基金份额持有人的权利。

A. 分享基金财产收益

B. 依法转让或者申请赎回其持有的基金份额

C. 参与分配清算后的剩余基金财产

D. 会计复核

5. 在确定目标市场与投资者方面，基金销售机构面临的重要问题之一就是分析投资者的真实需求，其中包括投资者的（　　　　　　）。

A. 教育背景

B. 投资规模

C. 风险偏好

D. 对投资资金流动性和安全性的要求

6. 目前，国内的基金销售机构可分为直销机构和代销机构两种类型，其中代销机构包括（　　　　　　）。

A. 保险公司　　　　B. 基金公司　　　　C. 证券公司　　　　D. 商业银行

7. 下列关于基金销售机构职责规范的说法，不正确的是（　　　　　　）。

A. 委托基金管理人开立基金销售结算专用账户

B. 基金募集申请注册前向公众分发基金宣传推介材料

C. 书面协议委托其他机构代为办理基金业务

D. 对基金客户进行身份识别

四、判断题

1. 随着基金销售市场状况和外部环境的改变，各类基金销售机构在未来发展方向上呈现的趋势包括提升服务的综合化。（　　　　　　）。

2. 投资跟踪与评价的核心是对基金销售业务以及人际关系的维护。（　　　　　　）

3. 基金销售机构分为直销机构和代销机构。（　　　　　　）

五、简答题

简述基金销售机构的 4Ps 理论。

案例分析

2024 年 9 月 11 日上午，上海市公安局奉贤分局发布警情通报称，依法对海银财富管理有限公司（以下简称海银财富）涉嫌非法集资犯罪立案侦查，对韩某某、韩某、王某等多名犯罪嫌疑人采取刑事强制措施。目前公安机关正全面搜集犯罪证据，全力推进案件侦办、追赃挽损等各项工作，最大限度保护投资人权益。

官网显示，2006年，海银财富成立于上海陆家嘴，经过十余年发展，公司在国内80余座主要城市先后设立170余家财富中心，在中国香港、英国、美国等国家和地区也逐渐布局。

海银财富拥有员工超过2500人，为累计超过14.6万的高净值个人和机构提供资产配置咨询、财富管理、家族办公室等综合服务。主营业务为财富管理、资产管理、其他综合业务金融服务、健康管理服务，财富管理为目前其最大业务板块。

2021年3月26日晚，海银财富在纳斯达克上市。根据招股书，海银财富为中国第三大且增长最快的第三方财富管理服务机构。

另外，海银财富在招股说明书中披露其为"国内最大的房地产固定收益产品提供商""提供的产品投资于恒大、融创等知名、信用评级良好的大型开发商的房地产项目，期限一般为6~36个月"。

2023年12月初，海银财富旗下产品开始全线停止兑付。2023年12月中旬，消息开始传出，海银财富及关联公司岩石股份的股价连日暴跌。

经过实地调查，海银财富的运作模式全面浮出水面：在销售端，海银财富依靠分布于90余个城市的180多个线下财富中心，聚集了4万余名高净值人群。在募资环节，数十个空壳公司以独立第三方的面目出现，投资人的投资款打入这些公司的账户，并构筑出一个双层嵌套结构的庞大资金池。作为募资工具的理财产品，借道"伪金交所"登记备案，全数涉嫌非法金融。在投资环节，资金所投向的底层资产，与募集说明书宣称的严重不匹配，大部分资金去向不明。

讨论：

根据案例，讨论为了保护投资人权益，基金销售机构的准入条件包括哪些？

资料来源：中国财经报官博. 突发！海银财富被立案调查 [EB/OL]. https：// cj. sina. com. cn/articles/view/5069478980/12e2a1c4401901f7s8.

第 22 章　基金公司投资管理

⊋ 理论要点

1. 基金公司投资管理部门设置：基金公司投资管理部门由投资决策委员会、投资部、研究部和交易部组成。

2. 股票投资组合构建的自上而下和自下而上策略：自上而下策略从宏观形势及行业、板块特征入手明确大类资产、行业的配置然后再挑选相应的股票作为投资标的，实现配置目标。自上而下策略通过研究和预测决定经济形势的几个核心变量，通过积极的风格调整，如转换价值股与成长股的投资比例追求风格收益来实现。

⊋ 实务要点

1. 主动投资的股票型基金的投资策略：（1）偏好成长风格的基金经理试图挑选出盈利增长相对最快的股票。（2）偏好价值风格的基金经理试图寻找相对便宜的股票。（3）合理价格下的成长策略，即寻找盈利成长高于平均水平，同时价格又比较合理的股票。

2. 债券投资组合构建需要考虑信用结构、期限结构、组合久期、流动性（投资经理会根据投资者的资金需求，对组合流动性做出安排）和杠杆率等因素。

一、名词解释题

1. 资产配置
2. 买空交易
3. 卖空交易

二、单项选择题

1. 在基金管理公司，记录并保存每日投资交易情况的工作由（　　　　　）负责。
   A. 投资部　　　　　B. 财务部　　　　　C. 交易部　　　　　D. 研究部

2. 基金公司的投资管理能力直接影响到（　　　　　）的投资收益。

　　A. 托管人　　　　　　　　　　B. 保管人

　　C. 保险人　　　　　　　　　　D. 基金份额持有人

3. 为提高交易效率和有效控制基金管理中交易执行的风险，基金采取（　　　　　）。

　　A. 竞价交易制度　　　　　　　B. 分散交易制度

　　C. 集中交易制度　　　　　　　D. 分级交易制度

4. 在基金管理公司，通过电子交易系统记录并保存每日投资交易情况的工作由（　　　　　）负责。

　　A. 投资部　　　　B. 财务部　　　　C. 交易部　　　　D. 研究部

5. 投资交易的基础环节是（　　　　　）。

　　A. 投资策略的制定　　　　　　B. 构建投资组合

　　C. 执行交易指令　　　　　　　D. 风险管理

6. （　　　　　）是基金管理公司管理基金投资的最高决策机构。

　　A. 董事会　　　　　　　　　　B. 投资决策委员会

　　C. 投资部　　　　　　　　　　D. 研究部

7. 在投资部的实际操作中，（　　　　　）负责投资决策。

　　A. 研究部经理　　　　　　　　B. 投资总监

　　C. 基金管理公司的总经理　　　D. 基金经理

8. 战略资产配置是在较长投资期限内以追求长期回报为目标的资产配置。这种资产配置方式重在长期回报，不考虑资产的短期波动，其投资期限可以长达（　　　　　）年以上

　　A. 1　　　　　　　B. 2　　　　　　　C. 3　　　　　　　D. 5

9. 下列关于战略资产配置中，不正确的是（　　　　　）。

　　A. 战略资产配置是为了满足投资者风险与收益目标所做的长期资产的配比

　　B. 战略资产配置是根据投资者的风险承受能力，对资产做出一种事前的、整体性的、最能满足投资者需求的规划和安排

　　C. 是反映投资者的长期投资目标和政策，确定各主要大类资产的投资比例，建立最佳长期资产组合结构

　　D. 战略资产配置一旦确定，会在投资期限内不断调整变动

10. （　　　　　）是在遵守确定的大类资产比例基础上，根据短期内各特定资产类别的表现，对投资组合中各特定资产类别的权重配置进行调整。

　　A. 战略资产配置　　　　　　　B. 战术资产配置

　　C. 主动配置　　　　　　　　　D. 被动配置

三、多项选择题

1. 投资决策委员会的组成中包括（　　　　　）。

  A. 公司的总经理　　　　　　　　　B. 分管投资的副总经理

  C. 分管投资的总经理　　　　　　　D. 研究部经理

2. 基金管理公司的投资管理部门包括（　　　　　）。

  A. 投资部　　　　　　　　　　　　B. 研究部

  C. 交易部　　　　　　　　　　　　D. 市场部

3. 股票投资组合的构建包括（　　　　　）。

  A. 分析宏观形势及行业发展态势　　B. 保荐股票上市

  C. 分析个股的基本面　　　　　　　D. 制定板块轮换策略

4. 属于债券投资组合构建内容的是（　　　　　）。

  A. 考虑信用期限结构　　　　　　　B. 考虑利率期限结构

  C. 考虑通货膨胀率的变化　　　　　D. 考虑债券高频交易

5. 影响投资者风险承受能力和收益要求的各项因素包括（　　　　　）。

  A. 投资者的年龄　　　　　　　　　B. 利率变化

  C. 资产负债状况　　　　　　　　　D. 财务变动状况与趋势

6. 股票投资组合构建通常有（　　　　　）策略。

  A. 自上而下　　　　　　　　　　　B. 自前而后

  C. 自下而上　　　　　　　　　　　D. 形而上学

四、判断题

1. 资产配置在半强有效市场环境下，可以起到降低风险、提高收益的作用。（　　　　）

2. 与被动投资相比，在一个并非完全有效的市场上，主动投资策略更能体现其价值，从而给投资者带来较高的回报。（　　　　）

3. 债券投资组合资产配置策略中的买入并持有策略对市场流动性的要求较高。（　　　　）

4. 基金经理不需要对投资组合的交易情况进行监控。（　　　　）

5. 基金公司要防范利益冲突和道德风险，完善公司的内部控制。（　　　　）

五、简答题

  构建债券投资组合需要考虑哪些因素？

案例分析

　　某农业基金属于混合型——偏股基金，目前管理费率为 1.50%（每年）。

　　基金全称：大成成长回报六个月持有期混合型证券投资基金

　　基金简称：大成成长回报六个月持有混合 A

　　基金代码：012473（前端）

　　发行日期：2021 年 7 月 19 日

　　成立日期/规模：2021 年 8 月 3 日/11.179 亿份

　　资产规模：7.49 亿元（截至 2022 年 12 月 31 日）

　　份额规模：8.35 亿份（截至 2022 年 12 月 31 日）

　　业绩比较基准：沪深 300 指数收益率×60%＋恒生指数收益率×10%＋中证综合债券指数收益率×30% 跟踪标的

　　投资目标：本基金在严格控制风险的前提下，追求超越业绩比较基准的投资回报，力争实现基金资产的长期稳定增值。

讨论：

　　根据案例信息，讨论通过资产配置帮助投资者降低单一资产的非系统性风险需要考虑的因素包括哪些？

　　资料来源：笔者根据东方财富基金信息整理。

参考答案

证券篇

第1章　证券市场基本法律法规

一、名词解释题

1. 法

答：法是由国家制定或认可并由国家强制力保证实施的，反映特定物质生活条件所决定的统治阶级意志，以权利和义务为内容，以确认、保护和发展对统治阶级有利的社会关系和社会秩序为目的的规范系统。

2. 法律

答：法律是由全国人民代表大会及全国人民代表大会常务委员会制定的规范性文件，是证券市场法律法规体系的最高层级，具有最高的法律效力。

3. 自律性规则

答：自律性规则是由证券交易所、行业协会等自律组织制定。例如，上海证券交易所中国证券业协会等制定的自律性规则。证券市场的自律性规则主要包括《上海证券交易所交易规则》《深圳证券交易所交易规则》《证券账户管理规则》《中国证券登记结算有限责任公司证券账户业务指南》等。

4. 证券发行

答：证券发行是指经过批准符合发行条件的证券发行人，以筹集资金为目的，按照一定的程序将股票、公司债券以及其他证券销售给投资者的一系列行为的总称。公开发行证券，必须符合法律、行政法规规定的条件，并依法报经国务院证券监督管理机构或者国务院授权的部门注册。未经依法注册，任何单位和个人不得公开发行证券，发行注册制的具体范围、实施步骤，由国务院规定。

5. 证券包销

答：证券包销是指证券公司将发行人的证券按照协议全部购入或者在承销期结束时将售后剩余证券全部自行购入的承销方式。包销又分为全额包销和余额包销两种方式。全额包销是指证券公司作为承销先全额买断发行人发行的证券，再向投资者发售，由证券公司承担全部风险的承销方式。余额包销是指证券公司作为承销商按照约定的发行额和发行条件在约定的期限内向投资者发售证券，到销售截止日，如投资者实际认购总额超出预定发行总额，未售出的证券由证券公司负责认购，并按约定的时间向发行人支付全部发行价款的承销方式。

6. 销售证券

答：销售证券是一种从社会直接融资的活动，而直接融资对资金市场有可能发生较大的影响，包括负面影响，为了减少出现负面影响的机会，有必要对证券的销售期限做出合理的规定，从而达到维护证券市场秩序基本稳定的目的。《中华人民共和国证券法》规定证券的代销、包销期限最长不得超过 90 日。

7. 期货交易者适当性管理制度

答：期货交易者适当性管理制度是指期货经营机构在销售产品或者提供服务的过程中，根据投资者的财务状况、投资知识、投资经验、投资目标、风险偏好等因素，对投资者进行分类管理，并为其提供适当的产品或服务的制度。确保投资者的风险承受能力与所投资的期货产品或服务的风险等级相匹配，如果投资者想要购买风险等级高于其自身风险承受能力的产品，期货经营机构需要进行特别的风险提示和投资者教育，并要求投资者签署相关风险揭示书等文件。

8. 账户实名制

答：期货交易实行账户实名制。交易者进行期货交易的，应当持有证明身份的合法证件，以本人名义申请开立账户。任何单位和个人不得违反规定，出借自己的期货账户或者借用他人的期货账户从事期货交易。

二、填空题

1. 法的特征：

（1）法具有规范性，是调整人们行为或社会关系的规范，具有明确的指引、评价、预测等作用。调整人们行为或社会关系的规范，具有明确的指引、评价、预测等作用，具有普遍约束力。

（2）法具有国家意志性，是由国家制定或认可的社会规范，体现了国家的意志。国家通过特定的立法程序，将统治阶级的意志上升为法律，表现为特定的法律文件形式才能成立。

（3）法具有国家强制性，依靠国家强制力来保障实施。相较于社会规范，法律通过国家强制力的保障贯穿社会生活的方方面面，任何违法行为都将受到法律的制裁，以维护法律的权威和社会的公平正义。这也是区别于其他社会规范的重要标志。

（4）法以权利和义务为内容，法明确规定了人们在社会生活中的权利和义务。权利赋予人们一定的利益和自由，义务则要求人们履行相应的责任。

2. 证券市场的规范性文件主要包括《证券公司治理准则》《证券公司内部控制指引》《证券公司开立账户规范》等。

3. 证券市场的行政法规主要包括《证券公司监督管理条例》《证券公司风险处置条例》《私募投资基金监督管理条例》《证券、期货投资咨询管理暂行办法》等。

4. 证券的发行、交易活动，必须遵循公开、公平、公正的原则。

5. 虚假陈述行为包括：

（1）发行人、证券经营机构在招募说明书、上市公告书、公司报告及其他文件中做出虚假陈述。

（2）律师事务所、会计师事务所、资产评估机构等专业性证券服务机构在其出具的法律意见书、审计报告、资产评估报告及参与制作的其他文件中做出虚假。

（3）证券交易场所、证券业协会或者其他证券业自律性组织做出对证券市场产生影响的虚假陈述。

（4）发行人、证券经营机构、专业性证券服务机构、证券业自律性组织在向证券监管部门提交的各种文件、报告和说明中做出虚假陈述。

（5）在证券发行、交易相关活动中的其他虚假陈述。证券服务机构为证券的发行、上市、交易等证券业务活动制作、出具审计报告及其他鉴证报告、资产评估报告、财务顾问报告、资信评级报告或者法律意见书等文件，应当勤勉尽责，对所依据的文件资料内容的真实性、准确性、完整性进行核查和验证。其制作、出具的文件有虚假记载、误导性陈述或者重大遗漏，给他人造成损失的，应当与委托人承担连带赔偿责任，但是能够证明自己没有过错的除外。

6. 在期货市场交易中编造、传播虚假信息或者误导性信息的，责令改正，没收违法所得，并处以违法所得 1 倍以上 10 倍以下的罚款。

7. 非法设立期货公司，或者未经核准从事相关期货业务的，予以取缔，没收违法所得，并处以违法所得 1 倍以上 10 倍以下的罚款；没有违法所得或者违法所得不足 100 万元的，处以 100 万元以上 1000 万元以下的罚款。对直接负责的主管人员和其他直接责任人员给予警告，并处以 20 万元以上 200 万元以下的罚款。

8. 提交虚假申请文件或者采取其他欺诈手段骗取期货公司设立许可、重大事项变更核准或者期货经营机构期货业务许可的，撤销相关许可，没收违法所得，并处以违法所得 1 倍以上 10 倍以下的罚款；没有违法所得或者违法所得不足 20 万元的，处以 20 万元以上 200 万元以下的罚款。对直接负责的主管人员和其他直接责任人员给予警告，并处以 20 万元以上 200 万元以下的罚款。

三、单项选择题

1.【答案】B

【解析】本题考查法的规范性的内容。（1）规定了人们可以为一定行为或不为一定行为或者人们可以请求他人为或不为一定行为，体现了人们依法享有的权利。（2）规定了人们应当为一定行为或不得为一定行为，体现了人们依法应履行的义务。（3）规定了人们在应当为而不为或不应当为而为的情况下所产生的后果，体现了人们在违反法定义务后应承担的责任。

2. 【答案】A

【解析】本题考查法和法律规范的概念。社会生活是不断变化的，是动态的。而法律规范则是静态的，一经制定，除非立法机关根据一定程序对法律进行修改，否则在其生效范围内，法律规范不变，选项 A 正确。法是以权利和义务为内容的社会规范，法所规定的权利和义务，不仅指个人的权利和义务，也包括国家机关及其公职人员在执行公务过程中的职权及相应职责，选项 B、选项 C、选项 D 错误。

3. 【答案】D

【解析】本题考查法的特征。法是调整人们的行为或社会关系的规范，具有规范性；法是由国家制定或认可的社会规范，具有国家意志性；法是以权利和义务为内容的社会规范；法是依靠国家强制力来保障实施的规范，具有国家强制性。

4. 【答案】D

【解析】本题考查证券市场法律法规体系。其中，《证券基金经营机构合规管理办法》《私募投资基金监督管理暂行办法》《内地与香港股票市场交易互联互通机制若干规定》均属于法律法规体系中的部门规章，《证券账户非现场开户实施暂行办法》属于证券市场的部门规范性文件。

5. 【答案】C

【解析】本题考查证券市场法律法规体系。证券市场的行政法规主要包括《证券公司监督管理条例》《证券公司风险处置条例》《证券、期货投资咨询管理暂行办法》《企业债券管理条例》等，《证券公司风险控制指标管理办法》属于部门规章。

6. 【答案】B

【解析】国务院证券监督管理机构应当自受理上述规定事项申请之日起 3 个月内，依照法定条件和程序进行审查，做出核准或者不予核准的决定，并通知申请人；不予核准的，应当说明理由。证券公司经营证券资产管理业务的，应当符合《中华人民共和国证券投资基金法》等法律、行政法规的规定。除证券公司外，任何单位和个人不得从事证券承销、证券保荐、证券经纪和证券融资融券业务。证券公司从事证券融资融券业务，应当采取措施，严格防范和控制风险，不得违反规定向客户出借资金或者证券。

7. 【答案】A

【解析】操纵证券市场行为给投资者造成损失的，应当依法承担赔偿责任。

8. 【答案】C

【解析】有下列情形之一的，为公开发行：（1）向不特定对象发行证券。（2）向特定对象发行证券累计超过200人，但依法实施员工持股计划的员工人数不计算在内。（3）法律、行政法规规定的其他发行行为。

9. 【答案】D

【解析】证券发行申请经注册后，发行人应当依照法律、行政法规的规定，在证券公开发行前公告公开发行募集文件，并将该文件置备于指定场所供公众查阅。

10. 【答案】B

【解析】最近3个会计年度加权平均净资产收益率平均不低于6%。扣除非经常性损益后的净利润与扣除前的净利润相比，以低者作为加权平均净资产收益率的计算依据。

11. 【答案】C

【解析】公开发行证券发行价格应不低于公告招股意向书前20个交易日公司股票均价或前1个交易日的均价。

12. 【答案】C

【解析】融资买入标的股票的流通股本不少于1亿股或流通市值不低于5亿元，融券卖出标的股票的流通股本不少于2亿股或流通市值不低于8亿元。

13. 【答案】A

【解析】境内期货经营机构转委托境外期货经营机构从事境外期货交易的，该境外期货经营机构应当向国务院期货监督管理机构申请注册，接受国务院期货监督管理机构的监督管理，国务院期货监督管理机构另有规定的除外。

14. 【答案】A

【解析】期货交易所应当依照《中华人民共和国期货和衍生品法》和国务院期货监督管理机构的规定，加强对交易活动的风险控制和对会员以及交易场所工作人员的监督管理，依法履行下列职责：（1）提供交易的场所、设施和服务。（2）设计期货合约、标准化期权合约品种，安排期货合约、标准化期权合约品种上市。（3）对期货交易进行实时监控和风险监测。（4）依照章程和业务规则对会员、交易者、期货服务机构等进行自律管理。（5）开展交易者教育和市场培育工作。（6）国务院期货监督管理机构规定的其他职责。选项A的描述是由市场供求双方力量共同决定的。

15. **【答案】** D

   【解析】 保证金的形式包括：现金、国债、股票、基金份额、标准仓单等流动性强的有价证券，以及国务院期货监督管理机构规定的其他财产。以有价证券等作为保证金的，可以依法通过质押等具有履约保障功能的方式进行的。

16. **【答案】** C

   【解析】 远期合约，是指期货合约以外的，约定在将来某一特定的时间和地点交割一定数量标的物的金融合约。

17. **【答案】** A

   【解析】 期货合约品种和标准化期权合约品种的上市应当符合国务院期货监督管理机构的规定，由期货交易场所依法报经国务院期货监督管理机构注册。

四、多项选择题

1. **【答案】** ABC

   【解析】 考查法的概念。法是由国家制定或认可并由国家强制力保证实施的，反映特定物质生活条件所决定的统治阶级意志，以权利和义务为内容，以确认、保护和发展对统治阶级有利的社会关系和秩序为目的的规范系统。

2. **【答案】** ABCD

   【解析】 证券市场的部门规章主要包括《证券公司和证券投资基金管理公司合规管理办法》《证券期货投资者适当性管理办法》《公开募集证券投资基金管理人监督管理办法》《私募投资基金监督管理暂行办法》《证券公司风险控制指标管理办法》《证券基金经营机构董事、监事、高级管理人员及从业人员监督管理办法》等。

3. **【答案】** ACD

   【解析】 本题考查公开发行的定义。有下列情形之一的，为公开发行：（1）向不特定对象发行证券的。（2）向特定对象发行证券累计超过200人，但依法实施员工持股计划的员工人数不计算在内（2020年3月1日开始实施的《证券法》新加）。（3）法律、行政法规规定的其他发行行为。

4. **【答案】** AB

   【解析】 根据2020年3月1日起实施的新《中华人民共和国证券法》规定，公开发行公司债券，应当符合下列条件：（1）具备健全且运行良好的组织机构。（2）最近三年平均可分配利润足以支付公司债券一年的利息。（3）国务院规定的其他条件。

5. **【答案】** CD

【解析】根据 2020 年 3 月 1 日起实施的新《中华人民共和国证券法》规定，有下列情形之一的，不得再次公开发行公司债券：（1）对已公开发行的公司债券或者其他债务有违约或者延迟支付本息的事实，仍处于继续状态。（2）违反《中华人民共和国证券法》的规定，改变公开发行公司债券所募资金的用途。

6. 【答案】BCD

【解析】包销和代销的最大区别是：承销期结束时，将未售出的股票承销商是否自己购买。如果自己购买了未出售部分，是包销；反之则是代销。

7. 【答案】BC

【解析】本题考查证券承销业务的种类。证券承销业务采取代销或者包销方式。

8. 【答案】ABCD

【解析】根据 2020 年 3 月 1 日起实施的新《中华人民共和国证券法》的规定，公司公开发行新股，应当报送募股申请和下列文件：（一）公司营业执照。（二）公司章程。（三）股东大会决议。（四）招股说明书或者其他公开发行募集文件。（五）财务会计报告。（六）代收股款银行的名称及地址依照本法规定聘请保荐人的，还应当报送保荐人出具的发行保荐书。依照本法规定实行承销的，还应当报送承销机构名称及有关的协议。

9. 【答案】ABC

【解析】根据 2020 年 3 月 1 日起实施的新《中华人民共和国证券法》的规定，投资者委托证券公司进行证券交易，应当通过证券公司申请在证券登记结算机构开立证券账户。证券登记结算机构应当按照规定为投资者开立证券账户。投资者申请开立账户，应当持有证明中华人民共和国公民、法人、合伙企业身份的合法证件。国家另有规定的除外。

10. 【答案】ACD

【解析】期货交易所应当及时公布上市品种合约的成交量、成交价、持仓量、最高价与最低价、开盘价与收盘价和其他应当公布的即时行情，并保证即时行情的真实、准确。期货交易所不得发布价格预测信息。

11. 【答案】ABCD

【解析】期货交易所应当按照国家有关规定建立、健全下列风险管理制度：（1）保证金制度。（2）当日无负债结算制度。（3）涨跌停板制度。（4）持仓限额和大户持仓报告制度。（5）风险准备金制度。（6）国务院期货监督管理机构规定的其他风险管理制度。实行会员分级结算制度的期货交易所，还应当建立、健全结算担保金制度。

12. 【答案】ABCD

【解析】期货交易所履行下列职责：（1）提供期货交易的场所、设施和服务。

（2）设计期货合约、安排期货合约上市。（3）组织并监督期货交易、结算和交割。（4）为期货交易提供集中履约担保。（5）按照章程和交易规则对会员进行监督管理。（6）国务院期货监督管理机构规定的其他职责。

13. 【答案】ACD

【解析】期货合约包括商品期货合约和金融期货合约及其他期货合约。商品期货合约的标的物包括农产品、工业品、能源和其他商品及其相关指数产品；金融期货合约的标的物包括有价证券、利率、汇率等金融产品及其相关指数产品。

14. 【答案】BC

【解析】实行会员分级结算制度的交易所的会员分为结算会员和非结算会员。

五、判断题

1. 【答案】√

2. 【答案】×

【解析】法是依靠国家强制力来保障实施的规范，具有国家强制性。

3. 【答案】√

4. 【答案】×

【解析】标的证券为债券的，应当符合下列条件：债券托管面值在 1 亿元以上。

5. 【答案】√

【解析】交易所按照从严到宽、从少到多、逐步扩大的原则，从满足上述规定的证券范围内选取和确定标的证券的名单，并向市场公布。

6. 【答案】√

【解析】证券交易所可以对单一证券的市场融资买入量、融券卖出量和担保物持有量占其市场流通量的比例、融券卖出的价格做出限制性规定。

7. 【答案】√

8. 【答案】×

【解析】操纵期货市场或者衍生品市场的，将被责令改正，没收违法所得，并处以违法所得 1 倍以上 10 倍以下的罚款。

9. 【答案】√

第2章 证券经营机构管理规范

一、名词解释题

1. 净资本计算标准

答：核心净资本＝净资产－资产项目的风险调整－或有负债的风险调整－/＋中国证监会认定或核准的其他调整项目

附属净资本＝长期次级债×规定比例－/＋中国证监会认定或核准的其他调整项目

2. 董事会职责

答：证券公司董事会承担全面风险管理的最终责任，履行以下职责：（1）推进风险文化建设。（2）审议批准公司全面风险管理的基本制度。（3）审议批准公司的风险偏好、风险容忍度以及重大风险限额。（4）审议公司定期风险评估报告。（5）任免、考核首席风险官，确定其薪酬待遇。（6）建立与首席风险官的直接沟通机制。（7）公司章程规定的其他风险管理职责。董事会可授权其下设的风险管理相关专业委员会履行其全面风险管理的部分职责。

3. 信息告知

答：经营机构及其从业人员面向普通投资者销售金融产品、提供投资服务时应当确保所告知的信息真实、准确、完整，并采取通俗易懂的方式向普通投资者进行介绍，帮助普通投资者理解产品或服务的风险等级、投资标的和结构、收益以及风险特征等，以帮助普通投资者选择适当的金融产品或服务。

经营机构向普通投资者销售产品或者提供服务前，应当告知下列信息：（1）可能直接导致本金亏损的事项。（2）可能直接导致超过原始本金损失的事项。（3）因经营机构的业务或者财产状况变化，可能导致本金或者原始本金亏损的事项。（4）因经营机构的业务或者财产状况变化，影响客户判断的重要事由。（5）限制销售对象权利行使期限或者可解除合同期限等全部限制内容。（6）适当性匹配意见。

二、填空题

1. 证券公司的净资本等风险控制指标达到预警标准或者不符合规定标准的，应当分别在该情形发生之日起 3 个、1 个工作日内，向中国证监会及其派出机构报告，说明基本情况、问题成因以及解决问题的具体措施和期限。

2. 证券公司净资本或者其他风险控制指标不符合规定标准的，派出机构应当责令公司限期改正，在 5 个工作日制定并报送整改计划，整改期限最长不超过 20 个工作日；证券公司未按时报送整改计划的，派出机构应当立即限制其业务活动。

3. 根据《证券期货投资者适当性管理办法》的规定，投资者分为普通投资者与专业投资者。普通投资者在信息告知、风险警示、适当性匹配等方面享有特别保护。

三、单项选择题

1. 【答案】A

   【解析】考查风险控制指标不符合规定标准的监管措施指标。证券公司风险控制指标无法达标，严重危害证券市场秩序、损害投资者利益的，中国证监会可以区别情形，对其采取下列措施：（1）责令停业整顿。（2）指定其他机构托管、接管。（3）撤销经营证券业务许可。（4）撤销。

2. 【答案】D

   【解析】证券公司整改后，经派出机构验收符合有关风险控制指标的，中国证监会及其派出机构应当自验收完毕之日起 3 个工作日内解除对其采取的有关措施。证券公司未按期完成整改的，自整改期限到期的次日起，派出机构应当区别情形，对其采取下列措施：（1）限制业务活动。（2）责令暂停部分业务。（3）限制向董事、监事、高级管理人员支付报酬、提供福利。（4）责令更换董事、监事、高级管理人员或者限制其权利。（5）责令控股股东转让股权或者限制有关股东行使股东权利。（6）认定董事、监事、高级管理人员为不适当人选。（7）中国证监会及其派出机构认为有必要采取的其他措施。证券公司未按期完成整改、风险控制指标情况继续恶化，严重违纪该证券公司的稳健运行的，中国证监会可以撤销其有关业务许可。

3. 【答案】D

   【解析】本题考查证券公司全面风险管理的含义。全面风险管理包含对风险进行"全程管理"的含义。

4. 【答案】C

   【解析】本题考查全面风险管理的责任主体。证券公司董事会承担全面风险管理的最终责任，履行以下职责：（1）推进风险文化建设。（2）审议批准公司全面风险管理的基本制度。（3）审议批准公司的风险偏好、风险容忍度以及重大风险限额。（4）审议公司定期风险评估报告。（5）任免、考核首席风险官，确定其薪酬待遇。（6）建立与首席风险官的直接沟通机制。（7）公司章程规定的其他风险管理职责。董事会可授权其下设的风险管理相关专业委员会履行其全面风险管理的部分职责。

5.【答案】 B

【解析】 本题考查全面风险管理的责任主体。证券公司经理层对全面风险管理承担主要责任，应当履行以下职责：（1）制定风险管理制度，并适时调整。（2）建立健全公司全面风险管理的经营管理架构，明确全面风险管理职能部门、业务部门以及其他部门在风险管理中的职责分工，建立部门之间有效制衡、相互协调的运行机制。（3）制定风险偏好、风险容忍度以及重大风险限额等的具体执行方案，确保其有效落实；对其进行监督，及时分析原因，并根据董事会的授权进行处理。（4）定期评估公司整体风险和各类重要风险管理状况，解决风险管理中存在的问题并向董事会报告。（5）建立涵盖风险管理有效性的全员绩效考核体系。（6）建立完备的信息技术系统和数据质量控制机制。（7）风险管理的其他职责。证券公司应当任命一名高级管理人员负责全面风险管理工作（以下统称首席风险官）。首席风险官不得兼任或者分管与其职责相冲突的职务或者部门。

6.【答案】 D

【解析】 合格投资者的条件资质。《公司债券发行与交易管理办法》所称合格投资者，应当具备相应的风险识别和承担能力，知悉并自行承担公司债券的投资风险，并符合下列资质条件：（1）经有关金融监管部门批准设立的金融机构，包括证券公司、基金管理公司及其子公司、期货公司、商业银行、保险公司和信托公司等，以及经中国基金业协会登记的私募基金管理人。（2）上述金融机构面向投资者发行的理财产品，包括但不限于证券公司资产管理产品、基金及基金子公司产品、期货公司资产管理产品、银行理财产品、保险产品、信托产品以及经中国基金业协会备案的私募基金。（3）净资产不低于1000万元的企事业单位法人、合伙企业。（4）合格境外机构投资者（QFII）、人民币合格境外机构投资者（RQFII）。（5）社会保障基金、企业年金等养老基金，慈善基金等社会公益基金。（6）名下金融资产不低于人民币300万元的个人投资者。（7）经中国证监会认可的其他合格投资者。

7.【答案】 B

【解析】 根据《证券期货投资者适当性管理办法》的规定，投资者分为普通投资者与专业投资者。普通投资者在信息告知、风险警示、适当性匹配等方面享有特别保护。对于普通投资者的特别保护应当至少体现在以下方面：（1）信息告知。经营机构及其从业人员面向普通投资者销售金融产品、提供投资服务时应当确保所告知的信息真实、准确、完整，并采取通俗易懂的方式向普通投资者进行介绍，帮助普通投资者理解产品或服务的风险等级、投资标的和结构、收益以及风险特征等，以帮助普通投资者选择适当的金融产品或服务。（2）风险警示。经营机构及其从业人员在向普通投资者提供服务时应当进行更为充分的风险警示，包括为普通投资者提供风险揭示材料，向普通投资者销售高风险产品或提供相关服务时履行特别的注意义务，在营业网点向普通投资者进行告知、警示的，应当全过程录音录像等。（3）适当性匹配。经营机构及其从业人员应当针对普通投资者及其选择的产品或服务提供明确具体的适当性匹配意见，并通过书面或电子方式进行留痕。

8.【答案】D

【解析】本题考查专业投资者的范围。符合下列条件之一的是第二类专业投资者：第一，同时符合下列条件的法人或者其他组织：（1）最近1年末净资产不低于2000万元。（2）最近1年末金融资产不低于1000万元。（3）具有2年以上证券、基金、期货、黄金、外汇等投资经历。第二，同时符合下列条件的自然人：（1）金融资产不低于500万元，或者最近3年个人年均收入不低于50万元。（2）具有2年以上证券、基金、期货、黄金、外汇等投资经历，或者具有2年以上金融产品设计、投资、风险管理及相关工作经历，或者属于前述第一类专业投资者中的第1部分的金融机构的高级管理人员、获得职业资格认证的从事金融相关业务的注册会计师和律师。以上所称金融资产，包括银行存款、股票、债券、基金份额、资产管理计划、银行理财产品、信托计划、保险产品、期货及其他衍生产品等。

9.【答案】A

【解析】本题考查由普通投资者转化为专业投资者的条件。符合下列条件之一的普通投资者可以申请转化成为专业投资者：（1）最近1年末净资产不低于1000万元，最近1年末金融资产不低于500万元，且具有1年以上证券、基金、期货、黄金、外汇等投资经历的除专业投资者外的法人或其他组织。（2）金融资产不低于300万元或者最近3年个人年均收入不低于30万元，且具有1年以上证券、基金、期货、黄金、外汇等投资经历或者1年以上金融产品设计、投资、风险管理及相关工作经历的自然人投资者。

四、多项选择题

1.【答案】ABC

【解析】本题考查证券公司流动性风险管理的组织架构及职责。

选项 A 正确，证券公司应建立有效的流动性风险管理组织架构，明确董事会、经理层及其首席风险官、相关部门在流动性风险管理中的职责和报告路线，建立健全有效的考核及问责机制。选项 B 正确，证券公司董事会应承担流动性风险管理的最终责任，负责审核批准公司的流动性风险偏好、政策、信息披露等风险管理重大事项。选项 C 正确，证券公司经理层应确定流动性风险管理组织架构，明确各部门职责分工。选项 D 错误，证券公司首席风险官（并非财务部门负责人）应充分了解证券公司流动性风险水平及其管理状况，并及时向董事会及经理层报告。

2.【答案】ABCD

【解析】本题考查全面风险管理的责任。

3.【答案】ACD

【解析】普通投资者享有特别保护的规定根据《证券期货投资者适当性管理办法》的规定，投资者分为普通投资者与专业投资者。普通投资者在信息告知、风险警示、适当性匹配等方面享有特别保护。

4.【答案】ABCD

【解析】评估普通投资者风险承受能力的主要因素包括以下几个方面：（1）财务状况。（2）投资知识。（3）投资经验。（4）投资目标。（5）风险偏好。（6）其他信息。

5.【答案】ABD

【解析】本题考查普通投资者的特别保护。普通投资者的特别保护应当至少体现在以下方面：（1）信息告知。（2）风险警示。（3）适当性匹配。选项 C 不属于普通投资者的特别保护的表现，故排除。

五、判断题

1.【答案】√
2.【答案】√
3.【答案】√
4.【答案】×

【解析】符合下列条件之一的是第二类专业投资者：第一，同时符合下列条件的法人或者其他组织：（1）最近 1 年末净资产不低于 2000 万元。（2）最近 1 年末金融资产不低于 1000 万元。（3）具有 2 年以上证券、基金、期货、黄金、外汇等投资经历。第二，同时符合下列条件的自然人：（1）金融资产不低于 500 万元，或者最近 3 年个人年均收入不低于 50 万元。（2）具有 2 年以上证券、基金、期货、黄金、外汇等投资经历，或者具有 2 年以上金融产品设计、投资、风险管理及相关工作经历，或者属于前述第一类专业投资者中的第 1 部分的金融机构的高级管理人员、获得职业资格认证的从事金融相关业务的注册会计师和律师。以上所称金融资产，包括银行存款、股票、债券、基金份额、资产管理计划、银行理财产品、信托计划、保险产品、期货及其他衍生产品等。第二类专业投资者可以书面告知经营机构选择成为普通投资者，经营机构应当对其履行相应的适当性义务。

5. 【答案】√

【解析】本题考查经营机构向投资者销售产品或者提供服务应了解的投资者信息。

第3章 证券公司业务规范

一、名词解释题

1. 信息披露时点要求

答：（1）首次公开发行股票申请文件受理后至发行人发行申请经中国证监会核准、依法刊登招股意向书前，发行人及与本次发行有关的当事人不得采取任何公开方式或变相公开方式进行与股票发行相关的推介活动，也不得通过其他利益关联方或委托他人等方式进行相关活动。（2）首次公开发行股票招股意向书刊登后，发行人和主承销商可以向网下投资者进行推介和询价，并通过互联网等方式向公众投资者进行推介。发行人和主承销商向公众投资者进行推介时，向公众投资者提供的发行人信息的内容及完整性应与向网下投资者提供的信息保持一致。

2. 合法合规原则

答：证券公司开展融资融券业务，必须经中国证监会批准，未经中国证监会批准，任何证券公司不得向客户融资、融券，也不得为客户与客户、客户与他人之间的融资融券活动提供任何便利和服务。应当遵守法律、行政法规和《证券公司融资融券业务管理办法》的规定，加强内部控制，严格防范和控制风险，切实维护客户合法权益。证券公司向客户融资，应当使用自有资金或者依法筹集的资金；向客户融券，应当使用自有证券或者依法取得处分权的证券。

3. 证券自营业务决策与授权的要求

答：建立健全相对集中、权责统一的投资决策与授权机制。自营业务决策机构原则上应当按照"董事会—投资决策机构—自营业务部门"的三级体制设立。

二、填空题

1. 保荐机构、保荐业务负责人、内核负责人或者保荐业务部门负责人在一个自然年度内被采取上述监管措施累计 5 次以上，中国证监会可以暂停保荐机构的保荐业务 3 个月，依法责令保荐机构更换保荐业务负责人、内核负责人或者保荐业务部门负责人。

2. 证券公司应当对融资融券业务实行集中统一管理。融资融券业务的决策和主要管理职责应当由证券公司总部承担。

3. 证券自营业务的禁止性行为中，其他禁止的行为包括：假借他人名义或者以个人名义进行自营业务；违反规定委托他人代为买卖证券；违反规定购买本证券公司控股股东或者与本证券公司有其他重大利害关系的发行人发行的证券；将自营账户借给他人使用；将自营业务与代理业务混合操作；法律、行政法规或中国证监会禁止的其他行为。

三、单项选择题

1. 【答案】C

【解析】按照证券发行保荐业务的一般规定，证券公司从事证券发行上市保荐业务，应按照《证券发行上市保荐业务管理办法》的规定向中国证监会申请保荐机构资格。

2. 【答案】C

【解析】中国证监会依法对保荐机构及其保荐代表人进行监督管理。中国证监会依法对保荐机构及其保荐代表人进行监督管理。中国证券业协会对保荐机构及其保荐代表人进行自律管理。

3. 【答案】D

【解析】本题考查债券存续期间重大事件的披露。发行人放弃债权或财产超过上一年末净资产 10%的。

4. 【答案】D

【解析】本题考查金融债券发行与承销信息披露的有关规定。发行人将相关信息披露文件分别送全国银行间同业拆借中心和中央国债登记结算有限责任公司的，同业拆借中心和中央国债登记结算有限责任公司分别通过中国货币网和中国债券信息网披露。

5. 【答案】C

【解析】本题考查监管部门对证券（股票类）发行与承销的监管措施。中国证监会对证券发行承销过程实施事中事后监管，发现涉嫌违法违规或者存在异常情形的，可责令发行人和承销商暂停或中止发行，对相关事项进行调查处理。

6. 【答案】A

【解析】本题考查违反债券发行与承销有关规定的法律责任。超过《企业债券管理条例》第十八条规定的最高利率发行企业债券的，责令改正，处以相当于所筹资金金额 5% 以下的罚款。

7. **【答案】** C

    【解析】 考查证监部门对公司债券发行与承销的监管。在企业债券发行过程中，各承销商面向社会公开零售企业债券的所有营业网点及每个营业网点的承销份额，均须在各网点所在地省级发展改革部门备案。

8. **【答案】** C

    【解析】 按照证券发行保荐业务的一般规定，证券公司从事证券发行上市保荐业务，应按照《证券发行上市保荐业务管理办法》的规定向中国证监会申请保荐机构资格。

9. **【答案】** B

    【解析】 保荐机构对其保荐代表人履行保荐职责，不能减轻或免除发行人及其董事、监事、高级管理人员、证券服务机构及其签字人员的责任。

10. **【答案】** A

    【解析】 考查金融债券发行与承销信息披露的有关规定。经中国人民银行核准发行的金融债券的，发行人应于每期金融债券发行前 3 个工作日披露募集说明书和发行公告。

11. **【答案】** C

    【解析】 融资融券业务的决策与授权体系原则上按照"董事会—业务决策机构—业务执行部门—分支机构"的架构设立和运行。

12. **【答案】** C

    【解析】 本题考查融资融券业务的决策授权体系。证券公司应当建立融资融券业务的决策与授权体系。融资融券业务的决策与授权体系原则上按照"董事会—业务决策机构—业务执行部门—分支机构"的架构设立和运行。（1）董事会负责制定融资融券业务的基本管理制度，决定与融资融券业务有关的部门设置及各部门职责，确定融资融券业务的总规模。（2）业务决策机构由有关高级管理人员及部门负责人组成，负责制定融资融券业务操作流程，选择可从事融资融券业务的分支机构，确定对单一客户和单一证券的授信额度、融资融券的期限和利率（费率）、保证金比例和最低维持担保比例、可充抵保证金的证券种类及折算率、客户可融资买入和融券卖出的证券种类。（3）业务执行部门负责融资融券业务的具体管理和运作，制定融资融券合同的标准文本，确定对具体客户的授信额度，对分支机构的业务操作进行审批、复核和监督。（4）分支机构在公司总部的集中监控下，按照公司的统一规定和决定，具体负责客户征信、签约、开户、保证金收取和交易执行等业务操作。综上所述，证券公司董事会负责确定融资融券的总规模，选项 C 符合题意。

故本题的正确答案为选项 C。

13. 【答案】D

   【解析】本题考查融资卖出证券的保证金比例。投资者融资买入证券时，融资保证金比例不得低于 100%。融资保证金比例是指投资者融资买入时交付的保证金与融资交易金额的比例，计算公式为：融资保证金比例＝保证金/（融资买入证券数量×买入价格）×100%。投资者融券卖出时，融券保证金比例不得低于 50%。融券保证金比例是指投资者融券卖出时交付的保证金与融券交易金额的比例，计算公式为：融券保证金比例＝保证金/（融券卖出证券数量×卖出价格）×100%。

14. 【答案】A

   【解析】本题考查融资融券业务相关交易要素。选项 A 错误，证券公司向客户融资、融券，应当向客户收取（并非交存）一定比例的保证金。选项 B 正确，除现金外，保证金可以用证券充抵。选项 C 正确，融资融券标的证券为股票的条件之一是融券卖出标的的股票的流通股本不少于 2 亿股或流通市值不低于 8 亿元。选项 D 正确，保证金应当存入证券公司客户证券担保账户或者客户资金担保账户并计入该客户授信账户。综上所述，选项 B、选项 C、选项 D 正确，选项 A 错误。故本题的正确答案为选项 A。

15. 【答案】B

   【解析】证券公司委托其他证券公司或者基金管理公司进行证券投资管理，且投资规模合计不超过其净资本 80% 的，无须取得证券自营业务资格。

16. 【答案】D

   【解析】本题考查操纵证券、期货市场的认定。操纵市场的行为包括：（1）单独或合谋，集中资金优势、持股或者持仓优势或者利用信息优势联合或者连续买卖，选项 A 不符合题意。（2）与他人串通以事先约定的时间、价格和方式相互进行交易。（3）在自己实际控制的账户之间进行交易，或者以自己为交易对象，自买自卖等方式，操纵证券、期货市场（含交易价格、交易量等）的行为，选项 B 不符合题意。（4）以散布谣言、传播虚假信息等手段影响证券发行、交易，选项 C 不符合题意。根据内幕消息买卖证券或者暗示他人买卖证券属于利用内幕信息的行为，选项 D 符合题意。故本题的正确答案为选项 D。

17. 【答案】C

   【解析】本题考查证券自营业务关于投资范围的特别规定。证券公司将自有资金投资于依法公开发行的国债、投资级公司债、货币市场基金、央行票据等中国证监会认可的风险较低、流动性较强的证券，或者委托其他证券公司或者基金管理公司进行证券投资管理，且投资规模合计不超过其净资本80%的，无须取得证券自营业务资格，选项C符合题意。故本题的正确答案为选项C。

18. 【答案】C

【解析】自营业务决策机构原则上应当按照"董事会—投资决策机构—自营业务部门"的三级体制设立。（1）董事会是自营业务的最高决策机构，在严格遵守监管法规中关于自营业务规模等风险控制指标规定基础上，根据公司资产、负债、损益和资本充足等情况确定自营业务规模、可承受的风险限额等，并以董事会决议的形式进行落实，自营业务具体投资运作管理由董事会授权公司投资决策机构决定。（2）投资决策机构是自营业务投资运作的最高管理机构，负责确定具体的资产配置策略、投资事项和投资品种等。（3）自营业务部门为自营业务的执行机构，应在投资决策机构作出的决策范围内，根据授权负责具体投资项目的决策和执行工作。自营业务的管理和操作由证券公司自营业务部门专职负责，非自营业务部门和分支机构不得以任何形式开展自营业务。自营业务中涉及自营规模、风险限额、资产配置、业务授权等方面的重大决策应当经过集体决策并采取书面形式，由相关人员签字确认后存档。

19. 【答案】D

【解析】本题考查证券自营业务的风险控制指标。自营非权益类证券及其衍生品的合计额不得超过净资本的500%。

四、多项选择题

1. 【答案】ABC

【解析】发行人全体董事、监事、高级管理人员应当在债券募集说明书上签字，承诺不存在虚假记载、误导性陈述或者重大遗漏，并承担相应的法律责任，但是能够证明自己没有过错的除外。

2. 【答案】ABCD

【解析】考查监管部门对证券（股票类）发行与承销的监管措施。中国证券业协会应当建立对承销商询价、定价、配售行为和网下投资者报价行为的日常监管制度，加强相关行为的监督检查，发现违规情形的，应当及时采取自律监管措施。中国证券业协会还应当建立对网下投资者和承销商的跟踪分析和评价体系，并根据评价结果采取奖惩措施。

3. 【答案】ABCD

【解析】考查《证券发行与承销管理办法》第三十七条。发行人、证券公司、证券服务机构、投资者及其直接负责的主管人员和其他直接责任人员有失诚信、违反法律、行政法规或者《证券发行与承销管理办法》规定的，中国证监会可以视情节轻重采取责令改正、监管谈话、出具警示函、责令公开说明、认定为不适当人选等监管措施，或者采取市场禁入措施，并记入诚信档案；依法应予行政处罚的，依照有关规定进行处罚；涉嫌犯罪的，依法移送司法机关，追究其刑事责任。

4.【答案】AB

【解析】考查非金融企业债务融资工具发行业务的一般规定。债务融资工具在中央国债登记结算有限责任公司登记、托管、结算。全国银行间同业拆借中心为债务融资工具在银行间债券市场的交易提供服务。

5.【答案】ABCD

【解析】证券发行与承销信息披露的有关规定。网上申购前披露每位网下投资者的详细报价情况，包括：（1）投资者名称、申购价格及对应的拟申购数量；剔除最高报价有关情况。（2）剔除最高报价部分后网下投资者报价的中位数和加权平均数以及公募基金报价的中位数和加权平均数。（3）有效报价和发行价格（或发行价格区间）的确定过程。（4）发行价格（或发行价格区间）及对应的市盈率。（5）网上、网下的发行方式和发行数量。（6）回拨机制。（7）中止发行安排。（8）申购缴款要求。

6.【答案】ABCD

【解析】考查违反金融债券发行与承销有关规定的法律责任。发行人有下列行为之一的，由中国人民银行按照《中国人民银行法》第四十六条的规定予以处罚。①未经中国人民银行核准擅自发行金融债券；②超规模发行金融债券；③以不正当手段操纵市场价格、误导投资者；④未按规定报送文件或披露信息；⑤其他违反《全国银行间债券市场金融债券发行管理办法》的行为。

7.【答案】BCD

【解析】考查证券（股票类）发行与承销信息披露的有关规定。发行人和主承销商在披露发行市盈率时，应同时披露发行市盈率的计算方式。在进行行业市盈率比较分析时，应当按照中国证监会有关上市公司行业分类指引中制定的行业分类标准确定发行人行业归属，并分析说明行业归属的依据。存在多个市盈率口径时，应当充分列示可供选择的比较基准，并应当按照审慎、充分提示风险的原则选取和披露行业平均市盈率。发行人还可以同时披露市净率等反映发行人所在行业特点的估值指标。

8.【答案】ABCD

【解析】考查违反金融债券发行与承销有关规定的法律责任。（1）发行人有下列行为之一的，由中国人民银行按照《中国人民银行法》第四十六条的规定予以处罚。①未经中国人民银行核准擅自发行金融债券；②超规模发行金融债券；③以不正当手段操纵市场价格、误导投资者；④未按规定报送文件或披露信息；⑤其他违反《全国银行间债券市场金融债券发行管理办法》的行为。(2) 承销人有下列行为之一的，由中国人民银行按照《中国人民银行法》第四十六条的规定予以处罚。①以不正当竞争手段招揽承销业务；②发布虚假信息或泄露非公开信息；③其他违反《全国银行间债券市场金融债券发行管理办法》的行为。(3) 托管机构有下列行为之一的，由中国人民银行按照《中国人民银行法》第四十六条的规定予以处罚。①挪用托管客户金融债券；②债券登记错误或遗失；③发布虚假信息或泄露非公开信息；④其他违反《全国银行间债券市场金融债券发行管理办法》的行为。(4) 注册会计师、律师、信用评级机构等相关机构和人员所出具的文件含有虚假记载、误导性陈述或重大遗漏的，由中国人民银行按照《中国人民银行法》第四十六条的规定予以处罚。其行为给他人造成损失的，应当就其负有责任的部分依法承担民事责任。

9. 【答案】ABC

【解析】金融债券发行与承销信息披露的有关规定。对影响发行人履行债务的重大事件，发行人应在第一时间向中国人民银行报告，并按照中国人民银行指定的方式披露。

10. 【答案】ABD

【解析】向战略投资者配售股票的，应当在网下配售结果公告中披露战略投资者的名称、认购数量及持有期限等情况。

11. 【答案】ABCD

【解析】证券公司应当建立融资融券业务的决策与授权体系。融资融券业务的决策与授权体系原则上按照"董事会—业务决策机构—业务执行部门—分支机构"的架构设立和运行。(1) 董事会负责制定融资融券业务的基本管理制度，决定与融资融券业务有关的部门设置及各部门职责，确定融资融券业务的总规模。(2) 业务决策机构由有关高级管理人员及部门负责人组成，负责制定融资融券业务操作流程，选择可从事融资融券业务的分支机构，确定对单一客户和单一证券的授信额度、融资融券的期限和利率（费率）、保证金比例和最低维持担保比例、可充抵保证金的证券种类及折算率、客户可融资买入和融券卖出的证券种类。(3) 业务执行部门负责融资融券业务的具体管理和运作，制订融资融券合同的标准文本，确定对具体客户的授信额度，对分支机构的业务操作进行审批、复核和监督。(4) 分支机构在公司总部的集中监控下，按照公司的统一规定和决定，具体负责客户征信、签约、开户、保证金收取和交易执行等业务操作。

12.【答案】ABD

【解析】考查标的证券暂停终止的相关规定。标的证券暂停交易后恢复交易日在融资融券债务到期日之后的，融资融券的期限可以顺延。标的股票交易被实施风险警示的，交易所自该股票被实施风险警示当日将其调整出标的证券范围。证券被调整出标的证券范围的，在调整实施前未了结的融资融券合同仍然有效。

13.【答案】ABCD

【解析】考查标的证券为开放式基金需满足的条件。标的证券为上市开放式基金的，应当符合下列条件：（1）上市交易超过5个交易日。（2）最近5个交易日内的日平均资产规模不低于5亿元。（3）基金持有户数不少于2000户。（4）基金份额不存在分拆、合并等分级转换情形。（5）交易所规定的其他条件。

14.【答案】BCD

【解析】考查证券公司融资融券业务的法律法规与部门规章。《证券公司监督管理条例》属于法律法规。

15.【答案】ABCD

【解析】考查计算维持保证金比例的特殊情形。证券公司信用证券账户内的证券，出现被调出可充抵保证金证券范围、被暂停交易、被实施风险警示等特殊情形或者因权益处理等产生尚未到账的在途证券，证券公司在计算客户维持担保比例时，可以根据与客户的约定按照公允价格或其他定价方式计算其市值。

16.【答案】ABCD

【解析】法律、行政法规除上述法律及行政法规外，证券公司证券自营业务涉及的部门规章及规范性文件包括《证券公司风险控制指标管理办法》《证券公司风险控制指标计算标准规定》《证券公司内部控制指引》《证券公司证券自营业务指引》《关于证券公司证券自营业务投资范围及有关事项的规定》等。

17.【答案】ABCD

【解析】考查证券自营业务的禁止性行为。（1）禁止内幕交易。（2）禁止操纵市场。（3）其他禁止的行为其他禁止的行为包括：假借他人名义或者个人名义进行自营业务；违反规定委托他人代为买卖证券；违反规定购买本证券公司控股股东或者与本证券公司有其他重大利害关系的发行人发行的证券；将自营账户借给他人使用；将自营业务与经纪业务混合操作；法律、行政法规或中国证监会禁止的其他行为。

18.【答案】ABD

【解析】依法可以在境内证券交易所上市交易的证券包括股票、债券、权证和证券投资基金等。

19.【答案】ABCD

【解析】自营业务必须以证券公司自身名义、通过专用自营席位进行，并由非自营业务部门负责自营账户的管理，包括开户、销户、使用登记等。建立健全自营账户的审核和稽核制度，严禁出借自营账户、使用非自营席位变相自营、账外自营。加强自营业务资金的调度管理和自营业务的会计核算，由非自营业务部门负责自营业务所需资金的调度。

20.【答案】BCD

【解析】证券公司应建立健全相对集中、权责统一的投资决策与授权机制。自营业务决策机构原则上应当按照"董事会—投资决策机构—自营业务部门"的三级体制设立。

21.【答案】BCD

【解析】自营业务必须以证券公司自身名义，通过专用自营席位进行，并由非自营业务部门负责自营账户的管理，包括开户、销户、使用登记等。

22.【答案】ABCD

【解析】证券自营业务的禁止性行为包括：（1）禁止内幕交易。（2）禁止操纵市场。（3）其他禁止的行为。其他禁止的行为包括：假借他人名义或者以个人名义进行自营业务；违反规定委托他人代为买卖证券；违反规定购买本证券公司控股股东或者与本证券公司有其他重大利害关系的发行人发行的证券；将自营账户借给他人使用；将自营业务与代理业务混合操作；法律、行政法规或中国证监会禁止的其他行为。

五、判断题

1.【答案】×

【解析】合格投资者的条件资质。净资产不低于 1000 万元的企事业单位法人、合伙企业为《公司债券发行与交易管理办法》所称合格投资者。

2.【答案】√

【解析】考查金融债券发行与承销信息披露的有关规定。金融债券存续期间，发行人应于每年 7 月 31 日前披露债券跟踪信用报告。

3.【答案】√

【解析】考查债券存续期间重大事件的披露，发行人发生超过上年末净资产10%的重大损失，将之认定为债券存续期间需要披露的重大事项。

4.【答案】√

5.【答案】×

【解析】 证券公司现金管理产品、货币市场基金、国债折算率最高不超过95%。

6.【答案】√

7.【答案】×

【解析】 禁止任何人以下列手段操纵证券市场：（1）单独或者通过合谋，集中资金优势、持股优势或者利用信息优势联合或者连续买卖，操纵证券交易价格或者证券交易量。（2）与他人串通，以事先约定的时间、价格和方式相互进行证券交易，影响证券交易价格或者证券交易量。（3）在自己实际控制的账户之间进行证券交易，影响证券交易价格或者证券交易量。（4）以其他手段操纵证券市场。

8.【答案】√

9.【答案】×

【解析】 本题考查证券自营业务的风险控制指标。持有一种权益类证券的成本不得超过净资本的30%。

第4章　证券市场典型违法违规行为及法律责任

一、名词解释题

1. 非法发行股票

答：不特定对象发行股票或向特定对象发行股票后股东累计超过 200 人的，为公开发行，应依法报经中国证监会核准。未经核准擅自发行的属于非法发行股票。

2. 犯罪构成

答：诱骗投资者买卖证券、期货合约罪是指证券交易所、期货交易所、证券公司、期货经纪公司的从业人员，证券业协会、期货业协会或者证券期货监督管理部门的工作人员，故意提供虚假信息或者伪造、变造、销毁交易记录，诱骗投资者买卖证券、期货合约，造成严重后果的行为。

二、填空题

1. 犯罪构成有：客体条件、客观要件、主体要件、主观要件。

2. 根据《最高人民检察院、公安部关于公安机关管辖的刑事案件立案追诉标准的规定（二）》的规定，在招股说明书、认股书、公司、企业债券募集办法等发行文件中隐瞒重要事实或者编造重大虚假内容，发行股票或者公司、企业债券、存托凭证或者国务院依法认定的其他证券，涉嫌下列情形之一的，应予立案追诉：（1）非法募集资金金额在 1000 万元以上的。（2）虚增或者虚减资产达到当期资产总额 30% 以上的。（3）虚增或者虚减营业收入达到当期营业收入总额 30% 以上的。（4）虚增或者虚减利润达到当期利润总额 30% 以上的。（5）隐瞒或者编造的重大诉讼、仲裁、担保、关联交易或者其他重大事项所涉及的数额或者连续 12 个月的累计数额达到最近一期披露的净资产 50% 以上的。（6）造成投资者直接经济损失数额累计在 100 万元以上的。（7）为欺诈发行证券而伪造、变造国家机关公文、有效证明文件或者相关凭证、单据的。（8）为欺诈发行证券向负有金融监督管理职责的单位或者人员行贿的。（9）募集的资金全部或者主要用于违法犯罪活动的。（10）其他后果严重或者有其他严重情节的情形。

3. 本罪的主体为特殊主体，即只有证券交易所、期货交易所、证券公司、期货经纪公司的从业人员，证券业协会、期货业协会或者证券期货监督管理部门的工作人员及单位，才能构成本罪。

三、单项选择题

1. 【答案】D

   【解析】本题考查擅自公开或变相公开发行证券犯罪。根据《中华人民共和国刑法》第一百七十九条规定，未经国家有关主管部门批准，擅自发行股票或者公司、企业债券，数额巨大、后果严重或者有其他严重情节的：（1）处5年以下有期徒刑或者拘役，并处或者单处非法募集资金金额1%以上5%以下罚金。（2）单位犯该罪的，对单位判处罚金，并对其直接负责的主管人员和其他直接责任人员，处5年以下有期徒刑或者拘役。因此，选项D符合题意。故本题的正确答案为选项D。

2. 【答案】B

   【解析】考查《最高人民检察院公安部关于公安机关管辖的刑事案件立案追诉标准的规定（二）》第六条的规定，虚增或者虚减资产达到当前披露的资产总额30%以上的，应予立案追诉。

3. 【答案】D

   【解析】本题考查擅自发行股票、公司、企业债券罪的认定。选项A说法正确，擅自发行股票、公司、企业债券罪的犯罪主体是一般主体，既可以是自然人，也可以是单位。选项B说法正确，擅自发行股票、公司、企业债券罪的犯罪客体是国家对发行股票或者公司、企业债券的管理秩序。选项C说法正确，擅自发行股票、公司、企业债券罪的犯罪客观方面包括：（1）未经国家有关部门批准，擅自发行股票或公司、企业债券。（2）数额巨大，后果严重或者有其他严重情节。选项D说法错误，擅自发行股票、公司、企业债券罪的主观方面是故意。故本题的正确答案为选项D。

4. 【答案】C

   【解析】本题考查《中华人民共和国刑法》第一百八十一条的规定，故意提供虚假信息或者伪造、变造、销毁交易记录，诱骗投资者买卖证券、期货合约，造成严重后果的，处5年有期徒刑或者拘役，并处或者单处1万元以上10万元以下罚金。

5. 【答案】D

【解析】根据 2020 年 3 月 1 日起实施的新《中华人民共和国证券法》第一百九十三条的规定，违反本法第五十六条第一款、第三款的规定，编造、传播虚假信息或者误导性信息，扰乱证券市场的，没收违法所得，并处以违法所得 1 倍以上 10 倍以下的罚款；没有违法所得或者违法所得不足 20 万元的，处以 20 万元以上 200 万元以下的罚款。违反本法第五十六条第二款的规定，在证券交易活动中作出虚假陈述或者信息误导的，责令改正，处以 20 万元以上 200 万元以下的罚款；属于国家工作人员的，还应当依法给予处分。传播媒介及其从事证券市场信息报道的工作人员违反本法第五十六条第三款的规定，从事与其工作职责发生利益冲突的证券买卖的，没收违法所得，并处以买卖证券等值以下的罚款。

6. 【答案】D

【解析】本题考查利用未公开信息罪。选项 A、选项 C 错误，利用未公开信息罪的主观方面应当表现为故意（并非过失）。选项 B 错误，利用未公开信息交易罪使用的信息为内幕信息之外的其他未公开信息（并非与内幕信息的信息范围相同）。选项 D 正确，本罪的犯罪主体包括证券交易所、期货交易所、证券公司、期货经纪公司、基金管理公司、商业银行、保险公司等金融机构的从业人员以及有关监管部门或者行业协会的工作人员。故本题的正确答案为选项 D。

7. 【答案】C

【解析】考查《最高人民检察院公安部关于公安机关管辖的刑事案件立案追诉标准的规定（二）》第三十八条的规定。诱骗投资者买卖证券、期货合约，涉嫌下列情形之一的，应予立案追诉：（1）获利或者避免损失数额累计在 5 万元以上的。（2）造成投资者直接经济损失数额在 5 万元以上的。（3）致使交易价格和交易量异常波动的。(4) 其他造成严重后果的情形。

四、多项选择题

1. 【答案】AD

【解析】欺诈发行股票、债券罪的犯罪构成的客观要件之一是行为人必须实施在招股说明书、认股书、公司、企业债券募集办法中隐瞒重要事实或者编造重大虚假内容的行为。

2. 【答案】ABCD

【解析】向特定对象发行股票后股东累计不超过 200 人的，为非公开发行。非公开发行股票及其股权转让，不得采用广告、公告、广播、电话、传真、信函、推介会、说明会、网络、短信、公开劝诱等公开方式或变相公开方式向社会公众发行。严禁任何公司股东自行或委托他人以公开方式向社会公众转让股票。向特定对象转让股票，未依法报经中国证监会核准的，转让后，公司股东累计不得超过200人。

3. 【答案】BCD

【解析】违规披露、不披露重要信息罪具有以下构成特征：（1）本罪侵犯的客体是国家对公司、企业的信息公开披露制度和股东、社会公众和其他利害关系人的合法权益。（2）本罪在客观方面表现为公司向股东和社会公众提供虚假的或者隐瞒重要事实的财务会计报告，严重损害股东或者其他人利益的行为。（3）本罪在主观方面只能由故意构成，过失不构成本罪。（4）本罪的主体是特殊主体，即依法负有信息披露义务的公司、企业。

4. 【答案】ACD

【解析】本题考查公开发行的定义。有下列情形之一的，为公开发行：（1）向不特定对象发行证券的，选项A符合题意。（2）向特定对象发行证券累计超过200人，但依法实施员工持股计划的员工人数不计算在内。选项B不符合题意，选项C、选项D符合题意。（3）法律、行政法规规定的其他发行行为。

5. 【答案】ABCD

【解析】本题考查操纵证券、期货市场犯罪。《中华人民共和国刑法》及修正案关于证券犯罪主要有：（1）欺诈发行股票、债券罪，选项A符合题意。（2）提供虚假财务会计报告罪，选项D符合题意。（3）非法发行股票和公司、企业债券罪。（4）内幕交易、泄露内幕信息罪，选项B符合题意。（5）编造并传播影响证券交易虚假信息罪、诱骗他人买卖证券罪。（6）操纵证券市场罪，选项C符合题意。

6. 【答案】CD

【解析】涉嫌下列情形之一的构成利用未公开信息交易罪，根据规定应予立案追诉：（1）证券交易成交额累计在50万元以上的。（2）期货交易占用保证金数额累计在30万元以上的。（3）获利或者避免损失数额累计在15万元以上的。（4）多次利用内幕信息以外的其他未公开信息进行交易活动的。（5）其他情节严重的情形。

7. 【答案】ABCD

【解析】根据2020年3月1日起实施的新《中华人民共和国证券法》第一百九十三条的规定：违反本法第五十六条第二款的规定，在证券交易活动中作出虚假陈述或者信息误导的，责令改正，处以20万元以上200万元以下的罚款；

属于国家工作人员的，还应当依法给予处分。（第五十六条第二款：禁止证券交易场所、证券公司、证券登记结算机构、证券服务机构及其从业人员，证券业协会、证券监督管理机构及其工作人员，在证券交易活动中作出虚假陈述或者信息误导。）

8. 【答案】ABC

【解析】操纵证券市场罪的犯罪构成包括：（1）犯罪的主观方面。本罪主观方面由故意构成，且以获取不正当利益或者转嫁风险为目的。（2）犯罪主体。本罪主体为一般主体，凡达到刑事责任年龄并且具有刑事责任能力的自然人均可成为本罪主体；单位也能成为本罪主体。（3）犯罪的客体。本罪侵害了国家证券、期货管理制度和投资者的合法权益。

9. 【答案】ABCD

【解析】背信运用受托财产的认定及法律责任背信运用受托财产罪的犯罪构成主体：该罪的主体是特殊主体，为商业银行、证券交易所、期货交易所、证券公司、期货经纪公司、保险公司或者其他金融机构。

10. 【答案】ABC

【解析】操纵证券、期货市场行为有：（1）单独或合谋，集中资金优势、持股或者持仓优势或者利用信息优势联合或者连续买卖，选项 A 正确。（2）与他人串通以事先约定的时间、价格和方式相互进行交易，选项 B 正确。（3）在自己实际控制的账户之间进行交易，或者以自己为交易对象，自买自卖等方式，操纵证券、期货市场（含交易价格、交易量等）的行为，选项 C 正确。

11. 【答案】ABCD

【解析】《最高人民检察院公安部关于公安机关管辖的刑事案件立案追诉标准的规定（二）》规定，在招股说明书、认股书、公司、企业债券募集办法中隐瞒重要事实或者编造重大虚假内容，发行股票或者公司、企业债券，涉嫌下列情形之一的，应予立案追诉：（1）发行数额在 500 万元以上的。（2）伪造、变造国家公文、有效证明文件或相关凭证、单据的。（3）利用募集的资金进行违法活动的。（4）转移或者隐瞒所募集资金的。（5）其他后果严重或有其他严重情节的情形。

五、判断题

1. 【答案】√

2. 【答案】×

【解析】数额特别巨大、后果特别严重或者有其他特别严重情节的，处 5 年以

上有期徒刑，并处罚金。单位犯前述罪的，对单位判处非法募集资金金额 20%
以上 1 倍以下罚金并对其直接负责的主管人员和其他直接责任人员，依照前述
的规定处罚。

3. 【答案】√

   【解析】根据 2020 年 3 月 1 日起实施的新《中华人民共和国证券法》第一百九
   十三条的规定，违反本法第五十六条第一款、第三款的规定，编造、传播虚假
   信息或者误导性信息，扰乱证券市场的，没收违法所得，并处以违法所得 1 倍
   以上 10 倍以下的罚款；没有违法所得或者违法所得不足 20 万元的，处以 20
   万元以上 200 万元以下的罚款。违反本法第五十六条第二款的规定，在证券交
   易活动中作出虚假陈述或者信息误导的，责令改正，处以 20 万元以上 200 万
   元以下的罚款；属于国家工作人员的，还应当依法给予处分。传播媒介及其从
   事证券市场信息报道的工作人员违反本法第五十六条第三款的规定，从事与其
   工作职责发生利益冲突的证券买卖的，没收违法所得，并处以买卖证券等值以
   下的罚款。

4. 【答案】×

   【解析】本题考查《最高人民检察院公安部关于公安机关管辖的刑事案件立案
   追诉标准的规定（二）》第三十五条的规定，内幕交易、泄露内幕信息案，涉
   嫌下列情形之一的，应予立案追溯：（1）证券交易成交额累计在 50 万元以上
   的。（2）期货交易占有保证金额累计在 30 万元以上的。（3）获利或者避免损
   失金额累计在 15 万元以上的。（4）多次利用内幕信息以外的其他未公开信息
   进行交易活动的。（5）其他情节严重的情形。

5. 【答案】√

   【解析】本题考查《刑法》第一百八十条的规定。对犯内幕交易、泄露内幕信
   息罪的人员，处 5 年以下有期徒刑或者拘役，并处或者单处违法所得 1 倍或者
   5 倍以下罚金；情节特别严重的，处 5 年以上 10 年以下有期徒刑。

第5章　行业文化、职业道德与从业人员行为规范

一、名词解释题

1. 廉洁从业

答：廉洁从业，是指证券期货经营机构及其工作人员在开展证券期货业务及相关活动中，严格遵守法律法规、中国证监会的规定和行业自律规则，遵守社会公德、商业道德、职业道德和行为规范，公平竞争，合规经营，忠实勤勉，诚实守信，不直接或者间接向他人输送不正当利益或者谋取不正当利益。

2. 从业人员

答：从业人员，是指在证券基金经营机构从事证券基金业务和相关管理工作的人员在证券基金经营机构从事证券基金业务和相关管理工作的人员，包括从事证券经纪、证券投资咨询、与证券交易及证券投资活动有关的财务顾问、证券承销与保荐、证券融资融券、证券自营、证券做市交易、证券资产管理等业务和相关管理工作的人员。证券公司董事长、从事业务管理工作的其他董事和监事、高级管理人员、分支机构负责人均为从业人员。

二、填空题

1. 中国证券业协会对违反廉洁从业规定的会员及其从业人员，采取自律管理措施或者纪律处分，并按照规定记入执业声誉信息库。

2. 从业人员自首次执业登记日的下一年起，每个自然年为一个培训周期。证券公司应当要求其从业人员在每个培训周期内完成一定时间的业务培训，建议不少于 15 学时，每学时为 45 分钟。在一个培训周期内，证券公司应当要求其从业人员在党建引领、行业文化、职业道德方面的学时比重不低于其应完成培训学时的 30%。

三、单项选择题

1. 【答案】B

【解析】考查廉洁从业的内部控制机制中的制度建设：证券期货经营机构应当制定具体、有效的事前风险防范体系、事中管控措施和事后追责机制，对所从事的业务种类、环节（包括业务承揽、承做、销售、交易、结算、交割、投资、采购、商业合作、人员招聘，以及申请行政许可、接受监管执法和自律管理等）以及相关工作进行科学、系统的廉洁风险评估，识别廉洁从业风险点，强化岗位制衡与内部监督机制并确保运作有效。

2. 【答案】A

【解析】考查廉洁从业的内部控制机制中的人员管理：董事会决定廉洁从业管理目标，对廉洁从业管理的有效性承担责任。证券期货经营机构主要负责人是落实廉洁从业管理职责的第一责任人，各级负责人应加强对所属部门、分支机构或子公司工作人员的廉洁从业管理，在职责范围内承担相应管理责任。

3. 【答案】D

【解析】证券期货经营机构应当制定工作人员廉洁从业规范，明确廉洁从业要求，加强从业人员廉洁培训和教育，培育廉洁从业文化，每年开展覆盖全体工作人员的廉洁培训和教育，确保工作人员熟悉廉洁从业的相关规定，提高工作人员廉洁意识，并在新员工入职、岗位调整、员工晋升时，向其传达相应的廉洁从业要求，并要求其签署廉洁从业承诺。

4. 【答案】B

【解析】证券期货经营机构应当于每年 4 月 30 日前，向中国证监会有关派出机构报送上年度廉洁从业管理情况报告。

5. 【答案】A

【解析】有下列情形之一的，证券期货经营机构应当在 5 个工作日内，向中国证监会有关派出机构报告：（1）证券期货经营机构在内部检查中，发现存在违反规定行为的。（2）证券期货经营机构及其工作人员发现监管人员存在应当回避的情形而未进行回避、利用职务之便索取或者收受不正当利益等违反廉洁规定行为的。（3）证券期货经营机构及其工作人员发现其股东、客户等相关方以不正当手段干扰监管工作的。（4）证券期货经营机构或者其工作人员因违反廉洁从业规定被纪检监察机关、司法机关立案调查或者被采取纪律处分、行政处罚、刑事处罚等措施的。

6. 【答案】C

【解析】本题考查申请从事一般证券业务应当具备的条件，申请从事一般证券业务的人员，必须最近 3 年未受过刑事处罚。

7. 【答案】C

【解析】本题考查保荐代表人的更换规定。保荐机构更换保荐代表人的，应当通知发行人，并在 5 个工作日内向中国证监会、证券交易所报告，说明原因。

8. 【答案】B

【解析】从业人员应当通过所在机构进行登记，机构应当自从业人员入职（含试用期）之日起 7 个工作日内，通过协会从业人员管理平台，将经本机构审核过的从业人员登记信息提交至协会进行登记。

9. 【答案】B

【解析】从事证券经纪业务相关人员应符合下列要求：与客户权益变动相关业务的经办人员之间，应建立制衡机制；与客户权益变动直接相关的业务应当一人操作、一人复核，复核应留痕迹；涉及限制性客户资产转移、改变客户证券账户和资产账户的对应关系、客户账户资产变动记录的差错确认与调整等非常规性业务操作，应事先审批，事后复核，审批和复核均应留痕迹。

10. 【答案】B

【解析】本题考查证券投资咨询人员从业资格管理的有关规定。取得证券投资咨询人员从业资格需证券投资咨询人员具有从事证券业务 2 年以上的经历，期货投资咨询人员具有从事期货业务 2 年以上的经历。故本题选择 B 选项。

11. 【答案】C

【解析】考查从业人员申请执业证书的条件。申请从事一般证券业务的人员，必须最近 3 年未受过刑事处罚。

四、多项选择题

1. 【答案】ABD

【解析】考查廉洁从业的内部控制机制中的财经纪律：委托、聘用第三方机构或者个人提供投资顾问、财务顾问、产品代销、专业咨询等服务，应当明确第三方的资质条件，事先签署服务协议，履行内部审批程序，协议中应明确约定服务内容、服务期限以及费用标准等。

2. 【答案】ABCD

【解析】证券期货经营机构及其工作人员在开展证券期货业务及相关活动中，不得以下列方式（《证券期货经营机构及其工作人员廉洁从业规定》第九条规定的方式）向公职人员、客户、正在洽谈的潜在客户或者其他利益关系人输送不正当利益：（1）提供礼金、礼品、房产、汽车、有价证券、股权、佣金返还等财物，或者为上述行为提供代持等便利。（2）提供旅游、宴请、娱乐健身、工作安排等利益。（3）安排显著偏离公允价格的结构化、高收益、保本理财产品等交易。（4）直接或者间接向他人提供内幕信息、未公开信息、商业秘密和客户信息，明示或者暗示他人从事相关交易活动。（5）其他输送不正当利益的情形。

3.【答案】ABC

【解析】考查投资银行类业务禁止性行为：（1）以非公允价格或者不正当方式为自身或者利益关系人获取拟上市公司股权。（2）以非公允价格或者不正当方式为自身或者利益关系人获取拟并购重组上市公司股权或者标的资产股权。（3）以非公允价格为利益关系人配售债券或者约定回购债券。（4）泄露证券发行询价和定价信息，操纵证券发行价格。（5）直接或者间接通过聘请第三方机构或者个人的方式输送利益。（6）以与监管人员或者其他相关人员熟悉，或者以承诺价格、利率、获得批复及获得批复时间等为手段招揽项目、商定服务费。（7）在证券发行与承销过程中暗箱操作，以代持、信托等方式输送或者谋取不正当利益。（8）其他输送或者谋取不正当利益的行为。

4.【答案】ABC

【解析】考查自营业务、资产管理业务、另类投资业务禁止性行为：（1）利用他人提供或者主动获取的内幕信息、未公开信息等从事或者明示、暗示他人从事相关交易活动。（2）侵占或者挪用受托资产。（3）不公平对待不同投资组合，在不同账户之间输送利益。（4）以明显偏离市场公允估值的价格进行交易。（5）编造、传播虚假不实信息，或者利用信息优势、资金优势、持股持券优势，单独或者通过合谋，影响证券、期货及其他衍生品交易价格、交易量。（6）以获取佣金或者其他利益为目的，用客户资产进行不必要的证券交易。（7）让渡资产管理账户实际投资决策权限。（8）代表投资组合对外行使投票表决权的过程中，不按照客观独立的专业判断投票。（9）其他输送或者谋取不正当利益的行为。

5.【答案】ABC

【解析】考查从事证券业务的专业人员范围。按照《证券业从业人员资格管理办法》，从事证券业务的专业人员是指：证券公司中从事自营、经纪、承销、投资咨询、受托投资管理等业务的专业人员，包括相关业务部门的管理人员；基金管理公司、基金托管机构中从事基金销售、研究分析、投资管理、交易、监察稽核等业务的专业人员，包括相关业务部门的管理人员；基金销售机构中从事基金宣传、推销、咨询等业务的专业人员，包括相关业务部门的管理人员；证券投资咨询机构中从事证券投资咨询业务的专业人员及其管理人员；证券资信评估机构中从事证券资信评估业务的专业人员及其管理人员；中国证监会规定需要取得从业资格和执业证书的其他人员。

6. 【答案】ABCD

【解析】注册登记为证券分析师的人员，其申请从事的证券业务类别为证券投资咨询业务（分析师）。申请从事证券投资咨询业务（分析师），除规定科目考试合格外，还应具备以下条件：（1）年满18周岁。（2）大学本科以上学历。（3）具有完全民事行为能力。（4）已被机构聘用。（5）未受过刑事处罚或与证券业务有关的严重行政处罚。（6）不存在《中华人民共和国证券法》规定不允许申请的情形。（7）未被中国证监会认定为证券市场禁入者，或者已过禁入期的。（8）具有中华人民共和国国籍。（9）具有从事证券业务2年以上的经历。（10）法律、行政法规和中国证监会规定的其他条件。

7. 【答案】ABCD

【解析】证券业从业人员应当自觉遵守法律、行政法规，接受并配合中国证监会的监督与管理，接受并配合中国证券业协会的自律管理，遵守交易场所有关规则、所在机构的规章制度及行业公认的职业道德和行为准则。

8. 【答案】ABCD

【解析】证券机构或者其管理人员对从业人员发出指令涉嫌违法违规的，从业人员应及时按照所在机构内部程序向高级管理人员或者董事会报告。机构未妥善处理的，从业人员应及时向中国证监会或者中国证券业协会报告。

9. 【答案】ACD

【解析】根据《证券投资咨询人员从业资格管理的有关规定》，从事证券、期货投资咨询业务的人员，必须具备的资格是取得中国证监会的业务许可；取得证券、期货投资咨询从业资格；加入一家有从业资格的证券、期货投资咨询机构。

10. 【答案】AD

【解析】本题考查证券经纪业务营销人员执业行为的禁止性规定。选项A说法正确，证券经纪人可以向客户介绍证券公司和证券市场的基本情况。选项B、选项C说法错误，证券经纪人不得替客户办理账户开立、注销、转移、证券认购、交易或者资金存取、划转、查询等事宜。选项D说法正确，证券经纪人可以向客户介绍证券投资开户、交易、资金存取等业务流程。

五、判断题

1. 【答案】×

【解析】考查证券业从业人员的登记程序，从业人员所从事的业务类别或其他重要登记信息发生变化的，所在机构应当自发生变化之日起7个工作日内办理变更登记。

2. 【答案】√

【解析】从业人员自首次执业登记日的下一年起，每个自然年为一个培训周期。证券公司应当要求其从业人员在每个培训周期内完成一定时间的业务培训，建议不少于 15 学时，每学时为 45 分钟。在一个培训周期内，证券公司应当要求其从业人员在党建引领、行业文化、职业道德方面的学时比重不低于其应完成培训学时的 30%。

银行篇

第6章　银行体系

一、名词解释题

1. 商业银行

答：商业银行是指依照《商业银行法》和《中华人民共和国公司法》设立的吸收公众存款、发放贷款、办理结算等业务的企业法人。商业银行以追求利润最大化为目标，以多种金融负债和金融资产为经营对象，为客户提供多功能、综合性的金融服务。

2. 中央银行

答：中央银行是一国最高货币金融管理机构，在一国金融体系中居于主导地位，负责制定和执行货币政策，实行金融管理和监督，控制货币流通与信用活动的金融中心机构。

3. 政策性金融

答：政策性金融，是指在一国政府的支持与鼓励下，以国家信用为基础，运用种种特殊的融资手段，严格按照国家法规限制的业务范围、经营对象，以优惠的存贷款利率或条件，直接或间接地为贯彻、配合国家特定经济和社会发展政策而进行的一种特殊的资金融通行为或活动。

4. 政策性银行

答：政策性银行主要是指那些多由政府创立、参股或担保，不以营利为目的，专门为贯彻和配合政府社会经济政策或意图，在特定的业务领域内，从事政策性融资活动，协助政府发展经济、进行宏观经济管理的金融机构。

二、单项选择题

1.【答案】D

【解析】1694 年由英国政府设立的英格兰银行是历史上第一家股份制银行，它的成立也标志着现代商业银行的产生。

2. **【答案】** C

   【解析】 信用创造是指商业银行利用其吸收活期存款的有利条件，通过发放贷款、从事投资业务，从而衍生出更多存款的行为，表现为扩大社会的货币供应量。

3. **【答案】** A

   【解析】 商业银行的信用中介职能是最基本也是最能反映其经营活动特征的职能。

4. **【答案】** D

   【解析】 商业银行的支付中介职能既有利于其获得稳定而廉价的资金来源，又能为客户提供良好的支付服务，从而最大限度地节约现钞使用和降低流通成本，加快结算过程和货币资本的周转，为社会化大生产的顺利进行提供有利条件。

5. **【答案】** C

   【解析】 货币兑换、存款转移和货币结算均属于商业银行支付中介职能内容，而商业银行金融服务包括为客户提供信息咨询、融资代理、信托租赁、代收代付等各种服务内容。

6. **【答案】** D

   【解析】 商业银行作为服务企业，与一般的工商企业一样，根据相关规定成立并开展业务经营，在经营的过程中，以营利为目的，自负盈亏，经营目标是追求利润最大化。

7. **【答案】** C

   【解析】 商业银行因其特殊性，所以在经营过程中，有高负债率、高风险性和监管管制严格性三大特点。

8. **【答案】** C

   【解析】 我国农村银行业中小金融机构主要包括农村信用社、农村商业银行、农村合作银行和村镇银行。

9. **【答案】** D

   【解析】 政策性银行主要是指那些多由政府创立、参股或担保，不以营利为目的，专门为贯彻和配合政府社会经济政策或意图，在特定的业务领域内，从事政策性融资活动，协助政府发展经济、进行宏观经济管理的金融机构。

10. **【答案】** D

    【解析】 我国开发性金融机构是国家开发银行。国家开发银行成立于1994年4月，是直属国务院领导的政策性金融机构。

11. **【答案】** C

【解析】中央银行是特殊的金融机构，不以营利为目的，不经营普通银行业务，不与普通工商企业和个人发生业务联系。

12.【答案】C

【解析】中央银行面向商业银行和其他金融机构办理金融业务。作为银行的银行，中央银行保管商业银行存款准备金。按规定，商业银行要按照中央银行规定的法定存款准备金率向中央银行交纳法定存款准备金。基于流动性的考虑，商业银行会将部分资金也存放于中央银行形成超额准备金。

13.【答案】B

【解析】政府的银行也叫国家的银行，是指中央银行代表政府贯彻执行金融政策，代理国库收支以及为政府提供各种金融服务。

14.【答案】A

【解析】由于中央银行垄断了货币发行权，又具有独立性，且属于非营利性机构，这就决定了最后贷款人的职责只能也必须由中央银行来担任。

15.【答案】C

【解析】我国存款保险实行限额偿付，最高偿付限额为 50 万元。

16.【答案】A

【解析】2023 年 3 月，中共中央、国务院印发了《党和国家机构改革方案》，明确在中国银行保险监督管理委员会基础上组建国家金融监督管理总局，统一负责除证券业之外的金融业监管，强化机构监管、行为监管、功能监管、穿透式监管、持续监管，维护金融业合法、稳健运行。

三、多项选择题

1.【答案】ABC

【解析】现代商业银行是随着资本主义生产方式的产生而发展起来的。

2.【答案】ABCD

【解析】我国农村银行业中小金融机构主要包括农村信用社、农村商业银行、农村合作银行和村镇银行。

3.【答案】ABCD

【解析】中央银行是在资本主义商品经济迅速发展，经济危机频繁出现，银行信用普遍化和集中化等背景下产生的，这既为中央银行产生奠定了经济基础，又是中央银行产生的客观要求。首先，集中统一银行券发行的需要。其次，统一票据交换及清算的需要。再次，最后贷款人的需要。最后，对金融业统一管理的需要。

4.【答案】ABD

【解析】商业银行因其特殊性，所以在经营过程中，有高负债率、高风险性和监管管制严格性三大特点。

5. 【答案】ABCD

【解析】商业银行的职能主要是由其性质决定的，商业银行主要有信用中介、支付中介、信用创造和金融服务四个职能。

6. 【答案】ABCD

【解析】商业银行具有其特殊性，因为商业银行是经营货币资金的特殊企业，所以不能与一般的企业完全等同。商业银行的特殊性主要表现在：商业银行的经营对象和内容特殊；商业银行责任特殊；商业银行对社会的影响特殊；商业银行与一般工商企业的关系特殊；国家对商业银行的管理特殊。

7. 【答案】ABC

【解析】基于商业银行经营中存在的高负债率、高风险性及监管严格性三个特征，商业银行在经营过程要满足"三性"原则，即安全性、流动性和盈利性。

8. 【答案】ABCD

【解析】建立政策性银行的目的是实现政策性金融和商业性金融分离，以此解决商业银行身兼二职的问题。政策性银行具有经济调控职能、政策导向职能、补充性职能和金融服务职能。

9. 【答案】ABC

【解析】与商业银行职能类似，中央银行的职能也是其性质的具体体现。中央银行的职能包括：发行的银行、银行的银行、政府的银行。中央银行不属于政策性银行，我国的政策性银行是中国农业发展银行和中国进出口银行。

10. 【答案】ABC

【解析】中央银行面向商业银行和其他金融机构办理金融业务。作为银行的银行，其职能具体表现在以下几个方面：（1）保管存款准备金。（2）作为最后贷款人。（3）担任全国的票据清算中心。代理国库是"政府的银行"职能的表现。

11. 【答案】ABCD

【解析】中央银行作为政府的银行，其职能具体表现在以下几个方面：（1）代理国库。（2）向政府融通资金（一般为短期，且不无限额贷款或透支）。（3）代表政府管理国内外金融事务。（4）充当政府金融政策顾问。（5）为一国经济政策的制定提供各种资料、数据和方案。（6）代表政府参加国际金融活动。

12. 【答案】ABCD

【解析】中央银行是特殊的金融机构。中央银行不以营利为目的，不经营普通银行业务, 不与普通工商企业和个人发生业务联系, 业务对象是商业银行、政府机构和其他金融机构, 它具有发行货币的权利, 负责集中管理存款准备金、代理国库、管理国家黄金和外汇储备, 维护支付清算系统的正常运行。

13.【答案】ABC

【解析】通常认为, 中央银行的最后贷款人制度、金融监管机构的审慎监管和存款保险制度是构成金融安全网的三大组成部分。

14.【答案】ABCD

【解析】建立和规范存款保险制度, 依法保护存款人的合法权益, 及时防范和化解金融风险, 维护金融稳定, 具体有以下四个作用: 可以保护存款人的利益, 提高社会公众对银行体系的信心; 可以有效提高金融体系的稳定性, 维持正常的金融秩序; 可以促进银行业适度竞争, 为公众提供质优价廉的服务; 有助于社会安定。

15.【答案】ABCD

【解析】金融监督管理机构根据审慎监管的要求, 可以采取下列措施进行现场检查:（1）进入银行业金融机构进行检查。（2）询问银行业金融机构的工作人员, 要求其对有关检查事项作出说明。（3）查阅、复制银行业金融机构与检查事项有关的文件、资料, 对可能被转移、隐匿或者毁损的文件、资料予以封存。（4）检查银行业金融机构运用电子计算机管理业务数据的系统。

四、判断题

1.【答案】×

【解析】商业银行与一般的工商企业相比, 有相同之处但也有其自身的特殊特征。

2.【答案】√

【解析】商业银行的经营对象是货币资金, 而一般工商企业主要经营一般商品的生产和流通、提供其他服务类型的业务。

3.【答案】×

【解析】由于商业银行对社会的特殊影响, 国家对商业银行的管理要比对一般工商企业的管理严格得多, 管理范围也要广泛得多。

4.【答案】√

【解析】信用创造是商业银行的特殊职能, 是在信用中介和支付中介职能的基础上产生的, 信用创造主要包括信用工具的创造和信用量的创造。

5.【答案】√

【解析】商业银行经营的"三性"原则之间存在既对立又统一的辩证关系。表现在，盈利性是动力、核心及目标，要想实现盈利性，安全性和流动性是基础。离开安全性和流动性，盈利性无法实现。而离开盈利性，安全性和流动性又失去了其存在的价值。

6. 【答案】√

【解析】开发性金融包含以服务国家战略为宗旨，以国家信用为依托，以市场运作为基本模式，以保本微利为经营原则，以中长期投融资为载体等基本内涵。

7. 【答案】√

【解析】中央银行作为发行的银行，垄断货币发行权，是全国唯一的货币发行机构。中央银行是最高的货币管理当局，控制整个经济中的货币供给量，是中央银行之所以成为中央银行最基本的特征。

8. 【答案】√

【解析】最后贷款人的援助对象是暂时出现流动性不足但仍然具有清偿力的金融机构，最后贷款人没有责任救助那些因管理不善出现清偿力危机而资不抵债的金融机构，但应减轻单个金融机构失败引发的溢出效应、传染效应。

9. 【答案】×

【解析】存款保险基金的运用，应当遵循安全、流动、保值增值的原则，限于下列形式：第一，存放在中国人民银行；第二，投资政府债券、中央银行票据、信用等级较高的金融债券以及其他高等级债券；第三，国务院批准的其他资金运用形式。

10. 【答案】×

【解析】银行业监督管理机构进行现场检查，应当经银行业监督管理机构负责人批准。现场检查时，检查人员不得少于二人，并应当出示合法证件和检查通知书；检查人员少于二人或者未出示合法证件和检查通知书的，银行业金融机构有权拒绝检查。

五、简答题

1. 简述商业银行的职能。

答：商业银行的职能主要是由其性质决定的，商业银行主要有以下四个基本职能：

第一，商业银行的信用中介职能是最基本也是最能反映其经营活动特征的职能。信用中介职能是指商业银行利用银行信用，充当资金盈余者和资金短缺者之间的中介人，实现资金的融通。主要表现为，商业银行通过吸收存款等方式把社会上的各种闲散资金集中到银行，形成其负债业务，再通过贷款等形式把集中的资金投放给需要资金的部门使用，形成其资产业务。

第二，支付中介职能是指商业银行通过客户活期存款账户的资金转移，为客户办理货币结算、货币收付、货币兑换和存款转移等业务活动。商业银行的该项职能既有利于其获得稳定而廉价的资金来源，又能为客户提供良好的支付服务，从而最大限度地节约现钞使用和降低流通成本，加快结算过程和货币资本的周转，为社会化大生产的顺利进行提供有利条件。

第三，信用创造是商业银行的特殊职能，是在信用中介和支付中介职能的基础上产生的。信用创造是指商业银行利用其吸收活期存款的有利条件，通过发放贷款、从事投资业务，从而衍生出更多存款，表现为扩大社会的货币供应量。信用创造主要包括信用工具的创造和信用量的创造。

第四，金融服务职能是指商业银行利用在国民经济中联系面广、信息灵通等特殊地位和优势，借助于电子计算机等先进手段和工具，利用其在发挥信用中介和支付中介功能的过程中所获得的大量信息，为客户提供信息咨询、融资代理、信托租赁、代收代付等各种金融服务。金融服务职能大大拓展了商业银行的业务范围，增加了利润增长点，已成为当代商业银行的重要职能。

2. 简述商业银行的经营原则及三者的关系。

答：商业银行在经营过程要满足"三性"原则，即安全性、流动性及盈利性。具体包括：（1）安全性原则。安全性原则是要求银行在经营活动中必须保持足够的清偿能力，能够承受重大风险和损失，能够随时应付客户提现。（2）流动性原则。流动性原则是指商业银行随时可以以适当的价格取得可用资金的能力，以便应付客户提存以及银行支付需要。商业银行的流动性包括资产的流动性和负债的流动性。（3）盈利性原则。盈利性原则是商业银行经营的动力及目标，是商业银行在经营活动中获得利润的能力。

商业银行经营的"三性"原则之间存在既对立又统一的辩证关系。主要表现为，盈利性是动力、核心及目标，要想实现盈利性，安全性和流动性是基础。离开安全性和流动性，盈利性无法实现。而离开盈利性，安全性和流动性又失去了其存在的价值。

3. 简述中央银行的性质。

答：（1）中央银行是国家最高金融决策机构，具有国家机关的性质。中央银行可以通过制定和执行货币政策对经济进行直接或间接的干预，例如，通过公开市场操作、调整法定存款准备金率和再贴现率等货币政策工具来调节宏观经济。（2）中央银行是特殊的金融机构。中央银行不以营利为目的，不经营普通银行业务，不与普通工商企业和个人发生业务联系，业务对象是商业银行、政府机构和其他金融机构，它具有发行货币的权利，负责集中管理存款准备金、代理国库、管理国家黄金和外汇储备，维护支付清算系统的正常运行。

4. 简述中央银行的职能。

答：与商业银行职能类似，中央银行的职能也是其性质的具体体现。中央银行的职能包括：发行的银行、银行的银行、政府的银行。（1）发行的银行。中央银行垄断货币发行权，成为全国唯一的货币发行机构，中央银行是最高的货币管理当局，控制整个经济中的货币供给量，是中央银行之所以成为中央银行最基本的特征。（2）银行的银行。中央银行面向商业银行和其他金融机构办理金融业务。（3）政府的银行。政府的银行也叫国家的银行，是指中央银行代表政府贯彻执行金融政策，代理国库收支以及为政府提供各种金融服务。中央银行作为政府的银行的职能主要表现在以下几个方面：代理国库、向政府融通资金（一般是短期资金，且不透支）、代表政府管理国内外金融事务、充当政府金融政策顾问、为一国经济政策的制定提供各种资料、数据和方案以及代表政府参加国际金融活动。

六、论述题

1. 现代商业银行是怎么发展而来的，其产生的途径主要有哪些？

答：现代商业银行是随着资本主义生产方式的产生而发展起来的，归结起来主要有以下两条形成途径：

第一条形成途径，从旧的高利贷性质的银行转变成资本主义商业银行。在资本主义生产关系建立之前，早期的银行就已经存在，但当时贷款利率非常高，属于高利贷性质，且规模不大。随着资本主义生产关系的逐步建立，高额的利息影响了资本家的利益，不能满足资本主义工商业的需要，制约着资本主义的发展。因此客观上迫切需要建立能够向企业提供适度利率的现代商业银行。当时的高利贷银行面临着贷款需求大幅下降和关闭的风险，为了顺应时代的变化，高利贷银行开始降低贷款利率，转变为商业银行。

第二条形成途径，由股份制形式组建而成商业银行。英国是最早建立资本主义股份制银行的国家，其建立的第一家股份制银行——英格兰银行，以较低的利率向工商企业提供贷款。由于新成立的英格兰银行实力雄厚，很快就动摇了高利贷银行在信用领域的地位，英格兰银行也因此成为现代商业银行的典范。后来，英格兰银行的组建模式被推广到欧洲其他国家，商业银行开始在世界范围内得到普及。

2. 现阶段，我国商业银行体系的构成情况是什么样的？

答：目前我国商业银行主要由大型商业银行、股份制商业银行、城市商业银行、农村中小金融机构、外资银行和民营银行组成。其中，拥有6家大型商业银行，

12 家股份制商业银行，120 多家城市商业银行。

我国农村银行业中小金融机构主要包括农村信用社、农村商业银行、农村合作银行和村镇银行。截至 2023 年 12 月末，我国共有 1600 多家农村商业银行，共有 20 多家农村合作银行，村镇银行和农村资金互助社合计有 1630 多家。

外资银行是指依照中华人民共和国有关法律、法规，经批准在中华人民共和国境内设立的外商独资银行、中外合资银行、外国银行分行及外国银行代表处。目前，外资银行已成为我国银行体系的重要组成部分。截至 2023 年 12 月末，我国共有外资银行 41 家。民营银行是由民间资本控股，采用市场化运作，主要为民营企业提供资金支持和服务的银行。截至 2023 年 12 月，我国共有民营银行 19 家。

3. 构成我国金融安全网的三大组成部分是什么？试论述其基本内容。

答：通常认为，中央银行的最后贷款人制度、金融监管机构的审慎监管、存款保险制度是构成金融安全网的三大组成部分。

第一，最后贷款人制度。最后贷款人制度是指在银行体系遭遇异常冲击引起流动性需求增加，而银行体系本身又无法满足这种需求时，由中央银行向银行体系提供流动性以确保银行体系稳健经营的一种制度安排。由于中央银行垄断了货币发行权，又具有独立性，且属于非营利性机构，因此最后贷款人的职能由中央银行来担任。最后贷款人的援助对象是暂时出现流动性不足但仍然具有清偿力的金融机构。当一国支付体系中断出现支付危机、存款机构的流动性不足或出现挤兑时，最后贷款人的流动性支持有助于稳定存款人信心，避免由个别机构倒闭而引致系统性金融风险。

第二，存款保险制度。存款保险制度是一种金融保障制度，是指由符合条件的各类存款性金融机构集中起来建立一个保险机构，各存款机构作为投保人按一定存款比例向其缴纳保险费，建立存款保险准备金，当成员机构发生经营危机或面临破产倒闭时，存款保险机构向其提供财务救助或直接向存款人支付部分或全部存款，从而保护存款人利益，维护银行信用，稳定金融秩序的一种制度。存款保险是市场经济条件下保护存款人利益的重要举措，是金融安全网的重要组成部分。建立存款保险制度，有利于维护公众对我国银行体系的信心，进一步理顺政府和市场的关系，深化金融改革，维护金融稳定，促进我国金融体系健康发展。

第三，金融监管机构的审慎监管。2023 年 3 月，根据中共中央、国务院印发的《党和国家机构改革方案》，明确在中国银行保险监督管理委员会基础上组建国家金融监督管理总局，统一负责除证券业之外的金融业监管，强化机构监管、行为监管、功能监管、穿透式监管、持续监管，维护金融业合法、稳健运行。

第 7 章　商业银行业务

一、名词解释题

1. 负债业务

答：负债业务是指商业银行以债务人的身份筹措资金的活动，是形成其资金来源的业务，也是商业银行开展业务活动的前提和条件。

2. 资产业务

答：商业银行的资产业务是指商业银行利用吸收的资金从事各种信用活动，以获取利润的业务，是银行获取收益的主要方式。

3. 银行本票

答：银行本票是申请人将款项交存银行，由银行签发的承诺自己在见票时无条件支付确定的金额给收款人或者持票人的票据。

4. 银行保函

答：银行保函是银行应申请人的要求，向受益人作出的书面付款保证承诺，银行将凭受益人提交的与保函条款相符的书面索赔履行担保支付或赔偿责任。

5. 贷款承诺

答：贷款承诺业务是指应客户申请，银行对项目进行评估论证，在项目符合银行信贷投向和贷款条件的前提下，对客户承诺在一定的有效期内，提供一定额度和期限的贷款，用于指定项目建设或企业经营周转。

二、单项选择题

1. 【答案】B

【解析】目前，我国各家商业银行多采用逐笔计息法计算整存整取定期存款利息。

2. 【答案】B

【解析】根据不同的存取方式，定期存款分为整存整取、零存整取、整存零取、存本取息。整存整取的起存金额是 50 元；零存整取的起存金额是 5 元；整存零取的起存金额是 1000 元；存本取息的起存金额是 5000 元。

3. 【答案】B

【解析】存款是存款人基于对银行的信任而将资金存入银行，并可以随时或按约定时间支取款项的一种信用行为。存款是银行对存款人的负债。

4. 【答案】A

【解析】一般存款账户简称一般户，是指存款人因借款或其他结算需要，在基本存款账户开户银行以外的银行营业机构开立的银行结算账户。一般存款账户可以办理现金缴存，但不得办理现金支取。

5. 【答案】D

【解析】临时存款账户是指存款人因临时需要并在规定期限内使用而开立的银行结算账户。可以开立临时存款账户的情形包括设立临时机构、异地临时经营活动、注册验资。该种账户的有效期最长不得超过两年。选项 A、选项 B、选项 C 属于开立专用存款账户的情形。

6. 【答案】D

【解析】单位通知存款是指单位类客户在存入款项时不约定存期，支取时需提前通知商业银行，并约定支取存款日期和金额方能支取的存款类型。

7. 【答案】D

【解析】单位保证金按照保证金担保对象的不同可分为银行承兑汇票保证金、信用证保证金、黄金交易保证金、个人购汇保证金和远期结售汇保证金五种。

8. 【答案】D

【解析】教育储蓄存款是指父母为了子女接受非义务教育而存钱，分次存入，到期一次支取本金和利息的存款。

9. 【答案】A

【解析】在我国，除活期存款在每季度结息日时将利息计入本金作为下一季度的本金计算复利外，其他存款不论存期多长，一律不计复利。

10. 【答案】A

【解析】定期存款的类型包括整存整取、零存整取、整存零取、存本取息。

11. 【答案】C

【解析】基本存款账户是存款人的主办账户，企业、事业单位等可以自主选择一家商业银行的营业场所开立一个办理日常转账结算和现金收付的基本账户，同一存款客户只能在商业银行开立一个基本存款账户。

12. 【答案】C

【解析】由于我国境内居民个人自费出国（境）留学需预交一定比例外汇保

证金才能取得前往国家入境签证，外汇管理局允许商业银行向居民个人收存一定比例人民币，即个人购汇保证金，作为居民购汇取得外汇保证金的前提。

13. 【答案】D

【解析】目前，我国银行提供 1 天、7 天通知储蓄存款两个品种，一般 5 万元起存。

14. 【答案】A

【解析】如果按照积数计息法，则李先生在 10 月 1 日取款时，可得本息 = 5000+5000×0.75%/100/360×30 = 5003.13（元）。

15. 【答案】B

【解析】贷款是银行最重要的资产业务，也是商业银行获取收益的重要方式。

16. 【答案】D

【解析】商业银行在发放贷款后，应加强贷款资金发放后的管理，针对借款人所属行业及经营特点，通过定期与不定期现场检查与非现场监测。

17. 【答案】B

【解析】流动资金贷款是指贷款人向法人或非法人组织（按照国家有关规定不得办理银行贷款的主体除外）发放的，用于借款人日常经营周转的本外币贷款。

18. 【答案】C

【解析】银行汇票是指银行签发的，由其在见票时按照实际结算金额无条件支付给收款人或持票人的票据。

19. 【答案】C

【解析】普通支票既可以支取现金也可以进行转账；划线支票只能转账不能取现。

20. 【答案】B

【解析】按承兑人的不同，商业汇票可以进一步分为银行承兑汇票和商业承兑汇票。商业汇票是出票人签发的，委托付款人在指定付款日期无条件支付确定金额给收款人或持票人的票据。

21. 【答案】B

【解析】次级类贷款，是指贷款缺陷已很明显，正常营业收入不足以保证还款，需要通过出售、变卖资产或对外融资，乃至执行抵押担保还款。

22. 【答案】D

【解析】我国金融债券发行具有一定的特殊性，认购者以商业银行为主。

23. 【答案】C

【解析】我国金融债券发行的特殊性：（1）发行的金融债券大多是筹集专项

资金的债券,即发债资金的用途常常有特别限制。(2)发行的金融债券数量大、时间集中、期次少。(3)发行方式大多采取直接私募或间接公募,认购者以商业银行为主。(4)金融债券的发行须经特别审批。

三、多项选择题

1. 【答案】ABD

   【解析】同业拆入属于商业银行其他负债项目。

2. 【答案】ABCD

   【解析】根据不同的存款方式,定期存款主要分为整存整取、零存整取、整存零取和存本取息四种,其中以整存整取最为典型。

3. 【答案】ABCD

   【解析】按存款支取方式的不同,单位存款具体可分为单位活期存款、单位定期存款、单位通知存款、单位协定存款和协议存款五种。

4. 【答案】ABCD

   【解析】单位活期款账户又称为单位结算账户,包括基本存款账户、一般存款账户、专用存款账户和临时存款账户。

5. 【答案】ABCD

   【解析】按照保证金担保对象的不同,保证金存款可分为银行承兑汇票保证金、信用证保证金、黄金交易保证金、个人购汇保证金和远期结售汇保证金五种。

6. 【答案】ABCD

   【解析】目前,我国银行开办的外币存款业务币种主要有美元、欧元、日元、港元、英镑、澳大利亚元、加拿大元、瑞士法郎、新加坡元等。其他可自由兑换的外币,不能直接存入账户,需由存款人自由选择上述货币的一种,按存入日的外汇牌价折算存入。

7. 【答案】ACD

   【解析】商业银行发行金融债券,金融债券具有以下特点:(1)到期还本付息,因此所筹集的资金稳定性高,且不必向中央银行账户缴纳法定存款准备金。(2)发行与否,何时发行,如何发行,商业银行可自主决定,主动权掌握在银行手中。(3)金融债券面向社会公开筹资,筹资的范围较广,筹资效率高。

8. 【答案】ABC

   【解析】银行发行金融债券业有一定的局限性,主要表现在:(1)筹资成本较高。(2)管理当局的限制严格。(3)受资本市场发达程度的制约。

9. 【答案】AB

【解析】中央银行给商业银行借款，形式主要包括再贷款和再贴现两种。

10. 【答案】ABCD

【解析】狭义的现金资产仅指银行库存现金。而广义的现金资产包括库存现金、在中央银行的存款、存放同业存款和托收中的现金。

11. 【答案】CD

【解析】按照贷款的具体用途来划分，一般分为流动资金贷款和固定资产贷款。短期贷款是按照贷款期限划分；信用贷款是按贷款的保障条件划分。

12. 【答案】ACD

【解析】按贷款的质量或风险程度划分，贷款可以分为以下五种类型：正常类贷款、关注类贷款、次级类贷款、可疑类贷款、损失类贷款。

13. 【答案】ABCD

【解析】理财业务与传统银行业务相比，具有以下特征：理财业务是代理业务，不是银行的自营业务；理财业务的盈利方式是收取投资管理费或业绩报酬；客户是理财业务风险的主要承担者；理财业务是一项知识技术密集型业务。

14. 【答案】ABCD

【解析】商业银行代理业务有：代收代付业务、代理银行业务、代理证券业务、代理保险业务、其他代理业务（如委托贷款业务和代销开放式基金等）。

15. 【答案】ACD

【解析】按贷款的质量或风险程度划分，商业银行贷款分为正常类贷款、关注类贷款、次级类贷款、可疑类贷款和损失类贷款，一般将后三种贷款类型划分为不良贷款。

16. 【答案】ABCD

【解析】金融债券的发行方式主要包括两大类，按是否面向公众发行，分为公募发行和私募发行；按是否通过承销商发行，分为直接发行和间接发行。

四、判断题

1. 【答案】×

【解析】存款具体采用何种计息方式由各银行决定，储户只能选择银行，不能选择计息方式。

2. 【答案】√

【解析】商业银行一般把向中央银行借款作为融资的最后选择，只有在通过其他方式难以借到足够的资金时，才会求助于中央银行，这也是中央银行被称为

"最后贷款人"的原因。

3. 【答案】√

【解析】存款是存款人基于对银行的信任而将资金存入银行，并可以随时或按约定时间支取款项的一种信用行为。存款是银行对存款人的负债，是我国商业银行最主要的资金来源，同时也是银行的传统业务，在商业银行负债业务中占主要地位。

4. 【答案】×

【解析】是指经营票据贴现业务的商业银行将其买入的未到期的贴现票据向中央银行再次申请贴现。题目中所表述的是转贴现的定义。

5. 【答案】√

【解析】活期存款的特点：流动性大、方便灵活、可随时支取、受欢迎等。活期存款具有以下作用：首先，商业银行可以运用活期存款的稳定余额发放贷款，能有效提高银行的盈利水平。其次，能提高商业银行的信用创造能力。最后，是商业银行扩大信用、联系客户的重要渠道。

6. 【答案】√

【解析】2018 年 6 月，银保监会、人民银行对《关于加强商业银行存款偏离度管理有关事项的通知》进行修订，继续要求商业银行不得设立时点性存款规模考评指标，不得设定以存款市场份额、排名或同业比较为要求的考评指标，分支机构不得层层加码、提高考评标准及相关指标要求。

7. 【答案】×

【解析】大额存单采用标准期限的产品形式。个人投资人认购大额存单起点金额不低于 20 万元，机构投资人认购大额存单起点金额不低于 1000 万元。

8. 【答案】×

【解析】同业拆借是指商业银行与其他金融机构之间的临时借款，银行同业拆借均为短期，有的只有一天，所以同业拆借又称隔夜拆借。

9. 【答案】√

【解析】银行汇票的出票人和付款人均为银行；见票即付，无需提示承兑；可以背书转让；方便、灵活，具有较强的流动性；可以用于转账，填明"现金字样"的银行汇票，可以用于支取现金。

10. 【答案】√

【解析】商业汇票的付款期限最长不超过 6 个月，提示付款期限自汇票到期日起 10 日。

11. 【答案】√

【解析】银行本票的提示付款期限自出票日起 2 个月。

12.【答案】√

【解析】银行在为个人开立Ⅰ类户时，应当在尊重个人意愿的前提下，积极主动引导个人同时开立Ⅱ类户、Ⅲ类户。银行不得通过Ⅱ类户和Ⅲ类户为存款人提供存取现金服务，不得为Ⅲ类户发放实体介质。

五、简答题

1. 简述商业银行负债业务管理原则。

答：商业银行负债业务管理应遵循以下基本原则：

第一，依法筹资原则。商业银行在筹资过程中，必须严格遵守有关法律、法规，不得进行违法筹资和违规筹资活动。

第二，成本控制原则。商业银行以负债形式筹集资金，必须考虑商业银行的成本负担能力和经营效益。商业银行如果能以较低的筹资成本取得大量的资金来源，并合理运用这些资金，就可获得较高的收益；反之，如果筹资成本很高，就会降低商业银行的盈利水平，甚至发生亏损。因此，商业银行在筹资过程中要加强成本控制。

第三，量力而行原则。商业银行筹资必须考虑其经营效益和成本负担能力，不能无止境地追求资金来源，必须根据自身的条件、实力和基础，合理、适度地筹措资金，同时将所筹集的资金及时、合理地运用出去。

第四，加强质量管理原则。商业银行应当重点从负债来源的稳定性、负债结构的多样性、负债与资产匹配的合理性、负债获取的主动性、负债成本的适当性、负债项目的真实性等方面，加强负债质量管理，进行持续监测和分析，对指标异常和超限额的情况进行及时报告和处理。

2. 简述商业银行发行金融债券应具备的条件。

答：（1）具有良好的公司治理机制。（2）核心资本充足率不低于4%。（3）最近三年连续盈利。（4）贷款损失准备计提充足。（5）风险监管指标符合监管机构的有关规定。（6）最近三年没有重大违法、违规行为。（7）中国人民银行要求的其他条件。根据商业银行的申请，中国人民银行可以豁免以上规定的个别条件。

3. 简述我国金融债券发行的特殊性。

答：（1）发行的金融债券大多是筹集专项资金的债券，即发债资金的用途常常有特别限制。（2）发行的金融债券数量大、时间集中、期次少。（3）发行方式大多采取直接私募或间接公募，认购者以商业银行为主。（4）金融债券的发行须经特别审批。

六、论述题

1. 商业银行贷款的基本要素有哪些？

答：商业银行贷款的基本要素主要包括以下几项：

第一，贷款的主体——借款人。商业银行的借款主体主要包括企事业单位和个人。企事业单位主要是指经工商行政管理部门核准登记，拥有工商行政管理部门颁布的营业执照企事业法人以及其他的经济组织等。

第二，贷款产品。贷款产品是指商业银行向借款人提供的信贷服务，包含期限、资金用途、利率、风险和担保方式等。

第三，贷款额度。贷款额度是指商业银行承诺向借款人提供的以人民币或外币计量的金额，或也可称为银行的授信额度。表内贷款有明确的金额，表外业务是指合同名义金额。

第四，贷款期限。贷款期限有广义和狭义两种。广义的贷款期限是指银行承诺向借款人提供以货币计量的贷款产品的整个期间，即从签订合同到合同结束的整个期间。狭义的贷款期限是指从具体贷款产品发放到约定的最后还款或清偿的期限。在广义的定义下，贷款期限通常分为提款期、宽限期和还款期。

第五，贷款利率和费率。贷款利率是指借款期限内利息金额与本金金额的比率，即借款人使用贷款资金时支付的价格；费率是指商业银行在贷款利率以外对提供贷款服务要求的收益报酬，一般以贷款产品金额为基数按一定比率计算。

第六，还款方式。一般来说，商业银行的贷款可以实行两种还款方式：一次性还款和分次还款，也是按还款方式划分的贷款类型。

第七，担保方式。商业银行在进行贷款时，可以根据借款人的具体情况，确定运用哪种贷款方式，具体包括抵押担保、质押担保和保证三种类型。

第八，提款条件。提款条件主要包括合法授权、政府批准、资本金要求和监管条件落实等。

2. 商业银行贷款包括哪些流程？

答：商业银行办理贷款主要包括以下几个流程：

第一，受理与调查。借款人需用贷款资金时，应按照商业银行要求的方式和内容提出贷款申请，并恪守诚实守信原则，承诺所提供材料的真实、完整、有效。商业银行在接到借款人的借款申请后，应采用有效方式收集借款人的信息，对其资质、信用状况、财务状况、经营情况等进行调查分析，评估项目效益和还本付息能力。同时也应对担保人的资信、财务状况进行分析，如果涉及抵质押物的还必须分析其权属状况、市场价值、变现能力等，并就具体贷款条件进行初步洽谈。商业银行应采取现场与非现场相结合的形式履行尽职调查，形成书面报告，并对其内容的真实性、完整性和有效性负责。

第二，风险评价与审批。商业银行应建立完善的风险评价机制，落实具体的责任部门和岗位，全面审查贷款的风险因素。商业银行应建立和完善内部评级制度，采用科学合理的评级和授信方法，评定客户信用等级，建立客户资信记录。商业银行应按"审贷分离、分级授权、按权限审批"等原则明确贷款审批权限、规范贷款审批流程。贷款经营机构/人员完成贷前调查后，将贷款调查报告等贷款资料及初步贷款意见提交有权审批部门，由审批机构对借款人情况、还款来源、担保情况等进行审查，评估贷款风险，对贷款投向、金额、期、保方式等贷款要素和条件进行决策。

第三，合同签订。借款申请经审查批准后，商业银行应与借款人及其他相关当事人签订书面借款合同、担保合同等相关合同。合同中应详细规定各方当事人的权利、义务及违约责任，避免对重要事项未约定、约定不明或约定无效。在合同中，商业银行应与借款人约定具体的借款种类、币种、用途、数额、利率、期限、还款方式、还贷保障及风险处置等要素和有关细节。如采用抵质押担保方式，应办妥相关交接手续和登记手续。

第四，贷款发放。商业银行应设立独立的责任部门或岗位，负责贷款发放审核。商业银行在发放贷款前应确认借款人满足合同约定的提款条件，并按照合同约定的方式对贷款资金的支付实施管理与控制，监督贷款资金按约定用途使用。商业银行应设立独立的责任部门或岗位，负责贷款支付审核和支付操作。采用商业银行受托支付方式的，商业银行应审核交易资料是否符合合同约定条件。在审核通过后，将贷款资金通过借款人账户支付给借款人交易对象。采用借款人自主支付的，商业银行应要求借款人定期汇总报告贷款资金支付情况，并通过账户分析、凭证查验、现场调查等方式核查贷款支付是否符合约定用途。

第五，贷后管理。商业银行应加强贷款资金发放后的管理，针对借款人所属行业及经营特点，通过定期与不定期现场检查与非现场监测，分析借款人经营、财务、信用、支付、担保及融资数量和渠道变化等状况，掌握各种影响借款人偿债能力的风险因素。出现可能影响贷款安全的不利情形时，商业银行应对贷款风险进行重新评价并采取针对性措施。贷款到期前，商业银行应提前提示借款人到期还本付息，对贷款需要展期的，商业银行应审慎评估展期的合理性和可行性，科学确定展期期限，加强展期后管理。对确因借款人暂时经营困难不能按期还款的，商业银行可与借款人协商贷款重组。

对于借款人贷款全部形成不良贷款的，商业银行应由专门的部门负责不良贷款管理，通过科学合理的管理方法与流程，积极创新不良贷款的处置手段，对不良贷款实行全面、精细化管理。对于不良贷款，商业银行要按照《中国银保监会办公厅关于开展第二批不良贷款转让试点工作的通知》（银保监办便函〔2022〕1191 号）以及财政部《金融企业贷款减免管理办法》《金融企业呆账核销管理办法》等规定，予以保全处置或核销。

第8章　银行管理

一、名词解释题

1. 商业银行组织结构

　　答：商业银行组织结构是商业银行业务运行和管理实施的组织方式，其主要内容包括总部部门的设置及其功能和权限、部门之间的相互关系，分支机构的功能、权限和部门设置，全行业务运作的组织结构模式，总行对分支机构实施管理的模式等。

2. 商业银行生息资产占比

　　答：资产结构主要指的是银行各类生息资产占总资产的比重。商业银行的生息资产是指贷款及投资资产、存放中央银行款项、存放及拆放同业款项等指标的总称。通过计算生息资产的占比可以帮助我们了解银行的资金运用效率。

3. 不良贷款率

　　答：按照贷款风险分类，一般把银行贷款分为正常、关注、次级、可疑和损失五类，其中后三类合称为不良贷款；不良贷款率是指银行不良贷款占总贷款余额的比重，不良贷款率是评价银行信贷资产安全状况的重要指标。不良贷款率越高，说明收回贷款的可能性越小、风险越大；反之说明风险小。

4. 不良贷款拨备覆盖率

　　答：不良贷款拨备覆盖率是衡量银行对不良贷款进行账务处理时，所持审慎性高低的重要指标。该指标有利于观察银行的拨备政策。银行管理者对风险程度的判断决定了银行准备金政策的实施，从而影响银行的拨备覆盖率。不良贷款拨备覆盖率等于不良贷款损失准备除以不良贷款余额。

5. 资本充足率

　　答：资本充足率是指商业银行持有的、符合监管规定的资本净额与风险加权资产之间的比率。

二、单项选择题

1. 【答案】D

【解析】根据"二八定律"，占比仅为 20% 的高端客户，其对银行盈利的贡献度达 80%。

2. 【答案】D

【解析】银行是经营风险的企业，风险控制是银行经营过程中需要特别关注的一个问题。衡量银行风险的指标（安全性指标）一般有不良贷款率、不良贷款拨备覆盖率、拨贷比和资本充足率等。选项 A 和选项 B 属于衡量银行的盈利性指标，选项 C 是银行市场指标。

3. 【答案】C

【解析】每股收益计算公式为：每股收益＝本期净利润/期末总股本，反映了银行每一股份创造的税后利润。因银行还有优先股，应从税后净利中扣除分派给优先股股东的利息。所以该银行每股收益＝（2000－300）/200＝8.5（元/股）。

4. 【答案】D

【解析】对非同业单一客户的贷款余额不得超过资本净额的 10%，对非同业单一客户的风险暴露不得超过一级资本净额的 15%。非同业单一客户包括主权实体、中央银行、公共部门实体、企事业法人、自然人、匿名客户等。

5. 【答案】A

【解析】市盈率（P/E）＝股票价格（P）/每股收益（E）。在计算市盈率时，股价通常取最新的收盘价；若每股收益取的是已公布的上年度数据，则计算结果为静态市盈率，若是按照对今年及未来每股收益的预测值，则得到动态市盈率。本题中，静态市盈率＝30/1.5＝20。

6. 【答案】D

【解析】平均净资产回报率等于净利润/净资产平均余额，是评价银行盈利性的最重要指标，是计划所有比例分析的出发点。

7. 【答案】A

【解析】资产结构主要指的是银行各类生息资产占总资产的比重。在利率差异不大的环境下，不同的生息资产结构将导致资产平均收益水平的差异。

8. 【答案】A

【解析】风险调整后资本回报率＝（总收入－资金成本－经营成本－风险成本－税项）/经济资本×100%。因此本题的风险调整后资本回报率＝（10000－450－6500）/4500×100%＝67.78%。

9. 【答案】D

【解析】不良贷款拨备覆盖率是安全性指标，市净率是市场指标，流动性比例是流动性指标。收入成本比和人均净利润为效率指标。

10. 【答案】C

   【解析】市盈率＝股票价格/每股收益。

11. 【答案】D

   【解析】资本充足率衡量经营安全性指标。

12. 【答案】D

   【解析】定价管理分为外部产品定价和内部资金转移定价管理。

13. 【答案】C

   【解析】资产负债结构计划主要包括资本计划、信贷计划、投资计划、同业及金融机构往来融资计划、存款计划及资产负债期限控制计划。

14. 【答案】A

   【解析】在缺口管理中，当预期利率上升时，增加缺口。

15. 【答案】C

   【解析】资产负债组合管理包括资产组合管理、负债组合管理和资产负债匹配管理。

16. 【答案】C

   【解析】净利息收益率是指净利息收入占生息资产的比率，它反映了银行生息资产创造净利息收入的能力，有年均和日均两种计算口径。

17. 【答案】B

   【解析】商业银行资产负债管理的整体目标是，在承受合理的缺口与流动性风险的前提下，追求银行价值的最大化。

18. 【答案】A

   【解析】对于发达国家的国际大型商业银行，利用表外工具规避风险已成为其风险管理的重要组成部分，一方面，利用利率、汇率衍生工具来对冲市场风险；另一方面，利用信用违约互换等信用衍生工具来对冲信用风险。

19. 【答案】C

   【解析】经济资本是指在一定的置信度水平下，为了应对未来一定期限内资产的非预期损失，商业银行应该持有或需要的资本金。经济资本本质上是一个风险概念，因而又被称为"风险资本"。

20. 【答案】D

   【解析】《巴塞尔协议Ⅲ》对商业银行最低资本做出了规定，其中，核心一级资本充足率为4.5%，我国对商业银行核心一级资本充足率的要求高于《巴塞尔协议Ⅲ》的规定，我国对商业银行核心一级资本充足率最低要求为5%。

三、多项选择题

1. 【答案】AD

   【解析】内部资金转移定价作为商业银行资产负债管理的重要工具，其作用主要在于以下两个方面：一是公平绩效考核；二是剥离利率风险。

2. 【答案】AC

   【解析】商业银行资产负债管理的整体目标是，在承受合理的缺口与流动性风险的前提下，追求银行价值的最大化。从时间期限来看，资产负债管理目标可以分为短期目标和长期目标。

3. 【答案】ABCD

   【解析】核心一级资本是银行资本中最核心的部分，承担风险和吸收损失的能力也最强。核心一级资本主要包括实收资本或普通股、资本公积、盈余公积、一般风险准备、未分配利润、累计其他综合收益、少数股东资本可计入部分。

4. 【答案】ABCD

   【解析】为确保管理目标的实现，商业银行在资产负债管理的过程中，应该遵守以下原则：战略导向原则、资本约束原则、综合平衡原则和价值回报原则。

5. 【答案】ABCD

   【解析】资产负债管理的内容包括：资本管理、资产负债组合管理、资产负债计划管理、定价管理、银行账户利率风险管理、资金管理、流动风险管理、投融资业务管理、汇率风险管理。

6. 【答案】ABCD

   【解析】资产负债管理的工具包括：缺口管理、久期管理、内部资金转移定价、经济资本、收益率曲线、资产证券化。

7. 【答案】ABD

   【解析】属于资产负债管理策略的是：表内资产负债匹配、表外工具规避表内风险、利用证券化剥离表内风险。

8. 【答案】ABCD

   【解析】商业银行资本的作用包括：（1）为银行提供融资。（2）吸收和消化损失。（3）限制业务过度扩张。（4）维持市场信心。

9. 【答案】BD

   【解析】我国商业银行各级资本充足率不得低于如下最低要求：一是核心一级资本充足率不得低于5%；二是一级资本充足率不得低于6%；三是资本充足率不得低于8%。需要说明的是，我国对核心一级资本充足率的要求高于《巴塞尔协议Ⅲ》的规定（为4.5%）。

10. 【答案】ABCD

【解析】计算资本充足率时，商业银行应当从核心一级资本中全额扣除一些不具备损失吸收能力的项目，主要包括商誉、其他无形资产（土地使用权除外）、由经营亏损引起的净递延税资产、贷款损失准备缺口、资产证券化销售利得、确定受益类的养老金资产净额、直接或间接持有本银行的股票等。

四、判断题

1. 【答案】√

【解析】资产负债计划是资产负债管理的重要手段，主要包括资产负债总量计划和结构计划。通常，商业银行主要根据全行资本总量和资本充足率水平来确定资产负债总量计划。

2. 【答案】×

【解析】良好的流动性状况是商业银行安全稳健运营的基础。

3. 【答案】√

【解析】账面资本又称为会计资本，是指商业银行持股人的永久性资本投入，即出资人在商业银行资产中享有的经济利益，其金额等于资产减去负债后的余额。

4. 【答案】×

【解析】从企业法人角度划分，商业银行的组织结构可划分为统一法人制组织结构和多法人制组织结构；从内部管理模式划分，可划分为以区域管理为主的总分行型组织结构，以业务线管理为主的事业部制组织结构和矩阵型组织结构。

5. 【答案】√

【解析】一般认为，以消费为主的零售业务具有更大的发展空间，其中经营性贷款利率较高，可以获取更高的收益。

6. 【答案】√

【解析】一般来说，能够吸收到较多稳定存款作为资金来源的银行比较依赖同业资金市场融资的银行，所处的市场地位更好。

7. 【答案】×

【解析】流动性覆盖率监管指标旨在确保商业银行具有充足的合格优质流动性资产，能够在规定的流动性压力情景下，通过变现这些资产满足未来至少30天的流动性需求。流动性覆盖率的最低监管标准为不低于100%。

8. 【答案】√

【解析】净稳定资金比例监管指标旨在确保商业银行具有充足的稳定资金来源，

以满足各类资产和表外风险敞口对稳定资金的需求。净稳定资金比例的最低监管标准为不低于100%。

9.【答案】×

【解析】优质流动性资产充足率监管指标旨在确保商业银行保持充足的、无变现障碍的优质流动性资产，在压力情况下，银行可通过变现这些资产来满足未来30天内的流动性需求。优质流动性资产充足率的最低监管标准为不低于100%。

10.【答案】√

【解析】单一集团客户授信集中度又称单一客户授信集中度，为最大一家集团客户授信总额与资本净额之比，不应高于15%。

五、计算题

1. 请计算上表信用风险指标中的"不良贷款余额""不良贷款率""拨备覆盖率""贷款拨备率"相关指标。

解：

（1）不良贷款余额＝次级类贷款+可疑类贷款+损失类贷款

第一季度不良贷款余额＝14897+11874+4399＝31170（亿元）

第二季度-第四季度，以此类推进行计算。

（2）不良贷款率＝不良贷款余额/总贷款余额

第一季度不良贷款率＝31170/（1852724+41624+31170）×100%＝1.62%

第二季度-第四季度，以此类推进行计算。

（3）拨备覆盖率＝贷款损失准备/不良贷款余额

第一季度拨备覆盖率＝63974/31170×100%＝205.24%

第二季度-第四季度，以此类推进行计算。

（4）贷款拨备率＝贷款损失准备/总贷款余额＝拨备覆盖率×不良贷款率

第一季度贷款拨备率＝63974/（1852724+41624+31170）×100%＝3.32%

第二季度-第四季度，以此类推进行计算。

2. 请计算上表资本充足指标中的"核心一级资本充足率""一级资本充足率""资本充足率"相关指标，并完成表中对应数据的填写。

解：

（1）核心一级资本充足率＝核心一级资本净额/应用资本底线后的风险加权资产合计

第一季度核心一级资本充足率＝216332/2059535×100%＝10.50%

第二季度-第四季度，以此类推进行计算。

（2）一级资本充足率＝一级资本净额/应用资本底线后的风险加权资产合计

第一季度一级资本充足率＝246954/2059535×100%＝11.99%

第二季度-第四季度，以此类推进行计算。

（3）资本充足率＝资本净额/应用资本底线后的风险加权资产合计

第一季度资本充足率＝306091/2059535×100%＝14.86%

第二季度-第四季度，以此类推进行计算。

六、简答题

1. 简述资产负债管理的原则。

答：为确保管理目标的实现，商业银行在资产负债管理的过程中，应该遵守以下原则：

第一，战略导向原则。资产负债管理要重宏观、谋全局，以银行发展战略为导向，在管理政策的制定与实施过程中衔接好战略规划，加强业务经营的引导和调控能力，确保银行战略目标的顺利实现。

第二，资本约束原则。资本是商业银行资产增长最主要的制约因素。资产负债管理需要依据资本总量，确定资产增长速度与结构，促进银行增长模式由规模扩张型向资本约束型转变，保障银行健康可持续发展。

第三，综合平衡原则。资产负债管理要坚持"量、本、利"平衡和"短期、中期、长期"兼顾的原则，统筹平衡资本约束与业务发展、风险控制与业绩回报、短期目标与长期战略、当期收益与长远价值之间的关系，确保规模与速度、质量与效益等的协调统一。

第四，价值回报原则。资产负债管理要以实现银行价值最大化为目标，建立以经济资本回报率（RA-ROC）为核心的价值管理体系，统筹兼顾安全性、流动性和盈利性，持续提升银行的价值创造能力。

2. 简述资产负债管理的策略。

答：第一，表内资产负债匹配。表内资产负债匹配是资产负债综合管理的核心策略。即通过资产和负债的共同调整，协调表内资产和负债项目在期限、利率、风险和流动性等方面的搭配，尽可能使资产与负债达到规模对称、结构对称、期限对称，从而实现安全性、流动性和盈利性的统一。

第二，表外工具规避表内风险。商业银行利用衍生金融工具为主的表外工具来规避表内风险，是对表内资产负债综合管理的重要补充。对于发达国家的国际大型商业银行，利用表外工具规避风险已成为其风险管理的重要组成部分，一方面，利用利率、汇率衍生工具来对冲市场风险；另一方面，利用信用违约互换等信用衍生工具来对冲信用风险。

第三，利用证券化剥离表内风险。资产证券化是协调表内与表外、优化资源跨期配置的资产负债管理工具。从风险管理的角度看，在资产证券化过程中，商业银行将相关信贷资产从表内剥离的同时，也实现了对相应信用风险的剥离；从流量经营的角度看，资产证券化盘活了存量信贷资产，从表内和表外两个方面扩大了信用投放的覆盖面，进而提高了表内外资产的周转率和收益率。

3. 简述账面资本、经济资本和监管资本三者的关系。

答：账面资本、监管资本和经济资本三者之间既有区别又有联系。账面资本反映的是所有者权益，而监管资本、经济资本是从覆盖风险与吸收损失的角度提出的资本概念。

在资本功能方面，账面资本与监管资本具有交叉，可以用于吸收损失。从数量角度而言，账面资本经过一定的调整，可以得到符合监管要求的"合格资本"，其数额应大于最低监管资本要求；银行要稳健、审慎经营，持有的账面资本还应大于经济资本。从银行管理角度来看，相对于监管资本，经济资本更好地反映了银行的风险状况和资本需求，对银行风险变动具有更高的敏感性，目前已经成为先进银行广泛应用的管理工具。

七、论述题

1. 试论述资本充足率监管要求四个方面的内容。

答：资本充足率监管要求包括最低资本要求、储备资本和逆周期资本要求、系统重要性银行附加资本要求以及第二支柱资本要求四个方面。

第一，最低资本要求方面。商业银行各级资本充足率不得低于如下最低要求：一是核心一级资本充足率不得低于5%；二是一级资本充足率不得低于6%；三是资本充足率不得低于8%。需要说明的是，我国对核心一级资本充足率的要求高于《巴塞尔协议Ⅲ》的规定（为4.5%）。

第二，储备资本和逆周期资本方面。储备资本要求为2.5%，由核心一级资本来满足。国家金融监督管理总局有权根据宏观经济金融形势、银行业整体风险状况以及单家银行经营管理和风险水平等情况，对储备资本要求进行调整。商业银行应在最低资本要求和储备资本要求之上计提逆周期资本。逆周期资本的计提与运用规则由中国人民银行会同国家金融监督管理总局另行规定。

第三，系统重要性银行附加资本方面。国内系统重要性银行的认定标准及其附加资本要求由中国人民银行会同国家金融监督管理总局另行规定。若商业银行同时被认定为国内系统重要性银行和全球系统重要性银行，附加资本要求不叠加，采用两者孰高原则确定。

第四，第二支柱资本要求方面。在第二支柱框架下提出更审慎的资本要求确保资本充分覆盖风险，包括：一是根据风险判断，针对部分资产组合提出的特定资本要求；二是根据监督检查结果，针对单家银行提出的特定资本要求。

2. 试论述资本充足率管理的分子策略和分母策略。

答：根据资本充足率的计算公式，商业银行要提高资本充足率，主要可从增加资本和减少风险加权资产出发，前者称为分子策略，后者称为分母策略。

（1）分子策略。商业银行提高资本充足率，可以通过增加银行资本（分子），包括增加一级资本和二级资本来实现。一级资本的来源最常用的方式是发行普通股和提高留存利润。普通股是银行核心一级资本，但发行普通股成本通常较高，且银行不能经常采用；留存利润则是银行增加一级资本最便捷的方式，相对于发行股票来说，其成本相对要低得多，一般情况下，银行均会规定一定比例的净利润用于补充资本。留存利润的多少取决于市场环境、银行的盈利能力，在多数情况下不可能在短期内起到立竿见影的效果。除上述方式外，银行还可以采取发行优先股来补充一级资本，但应符合监管规定的一级资本工具合格标准。

二级资本主要来源于超额贷款损失准备、次级债券、可转换债券等。商业银行可以通过多计提拨备的方式增加二级资本，但只有超过监管规定最低要求的部分才能计入二级资本，而且拨备计提过多会影响银行的利润水平，从而会影响利润留存。如果通过发行债券的方式补充二级资本，则必须满足监管规定的合格二级资本工具标准。

（2）分母策略。商业银行提高资本充足率，可以通过降低风险加权资产的总量（分母）来实现，包括分别降低信用风险、市场风险和操作风险的资本要求。具体来看，要缩小整体的风险加权资产，主要可采用降低规模和调整结构两种措施。第一，降低规模。降低规模就是需要银行缩小总体的资产规模，这种方法在提高资本充足率方面能够起到立竿见影的效果。但对一家正常经营的商业银行来说，需要保持适度的规模增长来保持市场份额、提高盈利能力，因此很少有采取直接减少信贷投放，或处置资产等降低规模的方法。但是，对旧资本补充能力不足、资本充足压力较大、陷入危机的银行而言，出于持续经营、维护市场信心的需要，就必须采取处置资产瘦身的措施。

第二，调整结构。要降低商业银行整体风险加权资产，主要是通过第二种措施即调整资产结构实现。调整资产结构，是指银行减少风险权重较高的资产，增加风险权重较低的资产。一般来说，对银行不同的风险暴露，其风险权重差异较大，如对住房按揭、个人贷款、信用卡等业务，平均的风险权重较低，资本节约幅度大，因此银行可以多发放零售贷款；对公司类贷款，应主动减少评级低、风险高等资本消耗型资产的投放，在发放贷款时，要求客户尽量提供合格的抵质押品，且要保证抵押、质押品足值等。

第9章　银行风险管理

一、名词解释题

1. 流动性风险

答：流动性风险是指商业银行没有足够的现金来弥补客户取款需要和未能满足客户合理的贷款需求或其他即时的现金需求而引起的风险。

2. 信用风险

答：商业银行面临信用风险是指借款人或交易对手不能按照事先达成的协议履行义务的可能性。这些风险不仅存在于银行的贷款业务中，也存在于其他表内和表外业务中，如担保、承兑和证券投资等。现代意义上的信用风险不仅包括违约风险，还包括当债务人或交易对手的信用状况和履约能力不足即信用质量下降时，市场上相关资产价格会随之降低的风险。

3. 市场风险

答：市场风险是指因利率、汇率、股票价格和商品价格的不利变动而使银行表内和表外业务发生损失的风险。

4. 操作风险

答：操作风险是指由于信息系统或内部控制缺陷导致意外损失的风险。引起操作风险的原因包括：人为错误、电脑系统故障、工作程序和内部控制不当等。巴塞尔委员会对操作风险的定义：操作风险是指由于不完善或有问题的内部操作过程、人员、系统或外部事件而导致的直接或间接损失的风险。

5. 声誉风险

答：声誉风险是指由商业银行行为、从业人员行为或外部事件等，导致利益相关方、社会公众、媒体等对商业银行形成负面评价，从而损害其品牌价值，不利其正常经营，甚至影响到市场稳定和社会稳定的风险。

二、单项选择题

1.【答案】A

【解析】信用风险是指债务人或交易对手未能履行合同所规定的义务或信用质量发生变化，影响金融产品价值，从而给债权人或金融产品持有人造成经济损失的风险。

2. 【答案】B

【解析】操作风险是指由不完善或有问题的内部程序、员工、信息科技系统以及外部事件所造成损失的风险。

3. 【答案】D

【解析】操作风险可分为人员因素、内部流程、系统缺陷和外部事件四大类别。

4. 【答案】C

【解析】市场风险是指因利率、汇率、股票价格和商品价格的不利变动而使银行表内和表外业务发生损失的风险。

5. 【答案】D

【解析】常用的市场风险限额包括交易限额、风险限额和止损限额。

6. 【答案】C

【解析】流动性风险是指商业银行无法以合理成本及时获得充足资金，用于偿付到期债务、履行其他支付义务和满足正常业务开展的其他资金需求的风险。

7. 【答案】C

【解析】声誉风险管理原则包括：前瞻性原则、全覆盖原则、匹配性原则和有效性原则。

8. 【答案】A

【解析】国家风险是指在与非本国国民进行国际经贸与金融往来中，由于他国（或地区）经济、政治、社会变化及事件而遭受损失的可能性。国家风险通常是由债务人所在国家（或地区）的行为引起的，超出了债权人控制范围。

9. 【答案】D

【解析】根据市场风险的定义可知，商业银行市场风险主要包括利率风险、汇率风险、股票价格风险和商品价格风险四种。

10. 【答案】D

【解析】根据产生的原因，汇率风险可以分为两类：外汇交易风险和外汇结构性风险。

三、多项选择题

1. 【答案】ABCD

【解析】从不同的角度出发，可以将商业银行面临的风险划分为多种类型，根据巴塞尔委员会的划分方法，主要将商业银行面临的风险划分为流动性风险、信用风险、操作风险、市场风险、法律风险、声誉风险、战略风险及国家风险八种类型，这也是业界较为通用的分类方法。

2.【答案】ABC

【解析】商业银行通常运用的风险管理策略可以大致概括为风险分散、风险对冲、风险转移法、风险规避和风险补偿。

3.【答案】ABCD

【解析】信用风险缓释应当遵守的原则包括以下几类：合法性原则、有效性原则、一致性原则、独立性原则、审慎性原则。

4.【答案】ABCD

【解析】战略风险主要表现为：（1）战略目标缺乏整体性。（2）制定的经营战略存在缺陷。（3）缺乏实现目标的资源。（4）战略质量得不到保证。

5.【答案】ABC

【解析】流动性风险监管指标包括流动性覆盖率、净稳定资金比例、流动性比例、流动性匹配率和优质流动性资产充足率。不良贷款率属于经营安全性指标。

6.【答案】ABCD

【解析】流动性风险管理体系应当包括以下基本要素：（1）有效的流动性风险管理治理结构。（2）完善的流动性风险管理策略、政策和程序。（3）有效的流动性风险识别、计量、监测和控制。（4）完备的管理信息系统。

7.【答案】ABCD

【解析】信用风险管理的管控方式包括：信贷准入与退出、限额管理、风险缓释、风险定价。

8.【答案】ABC

【解析】利率风险按照来源的不同，可以分为重新定价风险、收益率曲线风险、基准风险和期权性风险。

四、判断题

1.【答案】×

【解析】对于由相互独立的多种资产组成的投资组合，只要组合中的资产个数足够多，该投资组合的非系统性风险就可以通过这种分散策略完全消除。

2.【答案】×

【解析】此题应该是非保险转移。保险转移是指商业银行购买保险，以缴纳保险费为代价，将风险转移给承保人。当商业银行发生风险损失时，承保人按照保险合同的约定，就商业银行的损失给予一定的经济补偿。

3. 【答案】×

【解析】在风险管理实践中，商业银行通常将法律风险管理归属于操作风险管理范畴。

4. 【答案】×

【解析】风险规避是一种消极的风险管理策略，不宜成为商业银行风险管理的主导策略。

5. 【答案】√

【解析】风险分散是指通过多样化的投资来分散和降低风险的策略性选择。"不要将所有的鸡蛋放在一个篮子里"的投资格言形象地说明了这一方法。

6. 【答案】√

【解析】根据规定，净稳定资金比率不得低于100%。

7. 【答案】×

【解析】风险对冲是指商业银行通过购买或是投资与标的资产收益波动负相关的某种资产或是衍生工具，来对冲标的资产潜在损失的一种方法。

8. 【答案】×

【解析】融资流动性风险是指商业银行在不影响日常经营或财务状况的情况下，无法及时有效满足资金需求的风险，反映了商业银行在合理的时间、成本条件下迅速获取资金的能力。

五、简答题

1. 简述声誉风险管理基本原则。

答：第一，前瞻性原则是指商业银行应坚持预防为主的声誉风险管理理念，加强研究，防控源头，定期对声誉风险管理情况及潜在风险进行审视，提升声誉风险管理预见性。

第二，匹配性原则是指商业银行应进行多层次、差异化的声誉风险管理，与自身规模、经营状况、风险状况及系统重要性相匹配，并结合外部环境和内部管理变化适时调整。

第三，全覆盖原则是指商业银行应以公司治理为着力点，将声誉风险管理纳入全面风险管理体系，覆盖各业务条线、所有分支机构和子公司，覆盖各部门、岗位、人员和产品，覆盖决策、执行和监督全部管理环节，同时应防范第三方合作机构可能引发的对本机构不利的声誉风险，充分考量其他内外部风险的相关性和传染性。

第四，有效性原则是指商业银行应以防控风险、有效处置、修复形象为声誉风险管理最终标准，建立科学合理、及时高效的风险防范及应对处置机制，确保能够快速响应、协同应对、高效处置声誉事件，及时修复机构受损声誉和社会形象。

2. 简述信用风险缓释基本原则。

答：信用风险缓释应当遵守的原则包括以下几类：

第一，合法性原则是指商业银行选用的信用风险缓释工具要符合国家法律法规的规定。

第二，有效性原则是指商业银行选用的信用风险缓释工具应该手续完备，确实有代为偿付的能力并易于实现。

第三，一致性原则是指商业银行的信用风险缓释折扣系数应该保持一致性。

第四，独立性原则是指信用缓释工具与债务人风险之间不应该具有实质的正相关关系。

第五，审慎性原则是指商业银行应该考虑使用信用风险缓释工具可能带来的风险因素，保守的估计信用风险缓释作用。

六、论述题

1. 试论述商业银行市场风险内涵和种类。

答：根据市场风险的定义可知，商业银行市场风险主要包括以下四种：

第一，利率风险是指市场利率变动的不确定对银行造成损失的风险。利率风险是银行面临的主要市场风险。利率风险按照来源的不同，可以分为重新定价风险、收益率曲线风险、基准风险和期权性风险。

第二，汇率风险是指由于汇率的不利变动导致银行业务发生损失的风险。根据产生的原因，汇率风险可以分为两类：（1）外汇交易风险，主要来自两个方面：一是为客户提供外汇交易服务时未能立即进行对冲的外汇敞口头寸；二是银行对外币走势有某种预期而持有的外汇敞口头寸。（2）外汇结构性风险，是因为银行结构性资产与负债之间币种的不匹配而产生的。黄金被纳入汇率风险考虑，其原因在于，黄金曾长时间在国际结算体系中发挥国际货币职能，从而充当外汇资产的作用。

第三，股票价格风险是指由于商业银行持有的股票价格发生不利变动而给商业银行带来损失的风险。目前，我国商业银行不能从事证券经营业务，因而我国商业银行很少直接面临股票价格风险；但是股票价格的波动会通过多种方式和渠道间接影响商业银行的资产质量。

第四，商品价格风险是指商业银行所持有的各类商品的价格发生不利变动而给商业银行带来损失的风险。

2. 试论述流动性风险管理策略。

答：商业银行的流动性风险管理策略应当明确流动性风险管理的总体目标、管理模式以及主要政策和程序。

流动性风险管理政策和程序包括但不限于：（1）流动性风险识别、计量和监测，包括现金流测算和分析。（2）流动性风险限额管理。（3）融资管理。（4）日间流动性风险管理。（5）压力测试。（6）应急计划。（7）优质流动性资产管理。（8）跨机构、跨境以及重要币种的流动性风险管理。（9）对影响流动性风险的潜在因素以及其他类别风险对流动性风险的影响进行持续监测和分析。

保险篇

第 10 章　保险概述

一、名词解释题

1. 保险

答：保险是指投保人根据合同约定，向保险人支付保险费，保险人对于合同约定的可能发生的事故因其发生所造成的财产损失承担赔偿保险金责任，或者当被保险人死亡、伤残、疾病或者达到合同约定的年龄、期限时承担给付保险金责任的商业保险行为。

2. 社会保险

答：社会保险是指国家或政府通过立法形式，采取强制手段对全体公民或劳动者因遭遇年老、疾病、生育、伤残、失业和死亡等社会特定风险而暂时或永久失去劳动能力、失去生活来源或中断劳动收入时的基本生活需要提供经济保障的一种制度，其主要项目包括养老保险、医疗保险、失业保险和工伤保险等。

3. 政策性保险

答：政策性保险是指政府为了政策上的目的，运用普通保险的技术而开办的一种保险。政策性保险的种类包括社会政策保险和经济政策保险两大类，具体项目有社会保险、国民生活保险、农业保险、进出口信用保险等。

4. 盈利保险与非盈利保险

答：依保险经营性质分类，保险可以分为盈利保险与非盈利保险。盈利保险又称商业保险，股份公司经营的保险属于最常见的一种盈利保险。非盈利保险又称非商业保险，如：社会保险、政策保险等；相互保险、合作保险等。

二、单项选择题

1.【答案】B

【解析】按风险的性质分类，风险可分为纯粹风险与投机风险。

2.【答案】B

【解析】股票市场股价的波动可能会给投资人带来损失，也可能给投资人带来收益，因此属于投机风险。

3. 【答案】B

【解析】自留是指对风险的自我承担，即人们自我承受风险损害后果的方法。通常自留风险在风险所致损失概率和程度低、损失短期内可预测及最大损失对企业或单位不影响其财务稳定时采用。

4. 【答案】D

【解析】预防是指在损失发生前为了消除或减少可能引发损失的各种因素而采取的处理风险的具体措施。预防通常在损失概率高且损失程度低时采用。

5. 【答案】B

【解析】道德风险因素，是指与人的道德修养及品行有关的无形风险因素。如由于人的不诚实或不良企图，故意导致风险的发生，因此某建筑工程队在施工时偷工减料导致建筑物塌陷，则造成损失事故发生属于道德风险因素。

6. 【答案】B

【解析】法定保险又称强制保险，是国家对一定的对象以法律、法令或条例规定其必须投保的一种保险。

7. 【答案】A

【解析】人寿保险是以人的寿命为保险标的，当发生保险事故时，保险人对保险人履行给付保险金责任的一种保险。

8. 【答案】B

【解析】财产保险是指以财产及其相关利益为保险标的、因保险事故的发生导致财产的损失，以金钱或实物进行补偿的一种保险。广义的财产保险是人身保险以外一切保险业务的统称，具体包括财产损失保险、责任保险和信用保证保险。

三、多项选择题

1. 【答案】BCD

【解析】保险以承保方式为标准，保险可以被区分为原保险、再保险、复合保险、重复保险和共同保险。

2. 【答案】CD

【解析】保险的基本功能包括经济补偿和损失补偿。

四、判断题

1. 【答案】√

【解析】保险的特征包括：经济性、商品性、互助性、法律性、科学性。

2. 【答案】√

【解析】保险是以补偿损失为己任，而社会福利则是以改善和提高公民的生活为宗旨。

3. 【答案】×

【解析】依保险经营主体分类，保险可以分为公营保险与民营保险。民营保险其形式主要有股份保险公司、相互保险公司、保险合作社和个人经营的保险等。

4. 【答案】×

【解析】依保险经营性质分类，保险可以分为盈利保险与非盈利保险。盈利保险又称商业保险，股份公司经营的保险属于最常见的一种盈利保险。非盈利保险又称非商业保险，如：社会保险、政策保险等；相互保险、合作保险等。

5. 【答案】√

【解析】依业务承保方式分类，保险可以区分为原保险、再保险、重复保险和共同保险。

6. 【答案】√

【解析】依赔付形式分类，保险可以分为定额保险与损失保险。定额保险是指在保险合同订立时，由保险双方当事人协商确定一定的保险金额，当保险事故发生时，保险人依照预先确定的金额给付保险金的一种保险。定额保险一般适用于人身保险。损失保险是指在保险事故发生后，由保险人根据保险标的实际损失额而支付保险金的一种保险。损失保险一般适用于财产保险。

7. 【答案】√

【解析】现代保险业务的框架是由财产保险、人身保险、责任保险、信用保证保险四大部分构成的。财产保险是指以财产及其相关利益为保险标的，因保险事故发生导致财产利益损失，保险人以保险赔款进行补偿的一种保险。人身保险是以人的身体或生命为保险标的的一种保险。根据保障范围的不同，人身保险可以区分为人寿保险、意外伤害保险和健康保险等。责任保险是以被保险人依法应负的民事赔偿责任或经过特别约定的合同责任为保险标的的一种保险。信用保证保险是一种以经济合同所约定的有形财产或预期应得的经济利益为保险标的的一种保险。

8. 【答案】×

【解析】社会后备基金可划分成集中形式的后备基金、互助形式的后备基金、保险形式的后备基金、自保形式的后备基金和社会保障形式的后备基金。

9. 【答案】√

【解析】保险的基本职能就是保险的原始职能与固有职能，保险的基本职能主要有：（1）补偿损失职能。这种补偿既包括财产损失的补偿，又包括责任损害的赔偿。（2）经济给付职能。人的价值是很难用货币来计价的，所以，人身保险是经过保险人和投保人双方约定进行给付的保险。因此，人身保险的职能不是损失补偿，而是经济给付。

10.【答案】√

【解析】保险的派生职能包括防灾防损职能和融资职能。保险的融资职能，就是保险融通资金的职能或保险资金运用的职能。资金运用业务与承保业务并称为保险企业的两大支柱。保险融资的来源主要包括：资本金、总准备金或公积金、各项保险准备金以及未分配的盈余。

五、简答题

1. 简述保险的常见分类。

答：第一，按保险的性质分类。按性质不同，保险一般分为社会保险、商业保险和政策保险。

第二，按保险的实施方式分类。按实施方式不同，保险可分为自愿保险和法定保险。

第三，按保险标的分类。按标的或对象不同，保险可分为财产保险和人身保险。

第四，按承保方式分类。按承保方式不同，保险可分为原保险、再保险、重复保险、共同保险等。

第五，按经营性质分类。按经营性质不同，保险可分为盈利保险和非盈利保险。营利保险是指以营利为目的而经营的保险形式。商业性保险机构一般从事的是营利保险，它们按照利润最大化原则开展各种保险业务。非盈利保险是指不以营利为目的的保险业务形式，包括社会保险、政策保险、相互保险及合作保险。

第六，按投保主体分类。按投保主体不同，保险可分为团体保险、企业保险和个人保险。

第七，按保险金额占标的价值的比例或风险转嫁程度分类。按保险金额占标的价值的比例或风险转嫁程度不同，保险可分为足额保险、不足额保险和超额保险。

2. 简述保险的特征。

答：保险的特征包括经济性、商品性、互助性、法律性、科学性。

（1）经济性：保险是一种经济保障活动。保险的经济性主要体现在保险活动的性质、保障对象、保障手段、保障目的等方面。（2）商品性：在商品经济条件下，保险是一种特殊的劳务商品，保险业属于国民经济第三产业。这种商品经济关系直接表现为个别保险人与个别投保人之间的交换关系，间接表现为一定时期内全部保险人与全部投保人之间的交换关系。（3）互助性：保险具有"一人为众，众为一人"的互助性。（4）法律性：从法律角度看，保险是一种合同行为。保险双方当事人要履行其权利和义务，其依据也是保险合同。（5）科学性：现代保险经营以概率论和大数法则等科学的数理理论为基础。

3. 简述保险形式的种类。

答：第一，公营保险与民营保险。依保险经营主体分类，保险可以分为公营保险与民营保险。民营保险其形式主要有股份保险公司、相互保险公司、保险合作社和个人经营的保险等。

第二，盈利保险与非盈利保险。依保险经营性质分类，保险可以分为盈利保险与非盈利保险。盈利保险又称商业保险，股份公司经营的保险属于最常见的一种盈利保险。非盈利保险又称非商业保险，如社会保险、政策保险等；相互保险、合作保险等。

第三，原保险、再保险、重复保险和共同保险。依业务承保方式分类，保险可以区分为原保险、再保险、重复保险和共同保险。

第四，定额保险与损失保险。依赔付形式分类，保险可以分为定额保险与损失保险。定额保险是指在保险合同订立时，由保险双方当事人协商确定一定的保险金额，当保险事故发生时，保险人依照预先确定的金额给付保险金的一种保险。定额保险一般适用于人身保险。损失保险是指在保险事故发生后，由保险人根据保险标的实际损失额而支付保险金的一种保险。损失保险一般适用于财产保险。

第五，自愿保险与法定保险、社会保险与商业保险、普通保险与政策保险。依保险政策分类，保险可以区分为自愿保险与法定保险、社会保险与商业保险、普通保险与政策保险。

第六，财产保险与人身保险。依立法形式分类，分为两大类，即财产保险和人身保险。《中华人民共和国保险法》第九十一条将保险公司的业务分为两大类，即财产保险和人身保险。

4. 简述保险业务的种类。

答：现代保险业务的框架是由财产保险、人身保险、责任保险、信用保证保险构成。

第一，财产保险是指以财产及其相关利益为保险标的，因保险事故发生导致财产利益损失，保险人以保险赔款进行补偿的一种保险。财产保险有广义与狭义之分。广义的财产保险包括财产损失保险、责任保险、信用保证保险等；狭义的财产保险是以有形的物质财富及其相关利益为保险标的的一种保险。其内容包括：火灾保险、海上保险、汽车保险、航空保险、工程保险、利润损失保险、农业保险等。

第二，人身保险是以人的身体或生命为保险标的的一种保险。根据保障范围的不同，人身保险可以区分为人寿保险、意外伤害保险和健康保险等。

第三，责任保险是以被保险人依法应负的民事赔偿责任或经过特别约定的合同责任为保险标的的一种保险。责任保险的种类包括：公众责任保险、产品责任保险、职业责任保险、雇主责任保险等。

第四，信用保证保险是一种以经济合同所约定的有形财产或预期应得的经济利益为保险标的的一种保险。信用保证保险是一种担保性质的保险，可分为信用保险和保证保险两种等。

5. 简述保险的基本职能和派生职能。

答：保险职能是指保险的内在的固有的功能，它是由保险的本质和内容决定的。保险的职能有基本职能和派生职能之分。

第一，保险的基本职能。保险的基本职能就是保险的原始职能与固有职能，保险的基本职能主要有：（1）补偿损失职能。这种补偿既包括财产损失的补偿，又包括责任损害的赔偿。（2）经济给付职能。人的价值是很难用货币来计价的，所以，人身保险是经过保险人和投保人双方约定进行给付的保险。因此，人身保险的职能不是损失补偿，而是经济给付。

第二，保险的派生职能。（1）防灾防损职能。（2）融资职能。保险的融资职能，就是保险融通资金的职能或保险资金运用的职能。资金运用业务与承保业务并称为保险企业的两大支柱。保险融资的来源主要包括：资本金、总准备金或公积金、各项保险准备金以及未分配的盈余。

六、论述题

1. 论述保险的特征。

答：保险的特征包括：经济性、商品性、互助性、法律性、科学性。

第一，经济性：保险是一种经济保障活动。保险的经济性主要体现在保险活动的性质、保障对象、保障手段、保障目的等方面。

第二，商品性：在商品经济条件下，保险是一种特殊的劳务商品，保险业属于国民经济第三产业。这种商品经济关系直接表现为个别保险人与个别投保人之间的交换关系，间接表现为一定时期内全部保险人与全部投保人之间的交换关系。

第三，互助性：保险具有"一人为众，众为一人"的互助性。

第四，法律性：从法律角度看，保险是一种合同行为。保险双方当事人要履行其权利和义务，其依据也是保险合同。

第五，科学性：现代保险经营以概率论和大数法则等科学的数理理论为基础。

2. 论述保险基金与社会后备基金的关系。

答：保险基金是社会后备基金的重要形式，起着重要的补充作用。自保形式的后备基金则是一种自担风险的财务处理手段。

从社会来看，人身保障的业务活动可以分为三种类别：一是社会福利、社会救济等具有社会性、福利性性质的业务，第一类业务应由集中型和社会保障型的后备基金来承担，商业保险基金无须介入；二是具有基本保障性质的业务，第二类业务也应由社会保障型的后备基金来承担，但商业保险基金和互助保险基金可以介入这类业务中非强制性的部分，以作为基本保障的补充；三是人寿保险、意外伤害、公共责任以及投资与储蓄相结合的个人储蓄性业务，第三类业务则主要由商业保险基金来承担。在财产保障业务领域中，集中型的后备基金具有重要作用，其保障的对象主要是国有企业财产。互助型和自保型后备基金虽能承担财产保障的任务，但不能成为财产保障的主要形式。而商业保险基金则在财产保障业务领域中是主要的经营者，至于社会保障基金，则不能介入财产保险业务领域。

3. 论述保险的宏观经济作用和微观经济作用。

答：保险的作用是保险职能在具体实践中表现的效果。

第一，保险的宏观经济作用是指保险对全社会以及国民经济在总体上所产生的经济效益。（1）保障社会再生产的正常运行。（2）促进社会经济的发展。（3）有助于推动科技发展。（4）有利于对外经济贸易发展。目前，有许多国家的外汇保费收入已构成一项重要的非贸易外汇收入，成为国家积累外汇资金的重要来源。（5）保障社会稳定。

第二，保险的微观经济作用是指保险对企业、家庭和个人所起的保障作用。（1）保险有助于企业及时恢复生产。（2）有利于安定人民生活。（3）促进企业的公平竞争。（4）促进个人或家庭消费的均衡。

4. 构成保险的职能组成部分是什么？试论述其基本内容。

答：保险职能是指保险的内在的固有的功能，它是由保险的本质和内容决定的。保险的职能有基本职能和派生职能之分。

第一，保险的基本职能。

保险的基本职能就是保险的原始职能与固有职能，保险的基本职能主要有：（1）补偿损失职能。这种补偿既包括财产损失的补偿，又包括责任损害的赔偿。（2）经济给付职能。人的价值是很难用货币来计价的，所以，人身保险是经过保险人和投保人双方约定进行给付的保险。因此，人身保险的职能不是损失补偿，而是经济给付。

第二，保险的派生职能。

（1）防灾防损职能。（2）融资职能。保险的融资职能，就是保险融通资金的职能或保险资金运用的职能。资金运用业务与承保业务并称为保险企业的两大支柱。保险融资的来源主要包括：资本金、总准备金或公积金、各项保险准备金以及未分配的盈余。

第 11 章　保险合同

一、名词解释题

1. 保险合同

答：《中华人民共和国保险法》第九条规定："保险合同是投保人与保险人约定保险权利义务关系的协议。"保险合同的当事人是投保人和保险人；保险合同的内容是关于保险的权利义务关系。保险合同属于民商合同中的一种，保险合同不仅适用《保险法》，也适用《民法典》。

2. 定值保险合同

答：定值保险合同是指载明保险双方约定的保险标的价值的保险合同。在定值保险合同中，若保险标的因保险事故导致全损，不论保险事故发生时保险标的的实际市场价值是多少，保险人均按保险合同中载明的保险标的的价值赔偿。定值保险合同一般适用于特殊的保险标的，如古玩、字画、船舶、货物运输等。

3. 定额保险合同

答：定额保险合同是指合同双方当事人事先协商约定保险金额的合同。人身保险合同均采用定额保险合同的形式。

4. 保险凭证

答：保险凭证也称"小保单"，是保险人向投保人签发的证明保险合同已经成立的书面凭证，是一种简化了的保险单。

二、单项选择题

1.【答案】A

【解析】保险合同是指投保人与保险人订立的、约定保险权利义务关系的协议。

2.【答案】A

【解析】保险合同当事人包括投保人与保险人。

3.【答案】B

【解析】暂保单具有与正式保险单同样的效力，但是其有效期限较短，通常不超过 30 天。

4. 【答案】B

【解析】自合同效力中止之日起满两年双方未达成协议的，保险人有权解除合同。

5. 【答案】A

【解析】广义的变更包括保险合同各要素的变更，既包括内容的变更，也包括主体的变更。而狭义的变更仅仅包括内容的变更，而主体的变更属于保险合同的转让。我国保险法律采用的是狭义说，即保险合同的变更是指在保险合同的存续期间内，经当事人双方协商一致或者依照法律的规定，对保险合同的内容在局部予以修改或加以补充。

6. 【答案】C

【解析】投保单是指投保人向保险人申请订立保险合同的书面要约。

7. 【答案】D

【解析】受益人所受领的保险金不属于投保人或被保险人的遗产，一方面无须征收遗产税，另一方面也不属于投保人或被保险人之债权人的债务清偿请求范围。

8. 【答案】D

【解析】射幸合同是指合同的法律效果在订约时不能确定的合同，保险合同的射幸性体现在，虽然投保人确定要支付保险费，但是保险人是否给付保险金，在合同订立当时无法明确，而取决于合同订立后不确定的偶发事故。

9. 【答案】D

【解析】保险金额是指投保人和保险人在保险合同中约定的，在保险事故发生时保险人承担给付保险金责任的最高限额。

三、多项选择题

1. 【答案】ABCD

【解析】保险合同发生争议时，存在以下四种方式解决：和解、调解、仲裁和诉讼。

2. 【答案】ABCD

【解析】保险合同的种类包括单一危险保险合同与综合危险保险合同、定值保险合同与不定值保险合同、定额保险合同与补偿保险合同、个别保险合同与集合保险合同、特定保险合同与总括保险合同、足额保险合同与非足额保险合同、专一保险合同与重复保险合同和原保险合同与再保险合同。

3. 【答案】ABC

【解析】保险合同的当事人包括保险人、投保人、被保险人。

4. 【答案】ABCD

【解析】保险合同的内容是指以双方权利义务为核心的保险合同的全部记载事项。保险合同由以下几部分构成：（1）主体部分。（2）权利义务部分。（3）客体部分。（4）其他声明事项部分。从条款的拟定来看，保险合同的内容由基本条款和特约条款构成。

5. 【答案】ABC

【解析】保险价值是指保险标的的实际价值，即投保人对保险标的所享有的保险利益的货币估价额。保险价值的确定主要有三种方法：（1）由当事人双方在保险合同中约定。（2）按事故发生后保险标的的市场价格确定。（3）依据法律具体规定确定保险价值。

6. 【答案】ACD

【解析】保险金额是指保险人承担赔偿或者给付保险金的最高限额。在定值保险中，保险金额为双方约定的保险标的的价值。在不定值保险中，保险金额可以按下述方法确定：（1）由投保人按保险标的的实际价值确定。（2）由投保人和保险人协商按保险标的的实际价值确定。（3）根据投保要投保时保险标的的账面价值确定。

7. 【答案】ABCD

【解析】保险单也称保单，是指保险合同成立后，保险人向投保人（被保险人）签发的正式书面凭证。保险单包括以下四个部分的内容：（1）声明事项。（2）保险事项。（3）除外责任。（4）条件事项。

8. 【答案】ABCD

【解析】保险人承担保险责任的范围：（1）保险赔偿。（2）施救费用。（3）争议处理费用。（4）检验费用。

9. 【答案】ABCD

【解析】保险合同的解释应遵循文义解释的原则、意图解释的原则、专业解释的原则和有利于被保险人和受益人的原则。

四、判断题

1. 【答案】√

【解析】有偿合同是指因为享有一定的权利而必须偿付一定对价的合同。投保人的对价是向保险人支付保险费，保险人的对价是承担投保人转移的风险。

2. 【答案】×

【解析】附合合同是指其内容不是由当事人双方共同协商拟订，而是由一方当事人事先拟订，另一方当事人只是作出是否同意的意思表示的一种合同。

3. 【答案】√

【解析】根据保险人所承保的危险的状况不同，保险合同可分为单一危险保险合同与综合危险保险合同。单一危险合同是指只承保一种危险责任，如农作物雹灾保险合同。

4. 【答案】√

【解析】按保险金额的确定方式，保险合同可分为定额保险合同和补偿保险合同。定额保险合同是指合同双方当事人事先协商约定保险金额的合同。

5. 【答案】×

【解析】按保险金额与保险标的的实际价值的对比关系划分，保险合同可分为足额保险合同与不足额保险合同。按保险标的的价值是否载于保险合同进行分类，保险合同可分为定值保险合同和不定值保险合同。

6. 【答案】×

【解析】按保险金额与保险标的的实际价值的对比关系划分，保险合同可分为足额保险合同与不足额保险合同。按保险标的的价值是否载于保险合同进行分类，保险合同可分为定值保险合同和不定值保险合同。

7. 【答案】√

【解析】当投保人与被保险人为同一人时，保险人、投保人和被保险人是保险合同的当事人，当投保人与被保险人不是同一人时，投保人是保险合同的当事人，而被保险人是保险合同的关系人。

8. 【答案】√

【解析】保险合同的当事人包括保险人、投保人和被保险人。

9. 【答案】√

【解析】保险合同的辅助人包括保险代理人、保险经纪人、保险公估人等。

10. 【答案】√

【解析】保险合同的客体是投保人于保险标的上的保险利益。

11. 【答案】√

【解析】保险期间是指保险人为被保险人提供保障的起止时间。保险责任开始时间即保险人开始承担保险责任的时间。我国保险实务中以约定起保日的零点为保险责任开始时间，以合同期满日的 24 点为保险责任终止时间。

12. 【答案】√

【解析】争议处理是指保险合同发生争议后的解决方式，包括协商、仲裁和诉讼。

13. 【答案】√

【解析】保险合同通常采用书面形式。书面形式的保险合同包括：投保单、保险单、保险凭证、暂保单以及除此之外的其他书面协议。

14. 【答案】√

【解析】保险合同解除的形式有两种：法定解除与协议解除。

15. 【答案】√

【解析】《中华人民共和国保险法》第四十二条规定，保险标的发生部分损失的，在保险赔偿后 30 日内，投保人可以终止合同。

16. 【答案】×

【解析】暂保单也称临时保险单，是指由保险人在签发正式保险单之前，出立的临时保险凭证。暂保单的有效期一般为 30 天。

五、简答题

1. 简述保险合同的法律特征。

答：保险合同作为一种特殊的民商合同，除具有一般合同的法律特征外，还具备下列一些独有的法律特征：（1）保险合同是有偿合同。有偿合同是指因为享有一定的权利而必须偿付一定对价的合同。投保人的对价是向保险人支付保险费，保险人的对价是承担投保人转移的风险。（2）保险合同是双务合同。双务合同是指合同双方当事人相互享有权利、承担义务的合同。（3）保险合同是最大诚信合同。保险合同较一般合同对当事人的诚实信用的要求更为严格，故称为最大诚信合同。（4）保险合同是射幸合同。射幸合同是指合同当事人中至少有一方并不必然履行金钱给付义务，只有当合同中约定的条件具备或合同约定的事件发生的才履行；而合同约定的事件是有可能发生也有可能不发生的不确定事件。（5）保险合同是附合合同。附合合同是指其内容不是由当事人双方共同协商拟订，而是由一方当事人事先拟订，另一方当事人只是作出是否同意的意思表示的一种合同。

2. 简述保险合同的种类。

答：（1）单一危险保险合同与综合危险保险合同。（2）定值保险合同与不定值保险合同。（3）定额保险合同与补偿保险合同。（4）个别保险合同与集合保险合同。（5）特定保险合同与总括保险合同。（6）足额保险合同与非足额保险合同。（7）专一保险合同与重复保险合同。（8）原保险合同与再保险合同。

3. 简述保险合同的内容。

答：保险合同的内容是指以双方权利义务为核心的保险合同的全部记载事项。保险合同由以下几部分构成：（1）主体部分。（2）权利义务部分。（3）客体部分。（4）其他声明事项部分。

4. 简述保险合同的形式。

答：保险合同通常采用书面形式。书面形式的保险合同包括：投保单、保险单、保险凭证、暂保单以及除此之外的其他书面协议。（1）投保单。投保单也称要保书，指投保人为订立保险合同而向保险人提出的书面要约。经保险人盖章后，保险合同即告成立。（2）保险单。保险单也称保单，是指保险合同成立后，保险人向投保人（被保险人）签发的正式书面凭证。保险单包括声明事项、保险事项、除外责任和条件事项。（3）保险凭证。保险凭证也称"小保单"，是保险人向投保人签发的证明保险合同已经成立的书面凭证，是一种简化了的保险单。（4）暂保单。暂保单也称临时保险单，是指由保险人在签发正式保险单之前，出立的临时保险凭证。暂保单的有效期一般为 30 天。

5. 简述保险合同的解释及其原则。

答：保险合同的解释应遵循下列原则：（1）文义解释的原则。文义解释是按照保险合同条款所使用文句的通常含义和保险法律、法规及保险习惯，并结合合同的整体内容对保险合同条款所做的解释。（2）意图解释的原则。意图解释即按保险合同当事人订立保险合同的真实意思，对合同条款所作的解释。（3）专业解释的原则。专业解释是指对保险合同中使用的专业术语，应按照其所属专业的特定含义解释。（4）有利于被保险人和受益人的原则。

6. 简述解决保险合同争议的方式。

答：（1）协商。协商是指合同主体双方在自愿诚信的基础上，根据法律规定及合同约定，充分交换意见，相互切磋与理解，求大同存小异，对所争议的问题达成一致意见，自行解决争议的方式。（2）仲裁。仲裁是指争议双方依仲裁协议，自愿将彼此间的争议交由双方共同信任、法律认可的仲裁机构的仲裁员居中调解，并作出裁决。仲裁裁决具有法律效力，仲裁机构主要是指依法设立的仲裁委员会。（3）诉讼。诉讼是指通过国家审判机关——人民法院解决争端、进行裁决的办法。它是解决争议的最激烈方式。

六、论述题

1. 请分别论述保险价值和保险金额的确定方法。

答：保险价值是指保险标的的实际价值，即投保人对保险标的所享有的保险利益的货币估价额。保险价值的确定主要有三种方法：（1）由当事人双方在保险合同中约定。（2）按事故发生后保险标的的市场价格确定。（3）依据法律具体规定确定保险价值。

保险金额是指保险人承担赔偿或者给付保险金的最高限额。在定值保险中，保险金额为双方约定的保险标的的价值。在不定值保险中，保险金额可以按下述方法确定：（1）由投保人按保险标的的实际价值确定。（2）由投保人和保险人协商按保险标的的实际价值确定。（3）根据投保要投保时保险标的的账面价值确定。

2. 试论述保险合同的变更包括哪些内容。

答：保险合同的变更是指在保险合同有效期间，当事人依法对合同条款所做的修改或补充。（1）保险合同主体的变更。保险合同的主体变更是指保险合同的当事人或关系人的变更，即保险合同的转让。保险合同主体的变更包括财产保险合同的主体变更和人身保险合同主体的变更。（2）保险合同客体变更。保险合同客体变更的原因主要是保险标的的价值增减变化，引起保险利益发生变化。保险合同客体的变更，通常是由投保人或被保险人提出，经保险人同意，加批后生效。（3）保险合同的内容变更。保险合同的内容变更，是指保险合同主体的权利和义务的变更。一是投保人根据实际需要提出变更保险合同内容；二是投保人根据法律规定提出变更保险合同内容。

第12章　保险的基本原则

一、名词解释题

1. 保险利益原则

答：保险利益原则是指在签订和履行保险合同的过程中，投保人和被保险人对保险标的必须具有保险利益。

2. 最大诚信原则

答：最大诚信原则是指保险双方在签订和履行保险合同时，必须以最大的诚意履行自己的义务，互不欺骗和隐瞒，恪守合同的认定与承诺，否则导致保险合同无效。

3. 近因原则

答：近因原则是指在风险与保险标的损失关系中，如果近因属于被保风险，保险人应负赔偿责任；近因属于除外风险或未保风险，则保险人不负赔偿责任。

4. 损失补偿原则

答：损失补偿原则是指保险合同生效后，当保险标的发生保险责任范围内的损失时，通过保险赔偿，使被保险人恢复到受灾前的经济原状，但不能因损失而获得额外收益。

二、单项选择题

1.【答案】B

【解析】我国保险立法采用询问告知的形式。

2.【答案】B

【解析】承诺保证是指投保人或被保险人对将来某一事项的作为或不作为的保证，即对该事项今后的发展作保证。

3.【答案】A

【解析】保险利益是指投保人或被保险人对保险标的所具有的法律上承认的经济利益。

4. 【答案】B

【解析】与财产保险利益时间要求不同的是，人身保险着重强调投保人在订立保险合同时对被保险人必须具有保险利益，保险合同生效后，就不再追究投保人对被保险人的保险利益问题。

5. 【答案】D

【解析】所谓近因，不是指在时间或空间上与损失结果最为接近的原因，而是指促成损失结果的最有效、起决定作用的原因。

6. 【答案】B

【解析】保险人在代位求偿中享有的权益以其对被保险人赔付的金额为限，如果保险人从第三者责任方追偿的金额大于对被保险人的补偿，超出的部分应归还给被保险人，防止保险人获得不当得利。

7. 【答案】B

【解析】为了保障被保险人的利益，限制保险人利用违反告知或保证而拒绝承担保险责任，各国保险法一般都有弃权与禁止反言的规定，以约束保险人及其代理人的行为，平衡保险人与投保人或被保险人的权利义务关系。

三、多项选择题

1. 【答案】ABD

【解析】保险利益存在于：（1）人身关系，即投保人以自己的生命和身体具有保险利益。（2）亲属关系。指投保人的配偶、子女、父母等家庭成员。（3）雇佣关系。企业或雇主对其雇员具有保险利益。（4）债权债务关系。债权人对债务人具有保险利益；此外，由被保险人同意，也可以视为具有保险利益。

2. 【答案】BCD

【解析】坚持损失补偿原则，即要求保险人在承担赔偿责任时，把握赔偿额度的三个上限：以保险金额为限、以实际损失为限、以保险利益为限。

3. 【答案】ABCD

【解析】在保险实务中，投保人或被保险人违反告知的表现主要有四种：漏报、误告、隐瞒、欺诈。

4. 【答案】ABCD

【解析】（1）财产保险的保险利益。财产保险的保险标的是财产及其有关利益。（2）人身保险的保险利益。人身保险的保险标的是人的生命或身体。人身保险利益可分为以下四种情况：本人对自己的生命和身体具有保险利益；投保人对配偶、子女、父母的生命和身体具有保险利益；投保人对上述两项以外与投保人有抚养、赡养或者扶养关系的家庭其他成员、近亲具有保险利益；除前款规定外，被保险人同意投保人为其订立合同的，视为投保人对被保险人具有保险利益。（3）责任保险的保险利益。责任保险的保险标的是被保险人对第三者依法应负的赔偿责任，因承担经济赔偿责任而支付损害赔偿金和其他费用的人具有责任保险的保险利益。（4）信用保证保险的保险利益。债权人对债务人的信用具有保险利益，可以投保信用保险。债务人对自身的信用也具有保险利益，可以按照债权人的要求投保自身信用的保险，即保证保险。

5. 【答案】ABCD

【解析】最大诚信原则的基本内容包括告知、保证、弃权与禁止反言。（1）告知。从理论上讲，告知分广义告知和狭义告知两种。狭义告知仅指投保方对保险合同成立时保险标的的有关事项向保险人进行口头或书面陈述。（2）保证。保证是指保险人要求投保人或被保险人对某一事项的作为或不作为，某种事态的存在或不存在作出许诺。（3）弃权与禁止反言。弃权是指保险人放弃其在保险合同中可以主张的某种权利。禁止反言是指保险人已放弃某种权利，日后不得再向被保险人主张这种权利。

6. 【答案】ABCD

【解析】（1）单一原因造成的损失。单一原因致损，即造成保险标的损失的原因只有一个，这个原因就是近因。（2）同时发生的多种原因造成的损失。（3）连续发生的多项原因造成的损失。（4）间断发生的多项原因造成的损失。在一连串连续发生的原因中，有一项新的独立的原因介入，导致损失。

7. 【答案】ABD

【解析】损失补偿原则的限制条件：（1）以实际损失为限。（2）以保险金额为限。（3）以保险利益为限。

8. 【答案】BCD

【解析】重复保险的分摊方式主要包括比例责任的分摊、限额责任的分摊和顺序责任的分摊三种方式。（1）比例责任分摊方式。各保险人按其承保的保险金额占保险金额总和的比例分摊投保事故造成的损失，支付赔款。（2）限额责任分摊方式。各家保险公司的分摊不以其保险金额为基础，而是在假设无他保情况下单独应负的赔偿责任限额占各家保险公司赔偿责任限额之总和的比例分摊损失金额。（3）顺序责任分摊方式。各保险公司按出单时间顺序赔偿，先出单的公司先在其保额限度内赔偿，后出单的公司只在损失额超出前一家公司的保额时，在自身保额限度内赔偿超出的部分。

9. 【答案】BC

【解析】代位追偿原则的主要内容包括权利代位和物上代位。

四、判断题

1. 【答案】√

【解析】保险利益原则是指在签订和履行保险合同的过程中，投保人和被保险人对保险标的必须具有保险利益。

2. 【答案】√

【解析】财产保险的保险标的是财产及其有关利益。财产保险的保险利益有下列情况：（1）财产所有人、经营管理人的保险利益。（2）抵押权人与质权人的保险利益。（3）负有经济责任的财产保管人、承租人等的保险利益。（4）合同双方当事人的保险利益。

3. 【答案】√

【解析】人身保险的保险标的是人的生命或身体。人身保险利益可分为以下四种情况：（1）本人对自己的生命和身体具有保险利益。（2）投保人对配偶、子女、父母的生命和身体具有保险利益。（3）投保人对上述两项以外与投保人有抚养、赡养或者扶养关系的家庭其他成员、近亲具有保险利益。（4）除前款规定外，被保险人同意投保人为其订立合同的，视为投保人对被保险人具有保险利益。

4. 【答案】√

【解析】责任保险的保险标的是被保险人对第三者依法应负的赔偿责任，因承担经济赔偿责任而支付损害赔偿金和其他费用的人具有责任保险的保险利益。

5. 【答案】×

【解析】最大诚信原则的基本内容包括告知、保证、弃权与禁止反言。现代保险合同及有关法律规定中的告知与保证原则是对投保人、保险人等保险合同关系人的共同约束。弃权与禁止反言的规定主要是约束保险人的。

6. 【答案】√

【解析】国际上对于告知的立法形式有两种，即无限告知和询问回答告知。我国保险立法都是采用询问回答告知的形式。在保险实务中，保险人也正在采用各种"合理的方式"来履行这一法定义务：将免责条款用黑体印刷、使用不同字号、放置在显著位置、用彩图来表现等。在理赔阶段，保险人应以书面通知的形式来履行其告知义务。

7. 【答案】×

【解析】根据保证存在的形式，可分为明示保证和默示保证。默示保证与明示保证具有同等的法律效力。明示保证：指以文字或书面的形式载明于保险合同中，成为保险合同的条款。默示保证：一般是国际惯例所通行的准则，习惯上或社会公认的被保险人应在保险实践中遵守的规则。默示保证在海上保险中运用比较多，如海上保险的默示保证有三项：（1）保险的船舶必须有适航能力。（2）要按预订的或习惯的航线航行。（3）必须从事合法的运输业务。

8.【答案】√

【解析】弃权是指保险人放弃其在保险合同中可以主张的某种权利。禁止反言是指保险人已放弃某种权利，日后不得再向被保险人主张这种权利。

9.【答案】√

【解析】认定近因的基本方法：（1）从最初事件出发，按逻辑推理直到最终损失发生，最初事件就是最后一个事件的近因。比如，雷击折断大树，大树压坏房屋，房屋倒塌致使家用电器损毁，家用电器损毁的近因就是雷击。（2）从损失开始，沿系列自后往前推，追溯到最初事件，如没有中断，最初事件就是近因。

五、简答题

1. 简述人身保险的保险利益包括的四种情况。

答：人身保险的保险标的是人的生命或身体。人身保险利益可分为以下四种情况：（1）本人对自己的生命和身体具有保险利益。（2）投保人对配偶、子女、父母的生命和身体具有保险利益。（3）投保人对上述两项以外与投保人有抚养、赡养或者扶养关系的家庭其他成员、近亲具有保险利益。（4）除前款规定外，被保险人同意投保人为其订立合同的，视为投保人对被保险人具有保险利益。

2. 简述损失补偿的派生原则。

答：第一，重复保险的分摊原则。重复保险是指投保人对同一保险标的、同一保险利益、同一保险事故分别向两个或两个以上保险人订立保险合同，且其保险金额的总和超过保险价值的保险。重复保险的分摊方式主要包括比例责任的分摊、限额责任的分摊和顺序责任的分摊三种方式。

第二，代位追偿原则。代位追偿原则是指在财产保险中，保险标的发生保险事故造成推定全损，或者保险标的由于第三者责任导致的损失，保险人按照合同约定履行赔偿责任后，依法取得对保险标的的所有权或对保险标的的损失负有责任的第三者的追偿权。代位追偿原则的主要内容包括权利代位和物上代位。

3. 简述重复保险的分摊方式。

答：重复保险的分摊方式主要包括比例责任的分摊、限额责任的分摊和顺序责任的分摊三种方式。

第一，比例责任分摊方式。各保险人按其承保的保险金额占保险金额总和的比例分摊投保事故造成的损失，支付赔款。其计算公式为：各保险人承担的赔款＝损失金额×保险人承保的保险金额/各保险人承保的保险金额总和。

第二，限额责任分摊方式。各家保险公司的分摊不以其保险金额为基础，而是在假设无他保情况下单独应负的赔偿责任限额占各家保险公司赔偿责任限额之总和的比例分摊损失金额。其计算公式为：各保险人承担的赔款＝损失金额×该保险人的赔偿限额/各保险人赔偿限额总和 A、B 两家保险公司承保同一财产。

第三，顺序责任分摊方式。各保险公司按出单时间顺序赔偿，先出单的公司先在其保额限度内赔偿，后出单的公司只在损失额超出前一家公司的保额时，在自身保额限度内赔偿超出的部分。

六、论述题

1. 试论述最大诚信原则的基本内容。

答：最大诚信原则的基本内容包括告知、保证、弃权与禁止反言。（1）告知。从理论上讲，告知分广义告知和狭义告知两种。狭义告知仅指投保方对保险合同成立时保险标的的有关事项向保险人进行口头或书面陈述。保险实务中所称的告知，一般是指狭义的告知。国际上对于告知的立法形式有两种，即无限告知和询问回答告知。（2）保证。保证是指保险人要求投保人或被保险人对某一事项的作为或不作为，某种事态的存在或不存在作出许诺。（3）弃权与禁止反言。弃权是指保险人放弃其在保险合同中可以主张的某种权利。禁止反言是指保险人已放弃某种权利，日后不得再向被保险人主张这种权利。

2. 试论述近因的认定与保险责任的确定包括哪些内容。

答：近因的认定与保险责任的确定：（1）单一原因造成的损失。单一原因致损，即造成保险标的损失的原因只有一个，那么，这个原因就是近因。（2）同时发生的多种原因造成的损失。原则上它们都是损失的近因。多种原因均属被保风险，保险人负责赔偿全部损失。多种原因中，既有被保风险，又有除外风险或未保风险，保险人的责任视损害的可分性如何而定。（3）连续发生的多项原因造成的损失。多种原因连续发生，即各原因依次发生，持续不断，且具有前因后果的关系。若损失是由两个以上的原因所造成，且各原因之间的因果关系未中断，那么最先发生并造成一连串事故的原因为近因。（4）间断发生的多项原因造成的损失。在一连串连续发生的原因中，有一项新的独立的原因介入，导致损失。若新的独立的原因是被保风险，保险责任由保险人承担；反之，保险人不承担损失赔偿或给付责任。

第 13 章　保险市场

一、名词解释题

1. 保险市场

答：保险市场是保险商品交换关系的总和或是保险商品供给与需求关系的总和，完整的保险市场应包含：保险市场的供给方、保险市场的需求方、保险市场的中介方、保险商品。

2. 保险市场机制

答：保险市场机制指将市场机制一般应用于保险经济活动中所形成的价值规律、供求规律及竞争规律之间相互制约、相互作用的关系。价值规律对于保险费率的自发调节只限于凝结在费率中的附加费率部分的社会必要劳动时间。

3. 保险市场供给

答：保险市场供给是指在一定的费率水平上，保险市场上的各家保险企业愿意并且能够提供的保险商品的数量。如果用承保能力来表示，它就是各个保险企业的承保能力之和。

4. 保险市场需求

答：保险市场需求指在一定时间内及一定的费率水平上，保险消费者愿意并有能力购买的保险商品的总量。保险市场需求包括三个要素：有保险需求的人、为满足保险需求的购买能力和购买意愿。

5. 保险中介

答：保险中介是指介于保险人之间、投保人与保险人之间和独立于保险人和被保险人之外，专门从事保险中介服务并依法收取佣金的单位和个人。保险中介主要由保险代理人、保险经纪人与保险公估人三种形式组成。

二、单项选择题

1. 【答案】D

【解析】保险商品的需求方是指保险市场上所有现实的和潜在的保险商品的购买者，即各类投保人。

2. 【答案】C

【解析】保险市场是保险商品交换关系的总和或保险商品供给与需求关系的总和。它既可以是固定的交易场所，如保险交易所，也可以是所有实现保险商品让渡的交换关系的总和。

3. 【答案】C

【解析】保险监管机构是指由国家政府设立的专门对保险市场的各类经营主保险基础知识体、保险经营活动进行监督和管理的机构、保险监管部门监管的主要目的是维护保险市场的秩序，保护被保险人和社会公众的利益。

4. 【答案】A

【解析】由于保险的射幸性，保险市场所成交的任何一笔交易，都是保险人对未来风险事件发生所致经济损失进行补偿的承诺。只有在保险合同所约定的未来时间内发生保险事故，并导致经济损失，保险人才可能对被保险人进行经济补偿。因此，保险市场可以理解为是一种特殊的"期货"市场。

5. 【答案】B

【解析】保险市场的特征：（1）保险市场是直接的风险市场。（2）保险市场是非即时结清市场。（3）保险市场是特殊的"期货"交易市场。

6. 【答案】C

【解析】在垄断竞争模式的保险市场上，大小保险公司并存，少数大保险公司在市场上取得垄断地位，故选项C正确。完全竞争市场模式是指一个保险市场上有数量众多的保险公司、任何公司都可以自由地进出市场，每个保险人都只占有很小的市场份额，获取平均利润；完全垄断型保险市场是指保险市场完全由一家保险公司所操纵，这家公司的性质既可以是国营的，也可以是私营的；寡头垄断型保险市场是指在一个保险市场上只存在少数相互竞争的保险公司。

7. 【答案】B

【解析】保险市场机制就是将市场机制运用于保险经济活动中所形成的价值规律、供求规律和竞争规律之间相互制约、相互作用的关系。保险市场机制的构成要素包括价格机制、供求机制和竞争机制。其中，价格机制是市场机制中最基本的机制。

8. 【答案】A

【解析】保险市场供给的内容包括质和量两个方面。保险市场供给的质有三层含义：（1）保险公司所能提供的保险商品的种类。（2）具体保险险种质的高低。（3）保险公司产品供给的结构。保险市场供给的量有两方面含义：

（1）一定时期内保险市场能提供的保险商品数量，一般用保单数量和保险费总量衡量。（2）供给的保险商品所能实现的保障水平，主要体现在保险金额上。

三、多项选择题

1. 【答案】ABCD

   【解析】根据国际和国内保险业的实践，为充分发挥保险中介的作用并有利于保险业的发展，保险中介行为应遵循的原则有：（1）合法性原则。（2）公平竞争原则。（3）资格认证原则。（4）独立性原则。

2. 【答案】ACD

   【解析】保险代理人是根据保险人的委托，代表保险人的利益办理保险业务，保险经纪人则是基于投保人的利益从事保险经纪业务；保险代理人代理销售的产品由保险人自己指定，保险经纪人需要在哪家保险公司投保，视实际需要而定；保险代理人与保险经纪人都是保险中介人，都属于保险辅助人。故选项A、选项C、选项D正确。保险代理人按代理合同的规定向保险人收取佣金，保险经纪人则根据被保险人的要求向保险公司投保，保险公司接受业务后，向经纪人支付佣金，故B项错误。

3. 【答案】ABD

   【解析】保险监管的作用包括：（1）维护被保险人的合法权益。（2）维护公平竞争的市场秩序。（3）维护保险体系的整体安全与稳定。（4）促进保险业健康发展。

四、简答题

1. 简述影响保险需求和保险供给的主要因素。

   答：（1）影响需求的因素：风险、经济发展水平、保险价格、人口状况、科学技术水平、风险管理水平、利率与通货膨胀、风俗文化等。（2）影响供给的因素：经营资本金、从业者因素、经营者的数量及质量、保险成本及利润率、国家法律与政策、投保人的缴费能力、市场的竞争程度。

2. 简述保险市场的构成要素和特征。

   答：要素：保险需求者、保险供给者和保险中介。特征：保险市场是金融市场的重要组成部分，它与普通商品市场或劳动力市场有所不同，具有以下特征：（1）保险市场是无形的市场。（2）保险市场是直接的风险市场。（3）保险市场是非即时结清市场。（4）保险市场是受政府监管的市场。

3. 简述保险市场需求的类型。

   答：第一，潜在的保险市场需求。潜在的保险市场需求是由一些对保险商品或某一具体险种具有一定兴趣的消费者构成的。第二，有效的保险市场需求。有效的保险市场需求是指既有保险商品的购买兴趣，又有足够的缴费能力，并有可能接近保险商品的保险消费者的需求总和。第三，合格有效的保险市场需求。合格有效的保险市场需求是指具有保险商品的购买兴趣，有足够的缴费能力，能够接近保险商品，同时还有资格成为投保人或被保险人的消费者的需求总和。第四，已渗透的保险市场需求。已经成为本企业的投保人或被保险人是该企业"已渗透的保险市场需求"。

4. 简述保险监管的原则与目标。

答：保险监管的原则：（1）坚实原则。包括资产坚实和负债坚实。（2）公平原则。是指保险监管者对保险加入者的公平和签订保险合同的公平。保险监管者对保险加入者的公平包括申请加入保险业者的资格公平、条件公平以及保险经营过程中的竞争公平；保险监管者对签订保险合同的公平包括对被保险人的保险费率公平和保单条款的公平。（3）健全原则。是指保险监管者在监管过程中指导、督促保险业的正常经营和健康发展，提高保险经营效益，维护股东及合伙人的利益。（4）社会原则。是指根据国家经济和社会政策的需要，积极发展保险事业，促进社会进步和经济发展。

5. 简述保险监管的目标。

答：保险监管的目标是指国家保险监管机关在一定时期内对保险业进行监督管理所要达到的要求或效果。主要有：（1）保证保险人的偿付能力。偿付能力是保险企业经营管理的核心，也是国家保险监管的核心内容。保险监管机构对保险偿付能力的监管，主要是通过对偿付能力额度的直接管理，或对影响保险人偿付能力的因素如保险费率、保险资金的运用等进行管理来完成的。资本的充足性是保险公司偿付能力的基本保证。偿付能力额度等于保险人的认可资产减去认可负债。（2）防止利用保险进行欺诈。利用保险进行欺诈的手法很多，主要有三个方面：一是保险人方面的欺诈；二是投保人方面的欺诈；三是社会各方面的欺诈。（3）维护保险市场秩序。

五、论述题

1. 论述保险市场的运作机制。

答：保险市场机制指将市场机制一般应用于保险经济活动中所形成的价值规律、供求规律及竞争规律之间相互制约、相互作用的关系。价值规律对于保险费率的自发调节只限于凝结在费率中的附加费率部分的社会必要劳动时间。保险市场上保险商品的价格即保险费率不是完全由市场供求状况决定的，即保险费率并不完全取决于保险市场供求的力量对比。风险发生的频率即保额损失率等是决定费率的主要因素，供求仅仅是费率形成的一个次要因素。因此，保险竞争更适宜于非价格竞争。运作机制包括：（1）风险聚集与转移。保险人是专业的风险承担者，它们通过提供各类保险产品来接受被保险人转移的风险。因此，保险市场的首要功能是将大量不同类型的风险单位及其承载的各类风险聚集在一起，转移至保险供给方，也即保险公司，然后由保险公司进行综合管理。（2）风险经营与损失分担。在风险由保险需求方转移到保险供给方的同时，作为必要的前提条件，保险人要向需求方收取保费。这些保费除了用来维持保险人正常的经营活动所需要的成本以及获取合理的利润，主要是用来对那些遭受损失的被保险人进行经济上的补偿，这一过程被称为损失分担。（3）供求机制。上述过程是通过供求机制的运作来完成的。保险价格是保险市场上供求规律发挥作用的主要杠杆。在保险价格的调节下，保险需求与保险供给之间相互磨合、相互趋近，直至达到市场的均衡状态。在均衡状态下，风险经营者获得合理效益，被保险人得到合理保障，保险市场各方主体都实现了各自效用的最大化。

2. 我国现行的保险公司组织形式主要有哪些？请举例说明。

答：我国保险公司现行的组织形式主要分为以下几种：（1）国有保险公司。国有保险公司包括国有独资保险公司和国有控股保险公司。目前，我国的国有独资保险公司仅有中国出口信用保险公司一家。国有控股保险公司有中国人民保险集团公司、中国人寿保险集团公司、中国再保险集团公司、太平保险集团公司和中华联合保险控股公司五家。（2）股份有限保险公司。股份有限保险公司是我国保险市场上最普遍的组织机构形式，我国目前已拥有190多家股份有限保险公司，它们发展迅速，已成为行业发展的主要推动力。（3）相互保险公司及相互保险社。在我国保险市场上，目前仅有黑龙江的阳光农业相互保险公司一家相互保险公司。（4）专属保险公司。专属保险公司即自保公司，目前全国仅有6家自保公司，包括注册地在中国内地的中石油专属财产保险有限公司、中国铁路财产保险自保有限公司、中远海运财产保险自保有限公司，以及注册地在中国香港的中海油、中广核和中石化自保公司。

第 14 章　财产保险

一、名词解释题

1. 财产保险

答：财产保险是保险人对被保险人的财产及其有关利益在发生保险责任范围内的灾害事故而遭受经济损失时给予补偿的保险。这里的财产除了包括一切动产、不动产、固定的或流动的财产以及在制的或制成的有形财产，还包括运费、预期利润、信用及责任等无形财产。

2. 信用保证保险

答：权利人要求担保对方信用的风险属于信用保险。被保险人根据权利人的要求投保自己的信用的保险属于保证保险。常用的险种有：合同保证保险、产品保证保险、忠诚保证保险等。

3. 绝对免赔

答：绝对免赔是指在保险事故发生后，如果损失额小于合同中所规定的起赔限额，被保险人承担全部的损失。

4. 相对免赔

答：相对免赔即规定一个免赔率，一旦损失额等于这个免赔率，保险人将支付所有的损失。

5. 重复保险

答：重复保险是指投保人就同一保险标的、同一保险利益、同一保险事故与两个或两个以上的保险人分别订立保险合同。在重复保险的情况下，被保险人可能就同一标的的损失从不同的保险人那里得到赔偿，由此通过损失赔偿而额外获利，这无疑违背了保险的赔偿原则。

二、单项选择题

1. 【答案】A

【解析】火灾保险属于财产保险的范畴，是财产保险的一种。

2. 【答案】C

【解析】财产保险的保险标一般均有客观而具体的价值标准，可以用货币来衡量其价值。

3. 【答案】C

【解析】职业责任保险是以各种专业技术人员在从事职业技术工作时因疏忽或过失造成合同对方或他人的人身伤害或财产损失所导致的经济赔偿责任为承保风险的责任保险。

4. 【答案】D

【解析】广义财产保险是指包括各种财产损失保险、责任保险、信用保险和保证保险等业务在内的一切非人身保险业务；狭义财产保险则仅指各种财产损失保险，它强调保险标的是各种具体的财产物资。

5. 【答案】B

【解析】家庭财产两全保险不仅具有保险的功能，也兼具到期还本的功能，即被保险人向保险人交付保险储金，保险人以储金在保险期内所生利息为保险费收入；当保险期满时，无论是否发生过保险事故或是否进行过保险赔偿，其本金均须返还给被保险人。

6. 【答案】C

【解析】海洋货物运输保险的责任范围一般分平安险、水渍险和一切险三种，在实务中统称为基本险。

7. 【答案】B

【解析】信用保险是保险人根据权利人的要求担保义务人（被保证人）信用的保险。

8. 【答案】D

【解析】财产保险综合险与基本险的主要区别不在于保险期限、保险金额和保险标的，而在于综合险在保险责任方面有所扩展。

9. 【答案】D

【解析】责任保险是以被保险人（致害人）依法承担的对第三者（受害人）的民事赔偿责任为保险标的的保险。

三、多项选择题

1. 【答案】AD

【解析】按照保险责任划分，机动车辆保险又被分为车辆损失保险和第三者责任保险。

2. 【答案】ABC

【解析】家庭财产保险。常用险种有：普通家庭财产保险、家庭财产两全保险及各种附加险。

3. 【答案】ABCD

【解析】影响企业保险费率的因素有：（1）投保险种。（2）房屋的建筑结构。（3）占用性质。（4）地理位置。（5）周围环境。（6）投保人的安全管理水平。（7）历史损失数据。（8）市场竞争因素。

4. 【答案】ABC

【解析】货物运输保险有：国内水路、陆路货物运输保险，国内航空货物运输保险，海洋运输货物保险及各种附加险和特约保险。

四、判断题

1. 【答案】×

【解析】责任保险可以附加在各种财产保险承保之外，还可以单独承保。

2. 【答案】√

【解析】最大诚信原则，含义是指当事人真诚地向对方充分而准确的告知有关保险的所有重要事实，不允许存在任何虚伪、欺瞒、隐瞒行为。

3. 【答案】√

【解析】根据近因原则，承担保险责任并不取决于时间上的接近，而是取决于导致保险损失的保险事故是否在承保范围内，如果存在多个原因导致保险损失，其中所起决定性、最有效的因素。

4. 【答案】×

【解析】重复保险分摊原则是指投保人向多个保险人重复保险时，投保人的索赔只能在保险人之间分摊，赔偿金额不得超过损失金额。

5. 【答案】√

【解析】不可以承保的家庭财产：金银、首饰、珠宝、钻石及制品艺术品、稀有金属等珍贵财物等。

五、简答题

1. 简述财产保险的概念与特征。

答：财产保险是保险人对被保险人的财产及其有关利益在发生保险责任范围内的灾害事故而遭受经济损失时给予补偿的保险。这里的财产除了包括一切动产、不动产、固定的或流动的财产以及在制的或制成的有形财产，还包括运费、预期利润、信用及责任等无形财产。财产保险的特征有：（1）财产及其有关的利益为保险标的的保险。广义财产保险包括财产损失保险、责任保险和信用保险保证。狭义财产保险专指以有形财产的一部分普通财产作为保险标的的保险，常见的保险险种有：企业财产保险、家庭财产保险、机动车辆保险等。（2）财产保险的保险标的必须是可以用货币衡量的财产或利益。（3）业务活动具有法律约束力。（4）财产保险对于保险标的的保障功能表现为经济补偿。（5）财产保险属于社会商业活动的组成部分。

2. 简述财产保险的种类。

答：（1）企业财产保险。企业财产保险有许多种类，其中企业财产基本险和综合险两个险别最为普遍。（2）家庭财产保险。常用险种有：普通家庭财产保险、家庭财产两全保险及各种附加险。（3）运输工具保险。常用险种有：机动车辆保险、船舶保险、飞机保险等。（4）货物运输保险。常用险种有：国内水路、陆路货物运输保险、国内航空货物运输保险、海洋运输货物保险及各种附加险和特约保险。（5）工程保险。常用险种有：建筑工程一切险、安装工程一切险、机器损坏保险等。（6）特殊风险保险。常用险种有：海洋石油开发保险、航天保险和核电站保险等。（7）农业保险。常见险种有种植业保险和养殖业保险。

3. 简述企业财产保险标的。

答：企业财产保险适用于一切工商、建筑、交通运输、饮食服务行业、国家机关、社会团体等。从保险合同的角度看，其财产可分为：（1）可保险财产。可以用会计科目来反映为固定资产、流动资产、账外资产。（2）特约财产。这类财产可以分为两种：一是在无须加贴保险特约条款或增加保险费的情况下予以特约承保的财产，如金银、珠宝、古玩、艺术品等；二是必须用特约条款并增收保险费方可承保的财产，如铁路、桥梁、堤堰、码头等。（3）不可保财产。不可保财产的原因有：不属于一般的生产资料和商品，如土地、矿藏。缺乏价值依据或难鉴定价值，如票证、文件、技术资料。与政府法律法规抵触；违章建筑、非法占有财产等。必然会发生危险的危险建筑。应投保其他险种，如机动车辆、货物等。

4. 简述家庭财产保险的适用范围和保险责任。

答：财产保险适用范围：城乡居民、单位职工、夫妻店、家庭手工业者等个人及家庭成员自有及代管或共有财产。城乡个体工商户和合作经营组织财产及私人企业的财产不适用。可以承保的家庭财产：房屋及其附属设备或室内装修；存放于室内的其他财产。特约承保的家庭财产：代管或共有财产；存放于院内的非动力农机具、农用工具；经投保人同意的其他财产。不可以承保的家庭财产：金银、首饰、珠宝、钻石及制品、艺术品、稀有金属等珍贵财物等。保险责任：火灾、爆炸、雷击、暴雨、洪水等自然灾害。空中运行物体坠落以及外在建筑物或其他固定物体的倒塌。施救损失；施救费用。除外责任：事故原因的除外。其内容包括：（1）战争、敌对行为、军事行动、武装冲突、罢工、暴动、盗抢。（2）核反应、核辐射和放射性污染。（3）被保险人及其家庭成员、寄居人、雇用人员的违法、犯罪或故意行为。

六、论述题

1. 论述运输保险具有哪些特点？货物运输保险和运输工具保险的主要险种有哪些？

答：运输保险与其他保险不同，其总体特征包括以下几点：（1）保险标的的流动性强。（2）保险风险大而复杂。（3）保险标的异地出险频繁。（4）涉及第三者责任。运输工具保险是专门承保各种机动运输工具（包括机动车辆、船舶、飞机、铁路车辆等各种以机器为动力的运载工具）的保险业务。因此，运输工具保险的适用范围相当广泛，客运公司、货运公司、航空公司、航运公司以及拥有上述运输工具的家庭或个人均可以投保运输工具保险类的不同险种，并通过相应保险获得风险保障。

2. 论述企业财产基本险的保险责任和附加责任。

答：第一，保险责任，我国企业财产保险采用列明风险方式确定保险责任。（1）火灾。（2）爆炸，物理性爆炸和化学性爆炸。（3）雷击，感应雷击和直接雷击。（4）飞行物体及其他空中运行物体坠落。（5）停电、停水、停气（三停）的损失。（6）施救、抢救所致损失。（7）必要的合理的费用支出。构成火灾责任必须具备三个条件：有燃烧现象；偶然、意外发生的燃烧；燃烧失去控制并有蔓延扩大之势。"三停"损失必须同时具备三个条件：必须是自有且自用的设备；系保险事故造成"三停"；仅限于对被保险人的机器设备、在产品和贮藏物等保险标的的损坏或报废负责。

第二，附加责任，保险公司在承保基本险后，可特约承保各种附加风险，如暴风、暴雨、洪水保险，盗抢保险，破坏性地震保险以及其他保险。

第15章 人身保险

一、名词解释题

1. 人身保险

答：人身保险是指以人的生命或身体为保险标的，当被保险人在保险期限内发生死亡、伤残、疾病、年老等事故或生存至保险期满时给付保险金的保险业务。人身保险的保险标的包括人的生命和身体两个方面，人身保险的保险责任包括死亡、伤残、疾病、年老、满期等。

2. 人寿保险

答：人寿保险是以人的生命为保险标的的一种保险。人寿保险的含义包括以下三个方面：（1）生命风险的客观性。（2）损失均摊、均衡保费。人寿保险费的计算基础是各年龄的死亡率。（3）风险均等原理。风险均等原理就是指每个风险单位发生损失的概率是相等的。

3. 人身意外伤害保险

答：人身意外伤害必须有客观的意外事故发生，且事故原因是意外的、偶然的、不可预见的。意外死亡给付和意外伤残给付是意外伤害保险的基本责任，其派生责任包括医疗费用给付、误工给付、丧葬费给付和遗属生活费给付等责任。按照是否可保划分，意外伤害可以分为不可保意外伤害、特约保意外伤害和一般可保意外伤害三种。

4. 健康保险

答：健康保险是以人的身体为对象，保证被保险人在保险期限内因疾病或意外事故所致伤害时的费用或损失获得补偿的一种保险。健康保险承保的主要内容有如下两大类：一类是由于疾病或意外事故所致的医疗费用，另一类是由于疾病或意外伤害事故所致的收入损失。

二、单项选择题

1.【答案】B

【解析】人寿保险是以被保险人的寿命为保险标的，以被保险人的生存或死亡为保险事故的一种人身保险业务。

2. 【答案】B

【解析】定期寿险指以死亡为给付保险金条件，且保险期限为固定年限的人寿保险。

3. 【答案】C

【解析】以两个或两个以上的被保险人中至少尚有一个生存作为年金给付条件，但给付金额随着被保险人数的减少而进行调整的年金称为联合及生存者年金。

4. 【答案】B

【解析】健康保险是以被保险人的身体为保险标的，使被保险人在疾病或意外事故所致伤害时发生的费用或损失获得补偿的一种保险。

5. 【答案】D

【解析】合同成立后，经过一定时期或达到一定年龄后才开始给付的年金称为延期年金。

6. 【答案】C

【解析】疾病保险条款一般都规定了一个等待期或观察期，等待期或观察期一般为 180 天（不同的国家规定可能不同），被保险人在等待期或观察期内因疾病而支出的医疗费用及收入损失，保险人概不负责，观察期结束后保险单才正式生效。

三、多项选择题

1. 【答案】ABC

【解析】人寿保险、人身意外伤害保险与健康保险按保障范围分类，人身保险可以分为人寿保险、人身意外伤害保险和健康保险。（1）人寿保险。人寿保险是以被保险人生存或死亡为保险事故（给付保险金条件）的一种人身保险业务。在全部人身保险业务中，人寿保险占绝大部分，因而人寿保险是人身保险的主要的和基本的险种。（2）人身意外伤害保险。人身意外伤害保险简称意外伤害保险，是以被保险人因遭受意外伤害事故造成死亡或残废为保险事故的人身保险。只需付少量保费便可获得保障。（3）健康保险。健康保险是以被保险人支出医疗费用、疾病致残、生育或因疾病、伤害不能工作、收入减少为保险事故的人身保险业务。

2. 【答案】AB

【解析】两全保险的纯保费由危险保险费和储蓄保险费组成，危险保险费用于当年死亡给付，储蓄保险费则逐年积累形成责任准备金，既可用于中途退保时支付退保金，也可用于生存给付。

3. 【答案】ABC

【解析】意外伤害保险的保险责任由三个必要条件构成：（1）被保险人在保险期限内遭受意外伤害。（2）被保险人在责任期限内死亡或残疾。（3）被保险人所受意外伤害是其死亡或残疾的直接原因或近因。上述三个必要条件缺一不可。

4. 【答案】ABD

【解析】按照是否可保划分，意外伤害可以分为不可保意外伤害、特约保意外伤害和一般可保意外伤害三种。

5. 【答案】ABCD

【解析】特约保意外伤害包括以下四种：（1）战争使被保险人遭受的意外伤害。（2）被保险人在从事剧烈的体育活动或比赛中遭受的意外伤害。（3）核辐射造成的意外伤害。（4）医疗事故造成的意外伤害。

6. 【答案】ABC

【解析】按被保险人的风险程度分类，人身保险可以分为标准体保险、次标准体保险和完美体保险。按保单是否参与分红分类，人身保险可以分为分红保险和不分红保险。

7. 【答案】ABCDE

【解析】（1）保险标的的不可估价性、人身保险的保险标的是人的生命和身体，而人的生命和身体是很难用货币衡量其价值的。一般从两个方面来考虑这个问题，一方面是被保险人对人身保险需要的程度，另一方面是投保人缴纳保费的能力。（2）保险金额的定额给付性、人身保险是定额给付保险，因此，人身保险不适用补偿原则，所以也不存在比例分摊和代位追偿的问题。同时，在人身保险中一般没有重复投保、超额投保和不足额投保问题。（3）保险利益的特殊性。（4）保险期限的长期性。人身保险合同，特别是人寿保险合同往往是长期合同，这里以人寿保险为例说明寿险因长期性而具有的特殊性。（5）生命风险相对稳定性。以生命风险作为保险事故的人寿保险的主要风险因素是死亡率。

8. 【答案】ABCD

【解析】（1）普通人寿保险。普通人寿保险分为死亡保险、生存保险、两全保险（又称生死合险）三大类。（2）年金保险。年金保险是生存保险的特殊形态，是指被保险人在生存期间每年给付一定金额的生存保险。（3）简易人寿保险。简易人寿保险是指用简易的方法所经营的人寿保险。它是一种低保额、免体检、适应一般低工资收入职工需要的保险。（4）团体人寿保险。团体人寿保险是用一张总的保险单对团体的成员及其生活依赖者提供人寿保险保障的保险。（5）人寿保险的新发展。人寿保险出现了一些新的能较适应市场需求及规避风险的险种，其中主要有变额寿险、万能寿险及变额万能寿险。

9. 【答案】ABCD

【解析】（1）不可争条款。不可争条款又称不可抗辩条款，其基本内容是：人寿保险合同生效满一定时期（一般为二年）之后，就成为无可争议的文件，保险人不能再以投保人在投保时违反最大的诚信原则，没有履行告知义务等理由主张保险合同自始无效。（2）年龄误告条款。真实年龄不符合合同约定的年龄限制。（3）宽限期条款。《中华人民共和国保险法》第五十七条规定："合同约定分期支付保险费，投保人支付首期保险费后，除合同另有约定外，投保人超过规定的期限六十日未支付当期保险费的，合同效力中止，或者由保险人按照合同约定的条款减少保险金额。"（4）自杀条款。《中华人民共和国保险法》第六十五条规定："以死亡为给付保险金条件的合同，被保险人自杀的，除本条第二款规定外，保险人不承担给付保险金的责任，但对投保人已支付的保险费，保险人应按照保险单退还其现金价值。"该条第二款规定："以死亡为给付保险金条件的合同，自成立之日起满二年后，如果被保险人自杀的，保险人可以按照合同给付保险金。"（5）复效条款。自失效之日起的一定时期内（一般是二年），投保人可以向保险人申请复效，经过保险人审查同意后，投保人补缴失效期间的保险费及利息，保险合同即行恢复效力。但是，自合同效力中止之日起二年内双方未达协议的，保险人有权解除合同。投保人已缴足二年以上保险费的，保险人应当按照合同约定退还保险单的现金价值；投保人未缴足二年保险费的，保险人应当在扣除手续费后，退还保险费。（6）不丧失价值任选条款。不丧失价值任选条款提出三种处理责任准备金的方式供投保人选择，分别为现金返还、把原保险单改为缴清保险单、将原保险单改为展期保险单。（7）贷款条款。人寿保险合同生效满一定期限后，投保人可以以保险单作为抵押，向保险人申请贷款，贷款金额以低于该保险单项下积累的责任准备金或退保金为限。（8）自动垫缴保险费条款。保险合同生效满一定期限后，如果投保人不按期缴纳保险费，保险人则自动以保险单项下积存的责任准备金垫缴保险费。对于此项垫缴保险费，投保人要偿还并支付利息。

10. 【答案】ABD

【解析】（1）医疗保险。医疗保险是指提供医疗费用保障的保险，是健康保险的主要内容之一。（2）残疾收入补偿保险。提供被保险人在残废、疾病或意外受伤后不能继续工作时所发生的收入补偿的保险称为残疾收入补偿保险。（3）重大疾病保险。个人可以任意选择投保疾病保险，作为一种独立的险种。

四、判断题

1. 【答案】√

【解析】人身保险的保险标的包括人的生命和身体两个方面，人身保险的保险责任包括死亡、伤残、疾病、年老、满期等。

2. 【答案】√

【解析】按保险期限分类，人身保险可以分为长期保险和短期保险。长期业务是保险期限超过 1 年的人身保险业务。短期业务包括 1 年期业务和保险期限不足 1 年的保险业务。1 年期业务中以人身意外伤害保险居多。

3. 【答案】×

【解析】人身保险的保险标的是人的生命和身体，而人的生命和身体是很难用货币衡量其价值的。

4. 【答案】√

【解析】人身保险的作用有经济保障、投资手段和稳定手段。

5. 【答案】√

【解析】按给付方式（或给付期限）划分，年金保险可以分为：（1）终身年金。（2）最低保证年金。为了防止年金受领人早期死亡而过早丧失领取年金的权利，于是产生了最低保证年金。最低保证年金又为两种：一种是确定给付年金；另一种是退还年金，即当年金受领人死亡而其年金领取总额低于年金购买价格时，保险人以现金方式一次或分期退还其差额。（3）短期年金。分为两种：一种是年金给付与被保险人的生存与否无关，已提前确定给付年限，这种年金称为确定年金；另一种是定期生存年金。

6. 【答案】√

【解析】意外伤害保险属于定额给付性保险残废保险金的数额由保险金额和残废程度两个因素确定。残废程度一般以百分率表示，残废保险金数额的计算公式为：残废保险金＝保险金额×残废程度百分率。

7. 【答案】√

【解析】健康保险的除外责任。堕胎导致的疾病、残废、流产、死亡等属除外责任。

五、简答题

1. 简述人身保险的种类。

答：第一，人寿保险、人身意外伤害保险与健康保险。按保障范围分类，人身保险可以分为人寿保险、人身意外伤害保险和健康保险。

第二，长期保险与短期保险。按保险期限分类，人身保险可以分为长期保险和短期保险。长期业务是保险期限超过 1 年的人身保险业务。短期业务包括 1 年期业务和保险期限不足 1 年的保险业务。1 年期业务中以人身意外伤害保险居多。

第三，个人保险与团体保险。按投保方式分类，人身保险可以分为个人保险和团体保险（一般要求至少为总人数的 75%）。团体保险又可为团体寿险、团体年金保险、团体意外伤害保险和团体健康保险等。

第四，分红保险与不分红保险。按保单是否参与分红分类，人身保险可以分为分红保险和不分红保险。

第五，标准体保险、次标准体保险与完美体保险。按被保险人的风险程度分类，人身保险可以分为标准体保险，次标准体保险和完美体保险。

2. 简述人身保险的特点。

答：第一，保险标的的不可估价性。人身保险的保险标的是人的生命和身体，而人的生命和身体是很难用货币衡量其价值的。

第二，保险金额的定额给付性。人身保险是定额给付保险，因此，人身保险不适用补偿原则，所以也不存在比例分摊和代位追偿的问题。

第三，保险利益的特殊性。人身保险的保险利益与财产保险有很大的不同，两者的主要区别在于：在财产保险中，保险利益有量规定；保险利益不仅是订立保险合同的前提条件，而且也是维持保险合同效力、保险人支付赔款的条件。

第四，保险期限的长期性。人身保险合同，特别是人寿保险合同往往是长期合同，这里以人寿保险为例说明寿险因长期性而具有的特殊性。

第五，生命风险相对稳定性。以生命风险作为保险事故的人寿保险的主要风险因素是死亡率。

3. 简述人身意外保险的种类。

答：第一，个人意外伤害保险。按保险责任分类，个人意外伤害保险主要包括下列三种：意外伤害死亡残废保险，其保险责任是，当被保险人由于遭受意外伤害造成死亡或残废时，保险人给付死亡保险金或残废保险金；意外伤害医疗保险；意外伤害停工收入损失保险。按投保动因分类，个人意外伤害保险可分为两种：自愿意外伤害保险和强制意外伤害保险。按保险危险分类，个人意外伤害保险可分为两种：普通意外伤害保险和特定意外伤害保险。按保险期限分类，个人意外伤害保险可分为下列三种：一年期意外伤害保险、极短期意外伤害保险和多年期意外伤害保险。按险种结构分类，个人意外伤害保险可分为两种：单纯意外伤害保险和附加意外伤害保险。

第二，团体意外伤害保险。与人寿保险、健康保险相比，意外伤害保险最有条件、最适合采用团体投保方式。意外伤害保险的保险费率与被保险人的年龄和健康状况无关，而是取决于被保险人的职业。

4. 简述健康保险的种类。

答：第一，医疗保险。医疗保险是指提供医疗费用保障的保险，是健康保险的主要内容之一。医疗费用保险一般规定一个最高保险金额，免赔额条款、比例给付条款经常被采用。常见的医疗保险有：普通医疗保险、住院保险、手术保险、综合医疗保险、特种疾病保险。特种疾病保险的给付方式一般是在确诊特种疾病后，立即一次性支付保险金额。

第二，残疾收入补偿保险。提供被保险人在残废、疾病或意外受伤后不能继续工作时所发生的收入补偿的保险称为残疾收入补偿保险。收入补偿保险的给付一般定为以下三种方式：一是按月或按周进行补偿。二是给付期限。给付期限可以是短期或长期的。三是推迟期。在残废后的前一段时间称为推迟期。在这期间不给付任何补偿，推迟期一般为 3 个月或 6 个月。全部残废给付金额一般比残废前的收入少一些，经常是原收入 75% ~ 80%。部分残废给付 = 全部残废给付×（残废前的收入-残废后的收入）/残废前的收入。

第三，重大疾病保险。个人可以任意选择投保疾病保险，作为一种独立的险种。

六、论述题

1. 试论述意外伤害保险的内容。

答：第一，意外伤害保险的保险责任。意外伤害保险的保险责任是被保险人因意外伤害所致的死亡或残废，不负责疾病所致的死亡。意外伤害保险的保险责任由三个必要条件构成，即被保险人在保险期限内遭受了意外伤害；被保险人在责任期限内死亡或残废；被保险人所受意外伤害是其死亡或残废的直接原因或近因。

第二，意外伤害保险的给付方式。意外伤害保险属于定额给付性保险残废保险金的数额由保险金额和残废程度两个因素确定。残废程度一般以百分率表示，残废保险金数额的计算公式为：残废保险金 = 保险金额×残废程度百分率。

2. 试论述健康保险的内容。

答：第一，个人健康保险。个人健康保险是指以单个自然人为投保对象的健康保险。个人健康保险主要常用条款如下：续保条款、宽限期条款、复效条款、等待期或观察期或事先存在条件条款、不可抗辩条款、索赔条款。个人健康保险续保条款描述了两个方面的内容：一是保险人有权拒绝续保或者有权解除健康保险单的环境因素或条件；二是保险人增加健康保险单的保险费的权利。保险人在规定的等待期或观察期内，并不履行保险金赔付义务，其目的是防止被保险人可能发生的逆选择。

第二，团体健康保险。团体健康保险是以团体或者其代表作为投保人，以团体成员作为被保险人的健康保险。团体健康保险就其承保团体的属性可分为下列几种：普通团体健康保险、集团健康保险、协会健康保险、综合健康保险。团体健康保险的主要条款有：转化条款，主要是对医疗费用保险而言的；事先存在条件或等待期或观察期条款；调整保险金条款。

基金篇

第16章 投资基金概述

一、名词解释题

1. 证券投资基金

答：证券投资基金是指通过发售基金份额，将众多不特定投资者的资金汇集起来形成独立财产，委托基金管理人进行投资管理，基金托管人进行财产管理，由基金投资人共享投资收益、共担投资风险的集合投资方式。

2. 基金销售支付机构

答：基金销售支付机构是指从事基金销售支付业务活动的商业银行或者支付机构。其法定义务是按照规定办理基金销售结算资金的划付。

二、单项选择题

1.【答案】D

【解析】按照运作方式，投资基金可以分为开放式基金、封闭式基金。按照资金募集方式，投资基金可以分为公募基金和私募基金。按照法律形式，投资基金可以分为契约型、公司型、有限合伙型等形式。

2.【答案】D

【解析】基金所投资的有价证券主要是在证券交易所或银行间市场公开交易的证券，包括股票、债券、货币、金融衍生工具等。

3.【答案】C

【解析】证券投资基金是投资基金中最主要的一种类别，主要投资于传统金融资产。

4.【答案】A

【解析】股权投资基金，又称"私人股权投资基金"或"私募股权投资基金"。

5.【答案】B

【解析】投资基金是一种间接投资工具。

6.【答案】D

【解析】 投资基金是资产管理的主要方式之一，它是一种组合投资、专业管理、利益共享、风险共担的集合投资方式。它主要通过向投资者发行受益凭证（基金份额），将社会上的资金集中起来，交由专业的基金管理机构投资于各种资产，实现保值增值。

7.【答案】D

【解析】 对冲基金是基于投资理论和极其复杂的金融市场操作技巧，充分利用各种金融衍生产品的杠杆效用，承担高风险、追求高收益的投资模式。

8.【答案】A

【解析】 选项A说法错误，投资者通过购买基金份额方式间接进行证券投资。

9.【答案】A

【解析】 选项A符合题意，对冲基金，意为"风险对冲过的基金"，它是基于投资理论和极其复杂的金融市场操作技巧，充分利用各种金融衍生产品的杠杆效用，承担高风险、追求高收益的投资模式。选项B描述的是"另类投资基金"，选项C描述的是"风险投资基金"，选项D描述的是"私募股权投资基金"。

10.【答案】C

【解析】 风险投资基金，又叫创业基金，也可以看作私募股权基金的一种，它以一定的方式吸收机构和个人的资金，投向那些不具备上市资格的初创期的或者是小型的新型企业，尤其是高新技术企业，帮助所投资的企业尽快成熟，取得上市资格，从而使资本增值。

11.【答案】C

【解析】 私募基金是私下或直接向特定投资者募集的资金，私募基金只能向少数特定投资者采用非公开方式募集，对投资者的投资能力有一定的要求，同时在信息披露、投资限制等方面监管要求较低，方式较为灵活。私募基金的法律形式包括契约型、公司型、有限合伙型等。

12.【答案】D

【解析】 投资基金按照不同的标准可以区分为多种类别，人们日常接触到的投资基金分类，主要是以所投资的对象的不同进行区分的。

13.【答案】D

【解析】 证券投资基金是指通过发售基金份额，将众多不特定投资者的资金汇集起来，形成独立财产，委托基金管理人进行投资管理，基金托管人进行财产托管，由基金投资人共享投资收益、共担投资风险的集合投资方式。

14.【答案】C

【解析】通常情况下，股票价格的波动性较大，是一种高风险、高收益的投资品种；基金是一种风险相对适中、收益相对稳健的投资品种。

15.【答案】C

【解析】世界各国和地区对证券投资基金的称谓有所不同，证券投资基金在美国被称为"共同基金"，在英国和中国香港特别行政区被称为"单位信托基金"，在欧洲一些国家被称为"集合投资基金"或"集合投资计划"，在日本和中国台湾地区被称为"证券投资信托基金"。

三、多项选择题

1.【答案】ABD

【解析】基金所投资的有价证券主要是在证券交易所或银行间市场公开交易的证券，包括股票、债券、货币、金融衍生工具等。选项 C，艺术品属于投资基金的投资范围，但不是有价证券。

2.【答案】ABD

【解析】另类投资基金是指投资于传统的股票、债券之外的金融和实物资产的基金，一般也采用私募方式，种类非常广泛。选项 A 描述的是"对冲基金"，选项 B 描述的是"证券投资基金"，选项 D 描述的是"风险投资基金"。

3.【答案】ACD

【解析】投资基金是资产管理的主要方式之一，它是一种组合投资、专业管理、利益共享、风险共担的集合投资方式。

4.【答案】ABC

【解析】投资基金是一种间接投资工具，基金投资者、基金管理人和托管人是基金运作中的主要当事人。

5.【答案】ACD

【解析】公募基金是向不特定投资者公开发行受益凭证进行资金募集的基金，公募基金一般在法律和监管部门的严格监管下，有信息披露、利润分配、投资限制等行业规范。私募基金是私下或直接向特定投资者募集的资金，私募基金只能向少数特定投资者采用非公开方式募集，对投资者的投资能力有一定的要求，同时在信息披露、投资限制等方面监管要求较低，方式较为灵活。

6.【答案】ABD

【解析】基金与股票、债券的差异：（1）反映的经济关系不同。（2）所筹资金的投向不同。（3）投资收益与风险大小不同。

7.【答案】ABD

【解析】股权投资基金的特点：（1）投资期限长、流动性较差。（2）投资后管理投入资源较多。（3）专业性较强。（4）收益波动性较高。

8.【答案】ACD

【解析】私人股权即非公开发行和交易的股权，包括未上市企业和上市企业非公开发行和交易的普通股、可转换为普通股的优先股和可转换债券。

9.【答案】BCD

【解析】选项A，股权投资基金的高风险主要体现为投资项目的收益呈现出较大的不确定性。创业投资基金通常投资于处于早期与中期的成长性企业，投资项目的收益波动性更大，有的投资项目会发生本金亏损，有的投资项目则可能带来巨大收益。并购基金通常投资于陷入困境从而价值被低估的重建期企业，投资项目的收益波动性也有较大的不确定性。

10.【答案】ABD

【解析】证券投资基金在美国被称为"共同基金"。

四、判断题

1.【答案】×

【解析】基金的投资收益和风险取决于基金种类以及其投资的对象，总体来说，由于基金可以投资于众多金融工具或产品，能有效分散风险，是一种风险相对适中、收益相对稳健的投资品种。

2.【答案】√

3.【答案】√

4.【答案】×

【解析】为基金提供服务的基金托管人、基金管理人一般按基金合同的规定从基金资产中收取一定比例的托管费、管理费，不参与基金收益的分配。

5.【答案】×

【解析】相对于证券投资基金，股权投资基金具有投资期限长、流动性较差、投后管理投入资源多，专业性较强，收益波动性较高等特点。

五、简答题

简要说明证券投资基金的特点。

答：（1）集合理财、专业管理。（2）组合投资、分散风险。（3）利益共享、风险共担。（4）严格监管、信息透明。（5）独立托管、保障安全。

第 17 章　证券投资基金的类型

一、名词解释题

1. 避险策略基金

答：避险策略基金的前身是保本基金，最大特点是其招募说明书中明确引入保本保障机制，以保证基金份额持有人在保本周期到期时，可以获得投资本金的保证。

2. 债券基金

答：债券基金主要以债券为投资对象，收益较为稳定，风险小于股票基金，属于收益、风险适中的基金产品，与股票基金进行组合投资时，能较好地分散投资风险。

二、单项选择题

1.【答案】B

【解析】商品基金以商品现货或者期货合约为投资对象，主要有黄金 ETF 和商品期货 ETF。

2.【答案】D

【解析】根据投资目标可以将基金分为增长型基金、收入型基金和平衡型基金。其中，平衡型基金是既注重资本增值又注重当期收入的基金。

3.【答案】C

【解析】收入型基金是指以追求稳定的经常性收入为基本目标的基金，主要以大盘蓝筹股、公司债、政府债券等稳定收益证券为投资对象。

4.【答案】D

【解析】一般而言，增长型基金的风险大、收益高；收入型基金的风险小、收益较低；平衡型基金的风险、收益则介于增长型基金与收入型基金之间。

5.【答案】D

【解析】增长型基金是指以追求资本增值为基本目标，较少考虑当期收入的基金，主要以具有良好增长潜力的股票为投资对象。

6. 【答案】C

【解析】80%以上的基金资产投资于其他基金份额的为基金中基金（FOF）。选项 A 错误，伞形基金又称系列基金。选项 D 错误，LOF 是普通的开放式基金增加了交易所的交易方式，它可以是指数基金，也可以是主动管理型基金。选项 B 错误，ETF 一般采用被动式投资策略跟踪某一标的市场指数，具有指数基金的特点。选项 C 正确。

7. 【答案】D

【解析】对基金管理公司而言，基金业绩的比较应该在同一类别中进行才公平合理。

8. 【答案】C

【解析】根据中国证监会对基金类别的分类标准，基金资产 80% 以上投资于股票的为股票基金。

9. 【答案】C

【解析】选项 C 说法正确，债券基金没有确定的到期日，但可以对债券基金所持有的所有债券计算出一个平均到期日。选项 A 说法错误，债券基金会定期将收益分配给投资者，只是收益不如债券的利息固定。选项 B 说法错误，债券基金由一组不同的债券组成，收益率较难计算和预测。选项 D 说法错误，债券基金的平均到期日常常会相对固定，债券基金所承受的利率风险通常也会保持在一定的水平。

10. 【答案】B

【解析】专注于价值型股票投资的股票基金称为价值型股票基金；专注于成长型股票投资的股票基金称为成长型股票基金；同时投资于价值型股票与成长型股票的基金则称为平衡型基金。

三、多项选择题

1. 【答案】ACD

【解析】股票基金是指以股票为主要投资对象的基金。股票基金在各类基金中历史最为悠久，也是各国（地区）广泛采用的一种基金类型。根据中国证监会对基金类别的分类标准，基金资产 80% 以上投资于股票的为股票基金。

2. 【答案】ABD

【解析】上市交易型开放式指数基金（ETF）又称为交易所交易基金，是一种在交易所上市交易的基金份额可变的开放式基金。ETF 最早产生于加拿大，但其发展与成熟主要是在美国。ETF 一般采用被动式投资策略跟踪某一标的市场指数，因此具有指数基金的特点。

3. 【答案】ABC

【解析】另类投资基金是指以股票、债券、货币等传统资产以外的资产作为投资标的的基金，范围十分广泛。我国市场上出现的公募另类投资基金主要有商品基金、非上市股权基金、房地产基金。

4. 【答案】ABD

【解析】选项 C 说法错误，应为基金的分类是进行基金评级的基础。

5. 【答案】ABC

【解析】股票基金以追求长期的资本增值为目标，比较适合长期投资。与其他类型的基金相比，股票基金的风险较高，但预期收益也较高。股票基金提供了一种长期的投资增值性，可供投资者用来满足教育支出、退休支出等远期支出的需要。与房地产一样，股票基金也是应对通货膨胀最有效的手段。

6. 【答案】BCD

【解析】选项 A，股票价格在每一个交易日内始终处于变动之中，股票基金净值的计算每天只进行一次，因此每一交易日股票基金只有一个价格。

7. 【答案】ABC

【解析】基金募集期限基金与单一债券的区别如下：债券基金的收益不如债券的利息固定；债券基金没有确定的到期日；债券基金的收益率比买入并持有到期的单个债券的收益率更难以预测；投资风险不同。

8. 【答案】ACD

【解析】选项 B 说法正确，股票基金份额净值不会由于买卖基金数量或申购、赎回数量的多少而受到影响。选项 A 说法错误，股票基金净值的计算每天只进行一次，因此每一交易日股票基金只有一个价格。选项 C 说法错误，因为股票基金份额净值是由其持有的证券价格复合而成的，所以对其高低进行合理与否的判断是没有意义的。选项 D 说法错误，投资风险低于单一股票的投资风险。

四、判断题

1. 【答案】√
2. 【答案】√
3. 【答案】×

【解析】股票基金份额净值由其持有的证券价格复合而成，因此不可以对基金份额净值高低的合理性进行评判。

4. 【答案】√

5. 【答案】×

【解析】在境内募集资金进行境外证券投资的机构称为合格境内机构投资者。

五、简答题

QDII 基金可投资哪些金融产品或工具？

答：QDII 基金可投资的金融产品或工具有：（1）银行存款、可转让存单、银行承兑汇票、银行票据、商业票据、回购协议、短期政府债券等货币市场工具。（2）政府债券、公司债券、可转换债券、住房按揭支持证券、资产支持证券等，以及经中国证监会认可的国际金融组织发行的证券。（3）与中国证监会签署双边监管合作谅解备忘录的国家或地区证券市场挂牌交易的普通股、优先股、全球存托凭证和美国存托凭证、房地产信托凭证。（4）在已与中国证监会签署双边监管合作谅解备忘录的国家或地区证券监管机构登记注册的公募基金。（5）与固定收益、股权、信用、商品指数、基金等标的物挂钩的结构性投资产品。（6）远期合约、互换及经中国证监会认可的境外交易所上市交易的权证、期权、期货等金融衍生产品。

第18章　股权投资基金分类

一、名词解释题

1. 信托（契约）型基金

答：信托（契约）型基金是指通过订立信托契约的形式设立的股权投资基金。

2. 股权投资母基金

答：以股权投资基金为主要投资对象的基金，即基金中的基金。股权投资母基金通过集合多个投资者的资金，形成集合投资计划，再投资于多个股权投资基金。

二、单项选择题

1. 【答案】B

【解析】并购基金是指主要对企业进行财务性并购投资的股权投资基金。

2. 【答案】A

【解析】创业投资基金的投资方式通常采取参股性投资，较少采取控股性投资。

3. 【答案】C

【解析】具体来说，创业投资基金的运作具有以下特点：（1）从投资对象来看，主要是未上市成长性创业企业。（2）从投资方式来看，通常采取参股性投资，较少采取控股性投资。（3）从杠杆应用来看，一般不借助杠杆，以基金的自有资金进行投资。（4）从投资收益来看，主要来源于所投资企业的因价值创造带来的股权增值。

4. 【答案】B

【解析】并购基金是指主要对企业进行财务性并购投资的股权投资基金。并购基金之所以能够与战略投资者在收购中竞价，主要是因为其在收购中通常采取更高的杠杆率。因此，并购基金主要是杠杆收购基金。

5. 【答案】B

【解析】普通合伙人对合伙企业债务承担无限连带责任，受普通合伙人委托的基金管理人或自任基金管理人的普通合伙人负责基金投资等重大事项的管理与决策，对有限合伙企业的责任是执行合伙事务。

6. 【答案】D

【解析】信托（契约）型股权投资基金是指通过订立信托契约的形式设立的股权投资基金。信托（契约）型基金不具有独立的法人地位。信托（契约）型基金的参与主体主要为基金投资者、基金管理人及基金托管人。基金投资者通过购买基金份额，享有基金投资收益。基金管理人依据基金合同负责基金的经营和管理操作。基金托管人负责保管基金资产，执行管理人的有关指令，办理基金名下的资金往来。

7. 【答案】D

【解析】基金托管人负责保管基金资产，执行管理人的有关指令，办理基金名下的资金往来。

8. 【答案】B

【解析】公司型股权投资基金采用公司的组织形式，投资者是公司股东，依法享有股东权利，并以其投资额为限对公司债务承担有限责任。

三、多项选择题

1. 【答案】ABC

【解析】创业投资的投资对象包括早期、中期、后期各个发展阶段的未上市成长性企业，并不仅指对早期、中期企业的投资。

2. 【答案】ABD

【解析】并购基金作为财务投资者，在收购中不会产生协同效应。

3. 【答案】ABC

【解析】创业投资基金的运作具有以下特点：（1）从投资对象来看，主要是未上市成长性创业企业。（2）从投资方式来看，通常采取参股性投资，较少采取控股性投资。（3）从杠杆应用来看，一般不借助杠杆，以基金的自有资金进行投资。（4）从投资收益来看，主要来源于所投资企业的因价值创造带来的股权增值。并购基金之所以能够与战略投资者在收购中竞价，主要是因为其在收购中通常采取更高的杠杆率。故选项D错误。

4. 【答案】ABD

【解析】选项A，创业投资基金通过注资的形式对企业的增量股权进行投资，从而为企业提供发展所需的资金；选项B，并购基金通过杠杆收购，用少量的自有资金结合大规模的外部资金来收购目标企业；选项D，并购基金投资对象主要是成熟企业。

5.【答案】ABC

【解析】股权投资基金的分类主要有按投资领域分类、按组织形式分类和按资金性质分类三种。

6.【答案】BCD

【解析】选项 A 符合题意。创业投资基金的运作具有以下特点：（1）从投资对象来看，主要是未上市成长性创业企业。（2）从投资方式来看，通常采取参股性投资，较少采取控股性投资。（3）从杠杆应用来看，一般不借助杠杆，以基金的自有资金进行投资。（4）从投资收益来看，主要来源于所投资企业的因价值创造带来的股权增值。

7.【答案】ACD

【解析】普通合伙人可自行担任基金管理人，或者委托专业的基金管理机构担任基金管理人。有限合伙人不参与投资决策。

四、判断题

1.【答案】√
2.【答案】×

【解析】公司型基金是指投资者依据公司法，通过出资形成一个独立的公司法人实体，由公司法人实体自行或委托专业基金管理人进行管理的股权投资基金。

3.【答案】√
4.【答案】×

【解析】母基金的收益率通常比其主要投资类型（创业投资基金和并购基金）。

5.【答案】√

五、简答题

比较公司型基金、合伙型基金和信托（契约）型基金的区别和联系。

答：公司型基金是法人企业，具有独立的法人地位，投资者购买基金公司的股份后成为该公司的股东，基金依据基金公司章程运营基金，基金管理人通过自行或委托专业基金管理人进行，参与主体包括投资者和基金管理人，公司股东以其投资额为限对公司债务承担有限责任。

　　合伙型基金是非法人企业，不具有独立的法人地位，投资者购买有限合伙企业的财产份额后成为合伙企业的合伙人，基金运营时依据合伙协议运营基金，基金管理人负责具体投资运作，基金参与主体为普通合伙人、有限合伙人及基金管理人，普通合伙人对合伙债务承担无限连带责任，有限合伙人以其认缴的出资额为限承担责任。

信托（契约）型基金是非法人，不具有独立的法人地位，投资者购买基金份额后成为基金合同的当事人之一，基金运营依据信托契约运营基金，基金管理人负责经营和管理操作，基金参与主体为基金投资者、基金管理人及基金托管人，基金投资者以其出资为限对基金的债务承担有限责任。

第19章 基金的募集、交易、登记和设立

一、名词解释题

1. 开放式基金份额转换

答：是指投资者不需要先赎回已持有的基金份额，就可以将其持有的基金份额转换为同一基金管理人管理的另一基金份额的一种业务模式。

2. 分级基金份额的合并募集

答：是投资者以母基金代码进行认购。

3. 分级基金份额的分开募集

答：投资者分别以子代码进行认购，通过比例配售实现子份额的配比。

二、单项选择题

1. 【答案】A

【解析】开放式基金的认购采取金额认购的方式，即投资者在办理认购申请时，不是直接以认购数量提出申请，而是以金额申请。

2. 【答案】C

【解析】基金募集期限届满，开放式基金需满足募集份额总额不少于2亿份，基金募集金额不少于2亿元，基金份额持有人的人数不少于200人，基金合同生效。

3. 【答案】C

【解析】我国分级基金的募集包括合并募集和分开募集两种方式。目前我国分开募集的分级基金仅限于债券型分级基金。

4. 【答案】B

【解析】LOF份额的认购分场外认购和场内认购两种方式。场外认购的基金份额注册登记在中国证券登记结算有限责任公司的开放式基金注册登记系统；场

内认购的基金份额注册登记在中国证券登记结算有限责任公司的证券登记结算系统。

5. 【答案】A

【解析】基金募集期限届满，基金不能满足有关募集要求的，基金募集失败，基金管理人应承担下列责任：（1）以固有财产承担因募集行为而产生的债务和费用。（2）在基金募集期限届满后 30 日内返还投资者已缴纳的款项，并加计银行同期存款利息。

6. 【答案】B

【解析】发起式基金的基金合同生效 3 年后，若基金资产净值低于 2 亿元的，基金合同自动终止。

7. 【答案】B

【解析】目前，我国股票型基金的认购费率一般按照认购金额设置不同的费率标准，最高一般不超过 1.5%，债券型基金的认购费率通常在 1% 以下，货币型基金一般认购费为 0。

8. 【答案】A

【解析】开放式基金的净认购金额＝认购金额／（1+认购费率）＝30000／（1+1.8%）＝29469.55（元）。认购份额＝（净认购金额+认购利息）／基金份额面值＝29474.55，注意题目问的是净认购金额，而不是认购金额。

三、多项选择题

1. 【答案】ABC

【解析】申请募集基金应提交的主要文件包括基金募集申请报告、基金合同草案、基金托管协议草案、招募、说明书草案、律师事务所出具的法律意见书、中国证监会规定提交的其他文件等。

2. 【答案】ACD

【解析】选项 B 说法错误，QDII 基金份额除既可以用人民币认购外，也可以用美元或其他外汇货币为计价货币认购。

3. 【答案】ABC

【解析】选项 D 说法错误，基金募集申请经中国证监会注册后方可发售基金份额。

4. 【答案】ABD

【解析】封闭式基金份额上市交易，应当符合下列条件：（1）基金的募集符合《证券投资基金法》规定。（2）基金合同期限为 5 年以上。（3）基金募集金额不低于 2 亿元。（4）基金份额持有人不少于 1000 人。（5）基金份额上市交易规则规定的其他条件。选项 C 为基金合同生效的条件之一。

5.【答案】ABC

【解析】ETF 份额申购和赎回的原则：（1）场内申购和赎回 ETF 采用份额申购份额赎回的方式，即申购和赎回均以份额申请。场外申购赎回采用金额申购、份额赎回的方式，即申购以金额申请，赎回以份额申请。故选项 D 错误。（2）场内申购和赎回 ETF 的申购对价和赎回对价包括组合证券、现金替代、现金差额及其他对价。场外申购和赎回 ETF 时，申购对价和赎回对价均为现金。（3）申购和赎回申请提交后不得撤销。

6.【答案】ACD

【解析】申购费可以采用在基金份额申购时收取的前端收费方式，也可以采用在赎回时从赎回金额中扣除的后端收费方式。前端收费方式下，基金管理人可以选择根据投资人申购金额分段设置申购费率。后端收费方式下，基金管理人可以选择根据投资人持有期限不同分段设置申购费。基金销售机构可以对基金销售费用实行一定的优惠。故选项 B 说法错误。

四、判断题

1.【答案】√

2.【答案】×

【解析】开放式基金的申购和赎回原则有：（1）股票基金、债券基金的申购和赎回原则包括未知价交易原则和金额申购、份额赎回原则。（2）货币市场基金的申购和赎回原则包括确定价原则和金额申购、份额赎回原则。

3.【答案】√

4.【答案】√

5.【答案】√

6.【答案】×

【解析】基金份额申购和赎回的资金清算是注册登记机构根据确认的投资者申购和赎回数据信息进行的。

五、简答题

封闭式基金上市交易的条件有哪些？

答：（1）基金的募集符合《中华人民共和国证券投资基金法》规定。（2）基金合同期限为五年以上。（3）基金募集金额不低于 2 亿元。（4）基金份额持有人不少于 1000 人。（5）基金份额上市交易规则规定的其他条件。

第 20 章　基金的信息披露

一、名词解释题

1. 基金托管协议

答：基金托管协议是明确基金管理人和基金托管人在基金财产保管、投资运作、净值计算等事宜中的权利、义务和职责的协议。

2. 基金信息披露

答：基金信息披露是指以保护投资者及相关当事人的合法权益为出发点，按照法律、行政法规和中国证券监督管理委员会的规定向公众披露基金信息的行为。

二、单项选择题

1.【答案】A

【解析】基金定期报告，包括基金年度报告、基金半年度报告和基金季度报告。

2.【答案】C

【解析】会计师事务所需要对基金年度报告中的财务报告、基金清算报告等进行审计，律师事务所需要对基金招募说明书、基金清算报告等文件出具法律意见书。

3.【答案】B

【解析】在基金募集和运作过程中，负有信息披露义务的当事人主要有基金管理人、基金托管人、召集基金份额持有人大会的基金份额持有人。他们应当依法及时披露基金信息，并保证所披露信息的真实性、准确性和完整性。

4.【答案】A

【解析】基金份额持有人的信息披露义务主要体现在与基金份额持有人大会相关的披露义务。

5.【答案】B

【解析】在基金份额发售的 3 日前，将招募说明书、基金合同摘要登载在指定报刊和管理人网站上；同时，将基金合同、托管协议登载在管理人网站上，将基金份额发售公告登载在指定报刊和管理人网站上。

6.【答案】C

【解析】根据《证券投资基金法》，当代表基金份额 10% 以上的基金份额持有人就同一事项要求召开持有人大会，而基金份额持有人大会的日常机构、基金管理人和托管人都不召集的时候，代表基金份额 10% 以上的持有人有权自行召集，并报中国证监会备案。

7.【答案】D

【解析】基金管理人在每年结束后 90 日内，在指定报刊上披露年度报告摘要，在管理人网站上披露年度报告全文。在上半年结束后 60 日内，在指定报刊上披露半年度报告摘要，在管理人网站上披露半年度报告全文。在每季结束后 15 个工作日内，在指定报刊和管理人网站上披露基金季度报告。

8.【答案】C

【解析】公开披露的基金信息需要由中介机构出具意见书。例如，会计师事务所需要对基金年度报告中的财务报告、基金清算报告等进行审计，律师事务所需要对基金招募说明书、基金清算报告等文件出具法律意见书。

9.【答案】D

【解析】对于基金管理人来说，主要负责办理与基金财产管理业务活动有关的信息披露事项，具体涉及基金募集、上市交易、投资运作、净值披露等各环节。

10.【答案】C

【解析】基金托管人的信息披露义务主要是办理与基金托管业务活动有关的信息披露事项，具体涉及基金资产保管、代理清算交割、会计核算、净值复核、投资运作监督等环节。

11.【答案】A

【解析】基金管理人召集基金份额持有人大会的，应至少提前 30 日公告大会的召开时间、会议形式、审议事项、议事程序和表决方式等事项。

12.【答案】A

【解析】基金合同的主要披露事项：（1）募集基金的目的和基金名称。（2）基金管理人、基金托管人的名称和住所。（3）基金运作方式，基金管理人运用基金财产进行证券投资，采用资产组合方式的，其资产组合的具体方式和投资比例，也要在基金合同中约定。（4）封闭式基金的基金份额总额和基金合同期限，或者开放式基金的最低募集份额总额。（5）确定基金份额发售日期、价格和费用的原则。（6）基金份额持有人、基金管理人和基金托管人的权利与义务。(7)基金份额持有人大会召集、议事及表决的程序和规则。(8)基金份额发售、交易、申购、赎回的程序、时间、地点、费用计算方式以及给付赎回款项的时间和方式。(9)基金收益分配原则、执行方式。(10)作为基金管理人、基金托管人报酬的管理费、托管费的提取、支付方式与比例。(11)与基金财产管理、运用有关的其他费用的提取、支付方式。(12)基金财产的投资方向和投资限制。(13)基金资产净值的计算方法和公告方式。(14)基金募集未达到法定要求的处理方式。(15)基金合同解除和终止的事由、程序以及基金财产清算方式。(16)争议解决方式。

三、多项选择题

1. 【答案】ABD

【解析】基金信息披露的原则体现在对披露内容和披露形式两方面的要求上。在披露内容上,要求遵循真实性原则、准确性原则、完整性原则、及时性原则和公平性原则;在披露形式上,要求遵循规范性原则、易解性原则和易得性原则。

2. 【答案】ABD

【解析】总的来说,XBRL 在基金信息披露中的应用将有利于促进信息披露的规范化、透明化和电子化,提高信息编报、传送和使用的效率与质量。具体而言,对于编制信息披露文件的基金管理人及进行财务信息复核的托管人,采用 XBRL 将有助于其梳理内部信息系统和相关业务流程,实现流程再造,促进业务效率和内部控制水平的全面提高;对于分析评价机构等基金信息服务中介,将渴望以更低成本和更便捷的方式获得高质量的公开信息;对于投资者,将更容易获得有用的信息,便于其进行投资决策;对于监管部门,通过将公开信息和监管信息的 XBRL 化,可以增加数据分析深度和广度,提高监管效率和水平。

3. 【答案】ABC

【解析】虚假记载、误导性陈述和重大遗漏三类行为将扰乱市场正常秩序,侵害投资者合法权益,属于严重的违法行为。

4. 【答案】ABC

【解析】基金信息披露是指基金市场上的有关当事人在基金募集、上市交易、投资运作等一系列环节中,依照法律法规规定向社会公众进行的信息披露。依靠强制性信息披露,培育和完善市场运行机制,增强市场参与各方对市场的理解和信心,是世界各国(地区)证券市场监管的普遍做法,基金市场作为证券市场的组成部分也不例外。

5. 【答案】ABD

【解析】基金信息披露的禁止行为包括：（1）虚假记载、误导性陈述或者重大遗漏。（2）对证券投资业绩进行预测。（3）违规承诺收益或者承担损失。（4）诋毁其他基金管理人、基金托管人或者基金销售机构。（5）登载任何自然人、法人或者其他组织的祝贺性、恭维性或推荐性的文字。（6）中国证监会禁止的其他行为。

6. 【答案】BCD

【解析】选项 A 错误，基金合同是约定基金管理人、基金托管人和基金份额持有人权利义务关系的重要法律文件。

7. 【答案】BCD

【解析】基金合同特别约定的事项包括：基金当事人的权利和义务，特别是基金份额持有人的权利；基金持有人大会的召集、议事及表决的程序和规则；基金合同终止的事由、程序及基金财产的清算方式。

8. 【答案】ABC

【解析】基金投资目标、投资范围、投资策略、业绩比较基准、风险收益特征、投资限制等，这是招募说明书中最为重要的信息，因为它体现了基金产品的风险收益水平，可以帮助投资者选择与自己风险承受能力和收益预期相符合的产品。

四、判断题

1. 【答案】√
2. 【答案】√
3. 【答案】×

【解析】基金管理人应当在每年结束之日起 90 日内，编制完成基金年度报告，并将年度报告正文登载于网站上，将年度报告摘要登载在指定报刊上。

4. 【答案】×

【解析】对 QDII 基金来说，在其开放申购、赎回前，资产净值和份额净值至少每周披露 1 次。

5. 【答案】√

五、简答题

上市交易公告书主要披露哪些事项？

答：（1）基金概况。（2）基金募集情况与上市交易安排。（3）持有人户数。（4）持有人结构及前 10 名持有人。（5）主要当事人介绍。（6）基金合同摘要。（7）基金财务状况。（8）基金投资组合报告。（9）重大事件揭示等。

第 21 章　基金客户和基金销售

一、名词解释题

1. 基金客户服务

答：基金客户服务是指基金销售机构或人员为解决客户有关问题而提供的一系列活动，包括基金账户信息查询、基金信息查询、基金管理公司信息查询、人工咨询客户投诉处理资料邮寄、基金转换、修改账户资料非交易过户挂失和解挂等服务。

2. 基金销售机构

答：基金销售机构是指依法办理基金份额的认购、申购和赎回的基金管理及取得基金代销业务资格的其他机构。基金销售机构分为直销机构和代销机构。

二、单项选择题

1.【答案】 A

【解析】按投资基金的个体不同划分，基金投资者可以分为个人投资者和机构投资者两类。基金个人投资者是指以自然人身份从事基金买卖的证券投资者，个人投资者主要是相对于机构投资者而言的。

2.【答案】 D

【解析】境内外养老金、住房公积金、保险资金、主权财富基金和政府投资基金等长期机构投资者更加重视中国资本市场的发展，投资意愿不断增加。

3.【答案】 B

【解析】确定目标市场与投资者是基金营销部门的一项关键工作。在细分市场上，尽管基金面对的客户群体是缩小的，但客户的忠诚度却是增大的。

4.【答案】 D

【解析】在确定目标市场与投资者方面，基金销售机构面临的重要问题之一就是分析投资者的真实需求，包括投资者的投资规模、风险偏好、对投资资金流动性和安全性的要求等。

5. 【答案】B

【解析】基金销售机构办理基金的销售业务，应当由基金销售机构与基金管理人签订书面销售协议，明确双方的权利及义务。

6. 【答案】C

【解析】基金销售机构的职责规范包括：（1）签订销售协议，明确权利与义务。（2）基金管理人应制定业务规则并监督实施。（3）建立相关制度。（4）禁止提前发行。（5）严格账户管理。（6）基金销售机构反洗钱。

三、多项选择题

1. 【答案】ABC

【解析】基金客户即基金份额的持有人、基金产品的投资人，是基金资产的所有者和基金投资回报的受益人，是开展基金一切活动的中心。

2. 【答案】ACD

【解析】基金投资者应承担的义务之一是承担基金亏损或终止的有限责任。故选项B说法错误。

3. 【答案】ABC

【解析】按投资基金的个体不同划分，基金投资者可以分为个人投资者和机构投资者两类。基金个人投资者是指以自然人身份从事基金买卖的证券投资者，个人投资者主要是相对于机构投资者而言的。机构投资者的性质与个人投资者不同，在投资来源、投资目标、投资方向等方面都与个人投资者有很大差别。

4. 【答案】ABC

【解析】根据《证券投资基金法》的规定，基金份额持有人享有以下权利：分享基金财产收益，参与分配清算后的剩余基金财产，依法转让或者申请赎回其持有的基金份额，按照规定要求召开基金投资者大会，对基金投资者大会审议事项行使表决权，查阅或者复制公开披露的基金信息资料，对基金管理人、基金托管人、基金销售机构损害其合法权益的行为依法提起诉讼等。选项D会计复核是属于基金托管人的职责。

5. 【答案】BCD

【解析】在确定目标市场与投资者方面，基金销售机构面临的重要问题之一就是分析投资者的真实需求，包括投资者的投资规模、风险偏好、对投资资金流动性和安全性的要求等。

6. 【答案】ACD

【解析】目前，国内的基金销售机构可分为直销机构和代销机构两种类型。直销机构是指直接销售基金的基金公司，代销机构是指与基金公司签订基金产品代销协议，代为销售基金产品，赚取销售佣金的商业机构，主要包括商业银行、证券公司、期货公司、保险机构、证券投资咨询机构以及独立基金销售机构。

7.【答案】ABC

【解析】选项 A 说法错误，基金销售机构、基金销售支付结算机构、基金注册登记机构可在具备基金销售业务资格的商业银行或从事客户交易结算资金存管的指定商业银行开立基金销售结算专用账户；选项 B 说法错误，基金募集申请获得中国证监会核准前，基金管理人、基金销售机构不得办理基金的销售业务，不得向公众分发、公布基金宣传推介材料或发售基金份额；选项 C 说法错误，基金销售机构不得委托其他机构代为办理基金的销售业务。选项 D 说法正确，基金销售机构为客户开立基金账户时，应当按照反洗钱相关法律法规的规定进行客户身份识别，并在此基础上对客户的洗钱风险进行等级划分。

四、判断题

1.【答案】×

【解析】基金客户服务具有专业性、规范性、持续性和时效性的特点。

2.【答案】√

3.【答案】√

五、简答题

简述基金销售机构的 4Ps 理论。

答：（1）产品策略：把产品的特色摆在首位，要求产品有独特的卖点。（2）分销策略：基金公司通过分销商、经销商与客户进行交易，重点是培育分销商和建立销售网络。（3）促销策略：基金公司改变销售行为来激励购买，以短期的行为吸引客户。（4）价格策略：基金公司可根据资金量和持有期限等因素，设置不同的费率结构。

第 22 章　基金公司投资管理

一、名词解释题

1. 资产配置

答：资产配置是根据投资需求将投资资金在不同资产类别之间进行分配。资产配置过程是在投资者的风险承受能力与效用函数的基础上，根据各项资产在持有期间或计划范围内的预期风险、收益及相关关系，在可承受的风险水平上构造能够提供最高预期收益的资金配置方案的过程。

2. 买空交易

答：买空交易即融资业务，即投资者借入资金购买证券。

3. 卖空交易

答：卖空交易即融券业务，投资者向证券公司借入一定数量的证券卖出，当证券价格下降时再以当时的市场价格买入证券归还证券公司，自己则得到投资收益。

二、单项选择题

1.【答案】 C

【解析】 交易部是基金投资运作的具体执行部门，负责投资组合交易指令的审核、执行与反馈。基金公司通常设有交易室，通过电子交易系统完成交易并记录每日投资交易情况，在交易过程中严格执行相关规定，并利用技术手段避免违规行为的出现。

2.【答案】 D

【解析】 投资管理业务是基金管理公司最核心的一项业务。基金公司的投资管理能力直接影响到基金份额持有人的投资收益，投资者会根据基金公司以往的收益情况选择基金管理人。

3.【答案】 C

【解析】为提高交易效率和有效控制基金管理中交易执行的风险，基金采取集中交易制度，即基金的投资决策与交易执行职能分别由基金经理与基金交易部门承担。

4. 【答案】C

【解析】交易部的主要职能有：执行投资部的交易指令，记录并保存每日投资交易情况，保持与各证券交易商的联系并控制相应的交易额度，负责基金交易席位的安排、交易量管理等。

5. 【答案】A

【解析】投资策略的制定是投资交易的基础环节。

6. 【答案】B

【解析】投资决策委员会是基金管理公司管理基金投资的最高决策机构，由各个基金公司自行设立，是非常设的议事机构。

7. 【答案】D

【解析】在实际操作中，基金经理负责投资决策。

8. 【答案】D

【解析】战略资产配置是在较长投资期限内以追求长期回报为目标的资产配置。这种资产配置方式重在长期回报，不考虑资产的短期波动，其投资期限可以长达 5 年以上。基金经理在确定可投资的资产类别后，基于长期投资目标制订战略资产配置计划。基金经理通过对各类资产的长期预期收益率、长期风险水平和资产间的相关性进行比较，运用均值方差模型等优化方法构建最优组合，最终形成战略资产配置。战略资产配置一旦确定，会在投资期限内保持相对稳定。

9. 【答案】D

【解析】战略资产配置一旦确定，会在投资期限内保持相对稳定。

10. 【答案】B

【解析】战略资产配置是为了满足投资者风险与收益目标所做的长期资产的配比；战术资产配置是在遵守战略资产配置确定的大类资产比例基础上，根据短期内各特定资产类别的表现，对投资组合中各特定资产类别的权重配置进行调整。

三、多项选择题

1. 【答案】ABD

【解析】投资决策委员会一般由基金管理公司的总经理、分管投资的副总经理、投资总监、研究部经理、基金经理等组成。

2. 【答案】ABC

【解析】基金管理公司的投资管理部门包括投资决策委员会、投资部、研究部、交易部。

3. 【答案】ACD

【解析】保荐上市属于投资银行的业务范畴，不属于股票投资组合构建的内容。

4. 【答案】ABC

【解析】是否要进行高频交易属于交易策略的问题，不属于投资组合构建的内容。

5. 【答案】ACD

【解析】选项 B 符合题意：影响投资者风险承受能力和收益要求的各项因素包括投资者的年龄、投资周期、资产负债状况、财务变动状况与趋势、财富净值和风险偏好等。影响各类资产的风险、收益状况以及相关关系的资本市场环境因素包括国际经济形势、国内经济状况与发展动向、通货膨胀、利率变化、经济周期波动和监管等。

6. 【答案】AC

【解析】股票投资组合构建通常有自上而下与自下而上两种策略。自上而下策略从宏观形势及行业、板块特征入手，明确大类资产、国家、行业的配置，然后再挑选相应的股票作为投资标的，实现配置目标。

四、判断题

1. 【答案】√
2. 【答案】×

【解析】与被动投资相比，在一个并非完全有效的市场上，主动投资策略更能体现其价值，从而给投资者带来较高的回报。

3. 【答案】×

【解析】买入并持有策略对市场流动性的要求较小。

4. 【答案】×

【解析】基金经理以及风险管理部门、交易管理部门等部门均会对投资组合的交易情况进行监控。

5. 【答案】√

五、简答题

构建债券投资组合需要考虑哪些因素？

答：（1）债券型基金需要在其招募说明书中说明基金的投资目标、投资理念、投资策略、投资范围业绩基准、风险收益特征等重要内容，这些元素决定了基金投资组合的构建理念和流程。自上而下的债券配置从宏观上把握债券投资的总体风险开始，分析市场风险和信用风险，进而决定在不同的信用等级行业类别上的配置比例，通过大类资产配置、类属资产配置和个券选择 3 个层次自上而下地决策，最终实现基金的投资目标。（2）债券投资组合构建还需要考虑信用结构、期限结构、组合久期、流动性（投资经理会根据投资者的资金需求，对组合流动性做出安排）和杠杆率等因素。

参考文献

［1］邹宏亮，徐旭，王志成．新《证券法》适用的司法检视：图景与法理［J］．金融市场研究，2024（10）：106-112.

［2］王晟．新《证券法》的立法效应：基于上市公司信息披露的因果推断［J］．海南大学学报（人文社会科学版），2024：1-10.

［3］白硕，张辉．证券监管执法中投资者损害赔偿的实现［J］．证券市场导报，2022（11）：72-79.

［4］古小磊．高效"攻略"证券从业人员资格考试［J］．成才与就业，2023（12）：62-63.

［5］付金霞．金融市场风险管理策略探究［J］．现代营销（上旬刊），2024（08）：47-49.

［6］刘朵．浅论证券从业者的刑事法律风险［J］．现代商业，2015（33）：179-180.

［7］顾雷，丁化美．金融市场法律实务新解［M］．北京：中国法制出版社，2019.

［8］袁晓梅，陈宁．财政与金融［M］．北京：人民邮电出版社，2022.

［9］张春丽．证券交易规制制度研究［M］．北京：中国政法大学出版社，2022.

［10］证券业从业人员一般从业资格考试命题研究中心．SAC证券业从业人员一般从业资格考试专用教材［M］．北京：北京大学出版社，2017.

［11］邱婷．财政与金融学概论［M］．南昌：江西高校出版社，2019.

［12］银行业专业人员职业资格考试研究组．银行业法律法规与综合能力（初级）考点精析与上机题库［M］．成都：西南财经大学出版社，2023.

［13］银行业专业人员职业资格考试研究组．银行业法律法规与综合能力（初级）必刷题章节同步1000题［M］．长春：东北师范大学出版社，2023.

［14］银行业专业人员职业资格考试研究组．银行管理（初级）必刷题章节同步1000题［M］．长春：东北师范大学出版社，2024.

［15］银行业专业人员职业资格考试研究组．银行业专业实务风险管理（初级）考点精析与上机题库［M］．成都：西南财经大学出版社，2023.

［16］中国人民银行.人民银行、银保监会、证监会、财政部、农业农村部联合发布《关于金融服务乡村振兴的指导意见》［EB/OL］.http：//www.pbc.gov.cn/goutongjiaoliu/113456/113469/3761845/index.html，2019-02-11.

［17］中国政府网.中国人民银行国家金融监督管理总局证监会财政部农业农村部关于金融支持全面推进乡村振兴加快建设农业强国的指导意见［EB/OL］.https：//www.gov.cn/zhengce/zhengceku/202306/content_6886854.htm，2023-06-16.

［18］中国政府网.中共中央 国务院关于做好2023年全面推进乡村振兴重点工作的意见［EB/OL］.https：//www.gov.cn/xinwen/2023-02/13/content_5741361.htm，2023-02-13.

［19］中国政府网.关于进一步利用开发性和政策性金融推进林业生态建设的通知［EB/OL］.https：//www.gov.cn/xinwen/2017-02/14/content_5167833.htm，2017-02-14.

［20］葛立新，翁凤敏，申卫华.保险公司套取农业保险保费补贴资金现象解读［J］.财政监督，2015（19）：48-49.

［21］基金从业人员资格考试研究组.证券投资基金基础知识考点精析与上机题库［M］.成都：西南财经大学出版社，2024.

［22］基金从业人员资格考试研究组.基金法律法规、职业道德与业务规范考点精析与上机题库［M］.成都：西南财经大学出版社，2024.